डॉ. प्रेम सिंह

डॉ. प्रेम सिंह दिल्ली विश्वविद्यालय के हिंदी विभाग में रीडर हैं। भारतीय उच्च अध्ययन संस्थान, शिमला में बतौर फैलो तीन वर्ष (1991-94) हिन्दी और बंगला उपन्यास में क्रांति के विचार का अध्ययन किया है। अध्ययन का एक भाग *क्रान्ति का विचार और हिंदी उपन्यास* शीर्षक से प्रकाशित है। इस पुस्तक पर हिंदी अकादमी दिल्ली का वर्ष 2000-2001 का *साहित्यिक कृति सम्मान* मिला है।

उनकी अन्य प्रकाशित पुस्तकें हैं *अज्ञेय : चिंतन और साहित्य, निर्मल वर्मा : सृजन और चिंतन, मधु लिमये : जीवन और राजनीति* (संपा.), *कट्टरता जीतेगी या उदारता;* दो कविता-संग्रह *अभिशप्त जियो* और *पीली धूप पीले फूल* एवं एक कहानी-संग्रह *काँपते दस्तावेज*।

पत्र-पत्रिकाओं में कई आलोचनात्मक लेख और समीक्षाएँ तथा राजनैतिक, सामाजिक, सांस्कृतिक, शैक्षिक विषयों पर अनेक लेख प्रकाशित हो चुके हैं।

उदारीकरण की तानाशाही

राजनीति पर भूमंडलीकरण के प्रभाव का विश्लेषण

प्रेम सिंह

राजकमल पेपरबैक्स

राजकमल पेपरबैक्स में
पहला संस्करण : 2008
This book is printed on **Print on Demand** Technology : 2024

राजकमल पेपरबैक्स : उत्कृष्ट साहित्य के जनसुलभ संस्करण

राजकमल प्रकाशन प्रा. लि.
1-बी, नेताजी सुभाष मार्ग, दरियागंज
नई दिल्ली-110 002
द्वारा प्रकाशित

शाखाएँ : अशोक राजपथ, साइंस कॉलेज के सामने, पटना-800 006
पहली मंजिल, दरबारी बिल्डिंग, महात्मा गांधी मार्ग, प्रयागराज-211 001
1, अनमोल सोराबजी संतुक लेन, धोबी तलाव, मरीन लाइंस, मुम्बई-400 002
वेबसाइट : www.rajkamalprakashan.com
ई-मेल : info@rajkamalprakashan.com

मूल्य : ₹250

UDARIKARAN KI TANASHAHI
by Dr. Prem Singh

ISBN : 978-81-267-1490-2

बृजमोहन तूफान और सुरेन्द्र मोहन
को समर्पित

प्राक्कथन

पिछली शताब्दी का अन्तिम दशक भारतीय राजनीति में खास मायने रखता है। इस दौरान वे तीन परिघटनाएँ खुलकर सामने आ जाती हैं, जिनका बनाव उसके पिछले एक दशक से बनता आ रहा था। ये हैं : साम्प्रदायिकता, उदारीकरण-वैश्वीकरण और प्रगतिशील राजनीति का गतिरोध। तीनों परिघटनाएँ अलग-अलग न होकर एक-दूसरे से जुड़ी हुई हैं। कहा जा सकता है कि पहली दो परिघटनाओं ने एकजुट होकर देश की प्रगतिशील राजनीति का तेज हर लिया है। ये परिघटनाएँ केवल राजनीति तक सीमित नहीं हैं। उनका हमारे सामाजिक, आर्थिक और सांस्कृतिक अर्थात् समग्र राष्ट्रीय जीवन पर गहरा और दूरगामी असर पड़ा है।

इन परिघटनाओं के स्रोत, स्वरूप, अन्तर्सम्बन्ध और प्रभावों को लेकर मैंने समय-समय पर विभिन्न अखबारों और पत्रिकाओं में लेख लिखे हैं। उनमें से पिछले करीब आठ सालों के दौरान लिखे गए कुछ लेख इस पुस्तक में संकलित हैं। इनमें मुख्यत : भूमंडलीकरण के प्रभाव का विश्लेषण हैं। इसके साथ बाकी लेखों से चुन कर दो और पुस्तकें तैयार की गई हैं : 'कट्टरता जीतेगी या उदारता' और 'प्रगतिशील राजनीति का गतिरोध'। पहली में साम्प्रदायिकता की परिघटना से सम्बन्धित लेख हैं और दूसरी में प्रगतिशील राजनीति के गतिरोध से सम्बन्धित। तीनों पुस्तकें कुछ हद तक पिछले एक दशक की राजनीति और राष्ट्रीय जीवन पर उसके प्रभाव की तस्वीर पेश करती हैं।

लेख फुटकर रूप में लिखे गए हैं इसलिए उनमें दोहराव मिलेगा। सुधी पाठक इस गलती को इस तरह के लेखन की मजबूरी जान कर क्षमा करेंगे। मेरा इन लेखों के बारे में अकादमिक तटस्थता का दावा नहीं है। न ही अकादमिक उपलब्धि का। ये सभी लेख समाजवादी आन्दोलन के सक्रिय कार्यकर्ता के नाते लिखे गए हैं। मेरी जो भी थोड़ी-बहुत प्रतिबद्धता है, उसके पीछे उन साथियों की अडिग निष्ठा और चरित्र का बल है, जो सम्प्रदायवादी और साम्राज्यवादी आक्रमण के खिलाफ समाज की वंचित आबादी के हक में निहत्थे और नंगे पाँव लोहा ले रहे हैं। उनका नाम देने की यहाँ जरूरत नहीं है, क्योंकि वे नाम के लिए नहीं, एक बड़े उद्देश्य के लिए संघर्ष कर रहे हैं।

हिन्द मजदूर सभा (एच.एम.एस.) के पूर्व महासचिव समाजवादी नेता और लेखक श्री बृजमोहन तूफान का व्यक्तित्व सम्पर्क में आनेवाले सभी युवाओं के लिए प्रेरणादायी

सिद्ध होता है। मुझे भी अपने कार्यों और लेखन के लिए उनसे निरन्तर प्रेरणा मिलती है। वरिष्ठ समाजवादी नेता और विचारक श्री सुरेन्द्र मोहन हर युवा कार्यकर्ता का लेखन चाव से पढ़ते और सराहते हैं। अगर लिखने में थोड़ा भी 'गैप' आता है, तो वे मुझे टोक देते हैं कि लिखना क्यों बन्द कर दिया है। विकल्प की राजनीति के सशक्त हस्ताक्षर श्री किशन पटनायक का हवाला इन लेखों में जगह-जगह आया है। समाजवादी आन्दोलन की दो निस्पृह विभूतियों श्री सच्चिदानन्द सिन्हा और श्री अशोक सेकसरिया बहुत से समाजवादी कार्यकर्ताओं की सक्रियता के साथ मेरा भी सम्बल हैं। इन विरल हस्तियों का साथ और स्नेह मिलना, जो मुझे भी मिला है, एक नियामत है।

मैंने पत्रकारी लेखन की शुरुआत 'प्रतिपक्ष' से की थी। उस समय साथी विनोद प्रसाद सिंह उसके सम्पादक थे। 'नया संघर्ष' में काम करते हुए वह सिलसिला आगे बढ़ा। साथी राजकिशोर, सुनील, अरविन्द मोहन, हरिमोहन, अरुण त्रिपाठी, सत्येन्द्र रंजन, शमसुल इस्लाम, डॉ. राकेश रफीक, प्रेमपाल शर्मा, डॉ. विक्रम सिंह, डॉ. पवन कुमार और डॉ. ए. के. अरुण के प्रोत्साहन और सुझावों की इन लेखों के पीछे महत्त्वपूर्ण भूमिका रही है। प्रोफेसर रणधीर सिंह, प्रोफेसर नामवर सिंह, प्रोफेसर अनिल सदगोपाल, प्रोफेसर नित्यानन्द तिवारी, डॉ. विश्वनाथ त्रिपाठी और श्री भीष्म साहनी (दिवंगत) ने मुझे इस तरह के लेखन के लिए हमेशा प्रेरित किया है। दिल्ली विश्वविद्यालय, जवाहरलाल नेहरू विश्वविद्यालय और जामिया मिलिया इस्लामिया में अध्ययन एवं अध्यापनरत युवा साथियों से मुझे लेखन समेत सभी कामों में भरपूर सहयोग मिलता है। मैं सभी का आभार व्यक्त करता हूँ। मेरी सामाजिक-राजनैतिक और साहित्यिक गतिविधियों में हिस्सेदारी और लेखन में व्यस्तता के चलते मेरी पत्नी कुमकुम यादव और बेटे सौरभ को बहुत सहना पड़ता है। मुझे विश्वास है कि पुस्तक देखकर उन्हें खुशी होगी।

लेखों को पुस्तकाकार छपवाने की सलाह सबसे पहले प्रोफेसर कृष्ण कुमार ने दी थी। उन्होंने ही राजकमल प्रकाशन के स्वामी श्री अशोक महेश्वरी से बात करने को कहा। उस समय मेरी तरफ से बात आई-गई हो गई। इधर अन्तरंग मित्र नानकचन्द ने रुचि लेकर अशोक जी से बात की। मुझे आश्चर्य मिश्रित खुशी हुई, जब उन्होंने तत्काल पुस्तक छापना मंजूर कर लिया। मेरे मन में इन तीनों सज्जनों के लिए कृतज्ञता का भाव है। पुस्तक के ज्यादातर लेख 'जनसत्ता' में छपे हैं। उसके अलावा 'हिन्दुस्तान' और 'राष्ट्रीय सहारा' में। इन अखबारों के सम्पादकों और सम्पादकीय पृष्ठ के प्रभारी साथी पत्रकारों का धन्यवाद करता हूँ। पुस्तक की सेटिंग करने के लिए साथी गोपाल और संजय शर्मा को भी उनकी अमूल्य मदद के लिए धन्यवाद देता हूँ।

—प्रेम सिंह

अनुक्रम

उदारीकरण की तानाशाही

उदारीकरण की तानाशाही

सिएटल में आयोजित वार्ता का दौर भले ही फेल हो गया हो और प्रधानमन्त्री को उस पर अफसोस हो, भारत वैश्वीकरण-उदारीकरण की चाल पर कायम है। देश के राष्ट्रपति को सौंपे गए करोड़ों लोगों के हस्ताक्षरों, देश भर में फैले बीमा कर्मचारियों के प्रतिरोधात्मक आन्दोलन और कई राजनैतिक पार्टियों के नेताओं के लोकसभा से बहिर्गमन के बावजूद बीमा विनियमन एवं विकास प्राधिकरण विधेयक पास हो गया। कुछ देर तक समर्थन के बदले बोफोर्स चार्जशीट से स्वर्गीय राजीव गांधी का नाम हटाने की जिद करने के बाद कांग्रेस ने अपने कुछ 'संशोधन' मनवाकर अन्ततः 'रचनात्मक' विपक्ष की भूमिका निभा दी। आखिर अपने बच्चे को माँ कब तक दूध न पिलाती ! बहरहाल, लम्बे समय से लटके बीमा विधेयक को पास होना ही था, सो वह हो गया। विरोध करनेवाले मुख्यधारा राजनीति के नेताओं ने भी अपने राज में उसे पास कराने की पूरी कोशिश की ही थी। संसद के भीतर और बाहर के विरोध में जब अपेक्षित दम था ही नहीं, तो उसका पास होना तय था।

यहाँ भारत में उदारीकरण के जनक मनमोहन सिंह का स्मरण करें। सबसे पहले वे नरसिम्हा राव के जमूरे बनकर राजनैतिक मंच पर उतरे थे, फिर सीताराम केसरी ने उन्हें उतारा और अब वे सोनिया गांधी के बगलगीर हैं। ये मनमोहन सिंह ही थे, जिन्होंने भारतीय सरकार की वैधता को बहुराष्ट्रीय कम्पनियों के सन्दर्भ में आँकने की कसौटी रखी थी। देवगौड़ा जब प्रधानमन्त्री थे, तो उन्होंने कहा सरकार की नीतियों—वर्तमान दौर में नीतियों से आशय केवल नई आर्थिक नीति रह गया है, इसमें और संकुचन आ जाता है, जब आर्थिक नीति से आशय विश्व बैंक और अन्तर्राष्ट्रीय मुद्राकोष की आर्थिक नीति होता है—के चलते बहुराष्ट्रीय कम्पनियों में अनिश्चय का भाव बना हुआ है। यानी सरकार को ऐसी व्यवस्था करनी चाहिए कि बहुराष्ट्रीय कम्पनियाँ निश्शंक होकर अपना व्यापार चला सकें। मनमोहन सिंह की मान्यता के आर्थिक पहलू की बात न करके, राजनैतिक पहलू की बात करें, जो काफी उद्घाटक है। अब न केवल राजनीति की प्राथमिकता की जगह अर्थनीति ले रही है, भारत सरकार की वैधता का प्रतिमान भी उलट रहा है। सरकार की वैधता की परख अब इस देश और समाज के सन्दर्भ में न होकर बहुराष्ट्रीय कम्पनियों के सन्दर्भ में होगी ! विश्व-व्यवस्था का 'स्वप्नद्रष्टा' भारत सरकार के स्थानीय वैधता के प्रतिमान से चिपका नहीं रह सकता ! दरअसल, मनमोहन

सिंह का प्रतिमान उनकी विचारधारा की पूर्ण संगति में है। अगर यह मनमोहन सिंह का अकेला और निजी प्रतिमान होता, तो उतनी चिन्ता की बात नहीं होती। चिन्ता तब होती है जब एक के बाद एक आनेवाला प्रधानमन्त्री और वित्तमन्त्री उसी प्रतिमान के तहत सरकार की वैधता सिद्ध करने की तत्परता दिखाता है। इस प्रतिमान के विरोध की जहाँ सम्भावनाएँ हैं, वहाँ से भी मजबूत प्रतिरोध खड़ा नहीं हो पाता। मार्क्सवादी सहयोग-विरोध की द्वन्द्वात्मकता में फँसकर रह जाते हैं और नई चुनावी राजनीति के पुरोधा पिछड़े और दलित नेता चुनावी जीत की लिप्सा में यह सोच ही नहीं पाते कि दलित और पिछड़े भारत के जाग्रत हो जाने पर, भारत सरकार की वैधता का प्रतिमान क्या होगा और उसे कौन तय करेगा। वे अन्तर्राष्ट्रीय और राष्ट्रीय किस्म के मसलों में पड़कर अपनी 'लड़ाई' को धीमा नहीं करना चाहते। इससे क्या कि वह केवल निजी नेतागिरी जमाने की लड़ाई है !

बहुराष्ट्रीय कम्पनियों के तेज के सामने भाजपा के राष्ट्र प्रेम की चमक भी मलिन पड़ जाती है। बस इतना ही सन्तोष बचा रहता है कि कैसी भी हो, हम सरकार में हैं। वैचारिक रूप से भाजपा की स्थिति दलित और पिछड़े नेताओं से भी पतली ठहरती है, भले ही 'थिंकटैंक' और सवर्णों का बल उसके पास हो। दलित और पिछड़े नेताओं की सोच में आनेवाला भारत भाजपा की सोच में आनेवाले भारत से बड़ा है। बहरहाल, ध्यान देने की बात यह है कि अर्थनीति को गिरवी रखने का परिणाम राजनीति को गिरवीं रखने में निकलने लगा है, जिसकी चिन्ता किसी भी राष्ट्रीय नेता या पार्टी को नहीं व्यापती। दरअसल, यह मुख्यधारा राजनीति की चाल की संगति में ही है। अलबत्ता साम्राज्यवाद ने जरूर अपनी चाल उलट दी है : पहले उसने राजनीति पर कब्जे के बाद अर्थनीति पर कब्जा किया था, अब अर्थनीति पर कब्जा करके राजनीति पर कब्जा जमाने की योजना चल रही है। इसका प्रमुख कारण तो यही है कि यह 'रिमोट कन्ट्रोल' का जमाना है। लेकिन साथ ही विश्वविजेताओं को लगता होगा कि 1857 और 1942 जैसे जनान्दोलनों को सीधे झेलने से बचा जाए। 'भूखे लोग लड़ते हैं' मार्क्स का यह कथन उन्हें अभी भी डराता होगा—भूख केवल पेट की नहीं, आत्म और राष्ट्रीय सम्मान की भी। लिहाजा नवउपनिवेश में ही एक ऐसा एलीट तबका स्थापित कर दिया जाए, जो कार्यवाही को अंजाम दे और विरोध को खारिज करे, न हो तो उसका दमन करे। इस एलीट तबके में शामिल भारतीय अंग्रेजी मीडिया की भूमिका पर ध्यान दिया जा सकता है, जिसका अनुकरण कुछ भाषायी पत्रकार भी अपने नेता या पार्टी के दवाब में करते हैं।

बीमा विधेयक पास होने पर राष्ट्रभक्ति की नई परिभाषा भी मानो 'पास' हो गई है। सभी जानते हैं कि ज्यादातर अंग्रेजी मीडिया उदारीकरण का पक्षधर है और पक्षधरता के उसके तर्क अक्सर वस्तुनिष्ठता से रहित और एकांगी होते हैं। नई अर्थनीति विषयक उसका चिन्तन और समर्थन गरीब भारत की चिन्ता से प्रायः मुक्त होता है। और इस सच्चाई से कौन इनकार करेगा कि भारतीय उपमहाद्वीप में गरीब भारत की व्याप्ति

अमीर भारत के मुकाबले हजारों-हजार गुना ज्यादा है और उसकी समस्याएँ भी। इधर सरकार गिरने और चुनाव होकर फिर बनने की–अंग्रेजी मीडिया की नजर में 'बेजा'– प्रक्रिया के चलते उदारीकरण की रफ्तार कुछ धीमी हो चली थी। चुनावों के दौरान सभी पार्टियों के नेताओं को वोट की मजबूरी में गरीब भारत के बीच भी जाना पड़ा था और उसके कल्याण की भी कुछ बातें कहनी पड़ी थीं। अमीर भारत के 'संरक्षण' में जुटे संरक्षणवाद विरोधी अंग्रेजी मीडिया को यह सब बड़ा नागवार गुजरा था। लिहाजा, उसने बीमा विधेयक के मामले में आक्रामक और अन्धा रुख अपनाया, ताकि उदारीकरण की रफ्तार को फिर से तेजी प्रदान की जा सके। उसने मनमोहन सिंह की 'लाइन' पर बीमा विधेयक के साथ राष्ट्रहित का वास्ता जोड़ते हुए उसे पास करनेवालों को राष्ट्रभक्ति की परीक्षा में पास और विरोध करनेवालों को फेल घोषित कर दिया है। शुरू में कांग्रेस की नानुच को उसने सीधे राष्ट्रविरोधी करार दिया। जैसे ही कांग्रेस ने विधेयक के पक्ष में मत बनाया, वैसे ही अंग्रेजी मीडिया की नजर में कांग्रेस राष्ट्र की हित-साधक पार्टी हो गई और सोनिया गांधी सच्चे अर्थों में राष्ट्रीय नेता। अंग्रेजी मीडिया ने कांग्रेस के भीतर विधेयक के विरोध में उठनेवाले स्वरों को दबा कर पार्टी को विधेयक के पक्ष में लामबन्द करने के लिए सोनिया गांधी के नेतृत्व की भूरी-भूरी प्रशंसा की है। उसे विश्वास है कि सोनिया गांधी इसी तरह 'पार्टीगत हितों' से ऊपर उठकर राष्ट्रीय स्तर का आचरण करती रहें, तो वह उसे राष्ट्रीय नेता बना देगा। सोनिया गांधी ने भी समझ लिया होगा कि नित-नूतन चाहनेवाला अमीर भारत, जब भाजपा की राष्ट्रभक्ति से ऊब जाएगा, तो अंग्रेजी मीडिया राष्ट्र (भक्ति) की बागडोर उनके हाथ में थमा सकता है।

अंग्रेजी मीडिया ने बात साफ कर दी है : जो उदारीकरण के पक्ष में है वह राष्ट्रहितैषी है और जो विरोध में है वह राष्ट्रविरोधी। राष्ट्रभक्ति के अपने इस मानक के निर्धारण में अंग्रेजी मीडिया किसी बहस की गुंजाइश छोड़ने को तैयार नहीं है। हालाँकि, इसके बावजूद वह लोकतन्त्र-विरोधी होने का आक्षेप बरदाश्त नहीं कर सकता ! लोकतन्त्र (अभिजात-तन्त्र पढ़ा जाए) की उसकी अपनी परिभाषा है, जिसे वह सभी पर लादना चाहता है और विरोध करनेवालों को 'पार्टीजन' कह कर खारिज कर देता है। दूसरे शब्दों में, जो लोकतन्त्र बहुराष्ट्रीय कम्पनियों के हितों से वैधता हासिल करने को तैयार नहीं है, वह अंग्रेजी मीडिया की परिभाषा में लोकतन्त्र नहीं है। उसके लिए लोकतन्त्र वही है जो उदारीकरण की तानाशाही स्वीकार करके चले। प्रेस को लोकतन्त्र का चौथा खम्भा कहा जाता है। जाहिर है, अंग्रेजी मीडिया अपने को 'अभिजात-तन्त्र' का चौथा खम्भा मानता है। इस अभिजात-तन्त्र में हड़ताल या प्रतिरोध के अन्य तरीके 'ब्लैकमेलिंग' करार दिए जाते हैं। पिछले दिनों ट्रक चालकों की देशव्यापी हड़ताल को 'इंडियन एक्सप्रेस' के प्रधान सम्पादक शेखर गुप्ता ने एक टीवी चैनल पर खुलेआम 'ब्लैकमेलिंग' कहा था। जो न सुन पाए हों, उन्हें पढ़ाने के लिए अखबार के सम्पादकीय में भी यह मान्यता दोहरा दी गई थी। बीमा क्षेत्र के कर्मचारी लम्बे समय से आन्दोलन की राह पर हैं। अन्य क्षेत्रों के कर्मचारी भी अपनी माँगों को लेकर

समय-समय पर प्रदर्शन और हड़ताल आदि करते हैं। किसान और अन्य उत्पादक कामों में जुटे समूह भी बीच-बीच में आन्दोलित होते रहते हैं। जाहिर है, अंग्रेजी मीडिया की नजर में उन सभी का आन्दोलन राष्ट्रविरोधी ठहरता है।

इक्कीसवीं सदी में जाने की बड़ी भारी चर्चा चल रही है। ध्यान देना होगा कि अंग्रेजी मीडिया ने इक्कीसवीं सदी के लिए राष्ट्रहित और राष्ट्रभक्ति का अपना एजेंडा निर्धारित कर दिया है, जिस पर वह लगातार बल बनाए रहेगा। मनमोहन सिंह ने भारतीय सरकार की वैधता को बहुराष्ट्रीय कम्पनियों के सन्दर्भ में आँकने की जो कसौटी रखी थी, उसे कायम रखने की अंग्रेजी मीडिया भरपूर कोशिश करेगा। पिछले चुनावों में सुन रहे थे कि सोनिया गांधी जीतने पर मनमोहन सिंह को देश का प्रधानमन्त्री बना सकती हैं। कांग्रेस तो हारी ही, खुद मनमोहन सिंह भी चुनाव हार गए। लेकिन वे खुश हो सकते हैं कि उनके राजनैतिक बच्चे उनके नीतिगत बच्चे का पालन-पोषण पूरी मुस्तैदी से कर रहे हैं और आगे भी करने का मजबूत इरादा रखते हैं।

अभी तो खैर भाजपा सत्ता में है, जो साम्प्रदायिकता के साथ-साथ उदारीकरण भी वैसी ही रफ्तार से चला रही है। समस्या और जटिल हो जाती है, भाजपा को सत्ता से बाहर रखने की बिना पर धर्मनिरपेक्षतावादी पार्टियों को जब सत्ता मिलती है, तो वे भी उसका 'उपयोग' अन्तर्राष्ट्रीय आर्थिक संस्थाओं और बहुराष्ट्रीय कम्पनियों का हुक्म बजाने में ही करती हैं। उनमें भी मनमोहन सिंह के प्रतिमान पर खरा उतरने की बेताबी होती है। गरीब भारत विरोधी उदारीकरण के विरुद्ध सच्चे और सार्थक विचारों/आन्दोलनों की उपेक्षा यह जताकर की जाती है कि अगर सरकार अस्थिर की जाएगी तो भाजपा आ जाएगी, जो साम्प्रदायिकता के साथ उदारीकरण भी जारी रखेगी। वैसे में उदारीकरण का विरोध करनेवाले गैर-राजनैतिक समूहों और बौद्धिकों क़ो अपने से कुछ नई युक्तियाँ सोचनी होंगी, ताकि सारा उद्यम और ऊर्जा बेकार न चले जाएँ और इक्कीसवीं सदी में अन्ततः अवसाद और हताशा का बोध न घेर ले। इस समस्यात्मक विषय पर गम्भीर विचार-विमर्श चलाने की जरूरत है, जिसके नतीजे में साम्प्रदायिकता और उदारीकरण को एक साथ निष्क्रिय करनेवाली विचारधारा और कार्यक्रम पाया जा सके। सिएटल में विश्व व्यापार संगठन की बैठक पर हुए प्रतिरोध का अध्ययन इस दृष्टि से किया जाना चाहिए कि उससे विकासशील देशों के उदारीकरण विरोधी संगठनों के लिए क्या सार्थक सूत्र हासिल किए जा सकते हैं।

अश्लीलता का विस्तार

अश्लीलता और नैतिकता पर बहस पुरानी है। आदिम से सांस्कृतिक-सामाजिक होने की प्रक्रिया में ही अश्लीलता और नैतिकता के सवाल पर विचार होना शुरू हो गया होगा। ऐसा माना जाता है कि अश्लील शब्द *ऋग्वेद* में प्रयुक्त 'अश्रीर' शब्द, जिसका सायण ने पहले स्थान पर अश्लील और दूसरे स्थान पर श्रीहीन, गुण-विहीन और कुत्सित अर्थ किया है, का ही रूपान्तर है। भारत और पश्चिम के काव्यशास्त्रियों ने अश्लीलता का विस्तृत विवेचन किया है। काव्यशास्त्रियों ने अश्लीलता की सौन्दर्यबोध के सन्दर्भ में व्याख्या करते हुए उसे एक काव्य-दोष माना है, जबकि आधुनिक मनोवैज्ञानिकों, समाजशास्त्रियों, न्यायविदों आदि ने अश्लीलता की प्रकृति और परिभाषा के विषय में व्यक्तिगत और सामाजिक नैतिकता के सन्दर्भ में विचार किया है। इसके साथ ही आधुनिक राज्य व्यवस्थाओं में अश्लीलता को अपराध मानकर उसकी रोकथाम के लिए कानून बनाए हैं। इन कानूनों के औचित्य-अनौचित्य पर लगातार बहस चलती रहती है। केट मिलेट और अन्य कई आलोचकों ने अश्लीलता का स्त्रीवादी विचारधारा के परिप्रेक्ष्य में विश्लेषण किया है। इस सारे विवेचन की सीमा यह है कि वह अधिकांशतः लिखित साहित्य के सन्दर्भ में हुआ है। आधुनिक औद्योगिक सभ्यता के उच्च-प्रौद्योगिकी युग में प्रचलित फीचर फिल्मों, गैर-फीचर फिल्मों, टेलिविजन, केबल एवं इंटरनेट प्रसारणों में अश्लीलता का सवाल नए सिरे से विवेचन की चुनौती उपस्थित करता है। जहाँ तक अवैध रूप से प्रसारित नग्न यौनाचार (पोर्नोग्राफी) का सवाल है, उसे सीधे कानूनन प्रतिबन्धित किया जा सकता है। वैसे प्रसारणों पर प्रतिबन्ध होता भी है। इनका निर्माण और प्रदर्शन समाज और कानून की निगाह से छिपकर किया जाता है। बच्चे और किशोर, जिनके ऊपर अश्लीलता के दुष्प्रभाव की सर्वाधिक चिन्ता की जाती है, उनसे कुछ हद तक बचे रह सकते हैं। लेकिन बाकी बचा जो कानूनसम्मत प्रसारण है, उसमें भी अश्लीलता का सवाल सुलझा हुआ नहीं है और अक्सर बहस का विषय बनता रहता है।

इधर पिछले कुछ वर्षों से फिल्मी तथा गैर-फिल्मी नाच-गानों के अलबमों और कुछ विज्ञापनों में स्त्री के शरीर की झटकेदार-मसालेदार नुमाइश भारतीय समाज के सन्दर्भ में अभूतपूर्व कही जाएगी। नग्न यौनाचार की हदों को छूता मसाला रमणियों का देह-प्रदर्शन कैसे भी कलात्मक और नैतिक मानदंडों से स्खलित, महज कामोत्तेजक होता है। सम्भवतः सौन्दर्य पहली बार इतना श्रीहीन और कुत्सित हुआ है। हालाँकि, साहित्य,

स्थापत्य और चित्रकलाओं में बहुत पहले से स्त्री-शरीर और काम-चेष्टाओं का चित्रण पढ़ने-देखने को मिलता है, लेकिन नई लहर की विशिष्टता यह है उसमें शुरू से आखिर तक बाजारूपन तारी है। बाजारूपन के सभी मायनों के साथ, इस मायने में भी कि वह सबके 'कंजप्शन' के लिए होता है। इलैक्ट्रॉनिक मीडिया की क्रान्ति के चलते इसकी पहुँच समाज के हर तबके और हर उम्र के दर्शकों के लिए एक साथ है। इंटरनेट के जरिए कानूनन प्रतिबन्धित नग्न यौनाचार भी अब सर्वसुलभ है। यानी वैश्वीकरण केवल व्यापार का नहीं, देह-व्यापार का भी हो रहा है। भारत समेत प्रायः सभी आधुनिकता-पूर्व समाजों में स्त्री-देह के प्रति भोगवादी बुद्धि की प्रधानता रही है। आधुनिक काल में उसके साथ मुनाफाखोर बुद्धि जुड़ गई है। पूँजीवादी व्यवस्था में हथियारों और नशीली वस्तुओं के साथ स्त्री-देह भी मुनाफाखोरी का जबरदस्त जरिया है। शर्त यही है कि प्रदर्शन जितना अश्लील होगा, मुनाफा भी उतना ही ज्यादा होगा। नग्न यौनाचार अगर अकूत मुनाफे का सौदा है तो इसीलिए कि उसमें अश्लीलता की कोई सीमा स्वीकार नहीं की जाती। नीली फिल्मों के अथाह समुद्र का विश्लेषण इस लेख का विषय नहीं है। यहाँ उस समुद्र के किनारों पर दिखाई देनेवाली अश्लीलता पर चर्चा की गई है। जाहिर है, जो किनारे पर है, उसका रिश्ता गहराइयों से है। किनारे पर खुला खेल खेलनेवाली स्त्रियाँ और उनके उद्यम को भारतीय समाज में आए खुलेपन का गुण बतानेवाले कतिपय फिल्मों के समाजशास्त्रियों को इस पर कड़ी आपत्ति होगी कि देह-प्रदर्शन को देह-व्यापार (जिस्म फरोशी या वेश्यावृत्ति) से जोड़ा जाए। इस पर थोड़ा विचार कुछ देर बाद किया गया है कि आधुनिक देह-प्रदर्शन आधुनिक देह-व्यापार का ही एक रूप है और परम्परागत देह-व्यापार से कहीं ज्यादा अनैतिक कर्म है।

स्त्री-देह की कानूनन प्रतिबन्धित और कानून सम्मत प्रदर्शन की परिघटना का स्रोत पूँजीवादी अमरीका और पश्चिमी यूरोप के देश हैं। लैटिन अमरीका, अफ्रीका, पूर्वी एशिया और पूर्वी यूरोप के देशों में तो इस परिघटना ने काफी पहले पहुँच बना ली थी, वैश्वीकरण की मुहिम के साथ भारत सहित बाकी के देशों में भी उसका तेजी से प्रवेश हुआ है। बहुलतावाद की बात करनेवाली उत्तर-आधुनिक विचारधारा, उच्च-पूँजीवाद जिसका व्यवस्थागत आधार है, में सभी समाजों और सभी उम्र के दर्शकों के लिए सुलभ एकरूप खुलापन परोसा जा रहा है। शायद अगले दस वर्ष भी न लगें जब भारत में भी फिल्मों और गैर-फिल्मी नाच-गानों के अलबमों में वैसी ही मैथुन मुद्राओं का प्रदर्शन होने लगे, जैसा हॉलीवुड, विकसित विश्व की अनेकानेक नाचमंडलियों और फैशन परेडों की प्रस्तुतियों में होता है। आगे चलकर कैबरे प्रदर्शनों का विकास उन नाइट क्लबों में होना है, जो अमरीका, यूरोपीय, लैटिन अमरीकी और पूर्वी एशियाई देशों में चल रहे हैं। मसाज सेन्टरों और रिजोर्टों में चलनेवाला देह-व्यापार और तेजी से फले-फूलेगा। पुराने फिल्मी गानों और लोकगीतों को स्त्री-देह की चाशनी में लपेटकर प्रस्तुत करने की प्रवृत्ति आगे और जोर पकड़ेगी। आशा भोंसले जैसी सुगम संगीत की और शुभा मुद्गल जैसी शास्त्रीय संगीत की गायिकाएँ भी इस मैदान में उतर आई हैं।

कई बार सुनने में आता है कि सरकार रीमिक्स गानों और लोकगीतों की अश्लील प्रस्तुतियों पर कानूनी लगाम लगाएगी। लेकिन पहले उसे पूँजीवादी-उपभोक्तावादी विचारधारा के वाहक और इस परिघटना के स्रोत वैश्वीकरण पर लगाम लगानी होगी। उसके लिए भारत की कोई भी सरकार तैयार नहीं है। मानव जीवन की प्रेम, परस्परता और संघर्ष से जुड़ी उदात्त भावनाओं, अनुभूतियों और विचारों को नष्ट करना पूँजीवादी-उपभोक्तावाद का विचारधारात्मक लक्ष्य है। तभी प्रेम की पीड़ा और पवित्रता की वस्तु को धारण और अभिव्यक्त करनेवाले पुराने फिल्मी गानों और परस्परता और संघर्ष की वस्तु को धारण और अभिव्यक्त करनेवाले युगों-युगों से श्रमशील जनता की रचनात्मक प्रतिभा का सृजन लोकगीतों को बाजार के रास्ते उतारा जा रहा है।

यह एक सर्वस्वीकृत मान्यता रही है कि पूँजीवाद के चलते व्यक्ति-स्वातन्त्र्य का मूल्य मानव सभ्यता के केन्द्र में आता है। लेकिन पूँजीवाद जैसे-जैसे उच्चावस्था पर पहुँचता है, स्वतन्त्रता के मूल्य को 'वेल्यू जजमेन्ट' से रहित स्वतन्त्रता के 'शिखर' पर प्रतिष्ठित कर देता है। यह उच्च-पूँजीवादी देशों के बारे में भी सत्य है और व्यक्तियों के बारे में भी। मीडिया, खासकर इलैक्ट्रॉनिक मीडिया उच्च-पूँजीवाद का खुला क्षेत्र है। तभी वह वैसी स्वतन्त्र प्रतिभाओं पर जान छिड़कता है। इस स्वतन्त्रता का 'स्तर' यहाँ तक जाता है कि कतिपय 'स्वतन्त्र प्रतिभाएँ' यह तक कहते सुनी जा सकती हैं कि उनके पास दिखाने को कुछ है तो दिखाती हैं। मीडिया के खास समाजशास्त्री सौ करोड़ से ऊपर की आबादी के देश में पाँच-दस स्त्रियों की बदन की बिन्दास नुमाइश को पूरे समाज परिघटना बताने की तत्परता दिखाते हैं। उनका मानना होता है कि गरम दृश्य देनेवाली स्त्रियाँ परम्परागत नैतिक रूढ़ियों को तोड़कर स्वतन्त्र हो रही हैं। दरअसल, उनका निहित सन्देश होता है कि भारत की सभी स्त्रियों को जल्दी-से-जल्दी इसी तरह स्वतन्त्र होना चाहिए। उदाहरण के तौर पर अमरीका-यूरोप में बसी भारतीय मूल की कतिपय स्त्रियों को सामने लाया जाता है, जो सहज ढंग से वहाँ की पोर्न पत्रिकाओं और फिल्मों में मॉडलिंग करती हैं। शायद वे यह भी सोचते हों कि स्त्रियों की ऐसी स्वतन्त्रता ने अमरीका और यूरोप को कहाँ-से-कहाँ पहुँचा दिया है ! वरिष्ठ अंग्रेजी लेखक सलमान रुश्दी ने पोर्नोग्राफी को पिछड़े समाजों की मुक्ति का नायाब नुस्खा घोषित कर दिया है, जिसकी ताईद वयोवृद्ध लेखक खुशवंत सिंह ने कर दी है। मुक्ति चिन्तन के इस अभूतपूर्व विचार का सम्बन्ध साम्राज्यवादी सभ्यता से है।

यह स्पष्ट है कि पूँजीवादी उपभोक्तावाद पितृसत्तात्मकता की पोषक विचारधारा है। यदि वह (पितृसत्तात्मकता) स्त्रियों के 'दिखाने' को तत्परता से मंच प्रदान करती है, तो उसमें कोई आश्चर्य नहीं होना चाहिए। स्त्रीवादी विचारक अक्सर स्त्री-देह के इस तरह के 'शोषण' के लिए पूँजीवादी और पितृसत्तात्मक विचारधाराओं की सहभागिता को जिम्मेदार मानते हैं। लेकिन इसमें स्त्रियों की व्यक्तिगत स्वतन्त्रता के 'उपभोग' के कारक को नजरअन्दाज नहीं किया जा सकता : जिस उत्साह और उल्लास से वे अपनी भूमिका में उतरती हैं, वह उनके व्यक्तिगत चुनाव का भी बोधक है। अन्यथा देह-प्रदर्शन

का जैसा विस्फोट इस सभ्यता में हुआ है वैसा कभी नहीं रहा, जबकि पितृसत्तात्मकता पिछले युगों में आज से ज्यादा मजबूत स्थिति में भी रही है। यह आधुनिक सभ्यता का विरोधाभास ही है कि उसमें स्त्रीवाद और देहवाद दोनों एक साथ परवान चढ़े हैं। बहरहाल, देहवादी 'कला' स्त्रीवादी आन्दोलन के साथ भीतरघात करती है। कहना न होगा कि इस प्रक्रिया में पितृसत्तात्मकता ही मजबूत होती है—स्त्री-देह के ग्राहक प्रथमतः और अन्ततः पुरुष ही होते हैं।

इन अश्लील प्रदर्शनों की सामाजिकता/सामाजिक प्रभाव की चिन्ता वाजिब मानी जाएगी। अश्लीलता चित्रण में नहीं, पढ़ने-देखनेवाले की दृष्टि में होती है—यह तर्क परिपक्व बुद्धि के पाठकों-दर्शकों के लिए तो ठीक है : वे नग्न यौनाचार में भी सहजतापूर्वक रस ले सकते हैं। लेकिन कच्ची बुद्धि के पाठकों-दर्शकों पर अश्लीलता के बुरे नहीं तो असहज प्रभाव को नकारना असम्भव है। अगर देह-प्रदर्शन या स्त्री-पुरुष के परस्पर देह-घर्षण को कलात्मक कसौटी से इतर केवल कामोत्तेजना पैदा करने की स्वतन्त्रता के तहत स्वीकार किया जाए, तो भी कामोत्तेजना का समुचित ग्रहण कर पानेवाले और इच्छुक पाठकों-दर्शकों तक उसकी उपादेयता बनती है। भारत जैसे समाज में गिने-चुने परिवारों में ऐसी वस्तुनिष्ठ दृष्टि विकसित हुई होगी, जहाँ भाई-बहन, पिता-पुत्री, माता-पुत्र, पति-पत्नी आदि अश्लील मनोरंजन का एक साथ सहजतापूर्वक आस्वाद कर सकें। जहाँ नगरों-महानगरों में भी ऐसे परिवारों की संख्या नगण्य हो, वहाँ पूरे कस्बाई और देहाती भारत की यातना का अन्दाज लगाया जा सकता है। किशोर मानस और मस्तिष्क पर तो इस अश्लीलता का प्रभाव आपदायी होता है।

वर्जनाओं और काम-कुंठाओं से ग्रस्त समाज में खुलापन लाने की आवश्यकता से इनकार नहीं किया जा सकता। लेकिन साथ ही देह और काम-चेष्टाओं का खुला प्रदर्शन समस्या का समाधान भी नहीं माना जा सकता। बल्कि समस्या इससे और जटिल होती है। यहाँ ध्यान दिया जा सकता है कि जबसे अश्लील देह-प्रदर्शन की बाढ़ आई है, भारतीय फिल्मों से स्त्री-पुरुष सम्बन्धों में काम्य खुलेपन की वस्तु गायब होती चली गई है। बच गई है केवल दगाबाजी (फ्लर्टिंग) और देह-प्रदर्शन। फिल्मों और सीरियलों में स्त्री के पति से अलग पुरुष से सम्बन्ध बनाते हाहाकार मच जाता है। ऐसी स्त्री आज भी कुल्टा ही चित्रित की जाती है। ऐसा लगता है भारतीय फिल्मों में स्त्री-जीवन से जुड़ी प्रगतिशीलता दम तोड़ चुकी है। ऊपर से तुर्रा यह है कि मनोरंजन के नाम पर जो परोसा जा रहा है, वह जनता की रुचि और माँग पर है। यह वर्ग-स्वार्थी तर्क है, जिसमें फाइनांसर, निर्माता, डिस्ट्रीब्यूटर, अभिनेता ही नहीं, माफिया गिरोह और तस्कर भी शामिल हैं।

अभी तक वेश्यावृत्ति को देह-व्यापार की संज्ञा दी जाती रही है। लेकिन देह-प्रदर्शन भी देह-व्यापार की कोटि में ही गिना जाना चाहिए। कई स्त्री संगठन वैसी माँग करते भी हैं। अपनी देह देकर जीविका कमाने के धन्धे यानी वेश्यावृत्ति को स्वेच्छया अपनानेवाली स्त्रियों की संख्या आज भी नगण्य होती है। भारत में बड़ी संख्या में

नाबालिग लड़कियाँ बलात् इस धंधे में झोंकी गई हैं। यहाँ हालातों की मजबूरी और बेबसी का कारक ही निर्णायक होता है। कल्पना की जा सकती है कि वह एक नारकीय जीवन होता है, जिसमें आत्मसम्मान और आत्मोन्नयन का मानवीय सरोकार हमेशा के लिए निर्जीव हो जाता है। वेश्याओं को लगातार दलालों, पुलिस और उनके साथ मिली कोठे की मालकिनों के कहर में जीना होता है। उन्हें दूर-दराज जगहों से चुराकर-फुसलाकर कोठों तक लाया जाता है, जहाँ उन्हें अपनी जन्मभूमि और प्रियजनों का मृत्युपर्यन्त विछोह सहना पड़ता है। अपनी मिट्टी से जुड़ाव की बड़ी बात की जाती है। लेकिन वेश्याओं का भाग्य वैसा नहीं होता। सामाजिक दृष्टि से पूर्णतः तिरस्कृत और स्वास्थ्य की दृष्टि से हमेशा खतरों से भरा सभ्यता का यह आदि-धन्धा एक निश्चित उम्र तक ही साथ देता है। उसके बाद अकेलापन, असहायता और बीमारी-भरा जीवन काटना होता है। वेश्या का ठप्पा लगने के बाद मुख्यधारा के जीवन-व्यापार में प्रवेश पूर्णतः निषिद्ध होता है। मानव सभ्यता का यह शायद सर्वाधिक त्रासद अध्याय है।

देह का मैथुन मुद्राओं की हद तक प्रदर्शन कर भौतिक रूप से उच्चतम जीवन-स्तर हासिल करनेवाली स्त्रियाँ, जिन्हें अभिनेत्री और मॉडल की कोटि में रखा जाता है, शौक से इस 'कैरियर' का वरण करती हैं। जिस निर्लज्जता से वे अंगों और भंगिमाओं का प्रदर्शन करती हैं, वैसा न तो वे 'लौंडे' करते थे जो स्त्रियों का रूप धरकर नाचा करते थे, न ही वे तवायफें जिन्हें सामन्ती मिजाज के अमीर लोग खुशी के अवसरों पर नाच-गाने के लिए बुलाते थे या खुद उनके कोठों पर जाते थे।

लोक और भद्र दोनों समाजों में एक स्वर और सिरे से वेश्यावृत्ति को अनैतिक कर्म माना जाता है। वेश्याओं के प्रति सामाजिक व्यवहार घृणा करने का होता है। दूसरी ओर देह-प्रदर्शनकारी स्त्रियों को धन और शोहरत के साथ सामाजिक प्रतिष्ठा भी मिलती है। अपने 'कैरियर' के बल पर वे विभिन्न पुरस्कार और सम्मान हासिल करती हैं : मंचों की शोभा बढ़ाती हैं, पत्रिकाओं की सम्पादक बनती हैं और कई बार सरकारी आयोगों तथा संसद की सदस्या भी। लोग उन्हें प्यार करते हैं और वे लोगों के दिलों पर राज ! तो क्या वे पूर्णतः या अधिकांशतः नैतिक हैं और वेश्याएँ धुर अनैतिक ? वेश्यावृत्ति एक दोषपूर्ण सामाजिक-आर्थिक-साम्बन्धिक-नैतिक व्यवस्था की देन तो है, लेकिन उसका समाज पर व्यापक दुष्प्रभाव होता हो, ऐसा नहीं माना जाता। उल्टे उन्हें समाज की गन्दगी साफ करनेवाली नालियाँ कहा जाता है। जबकि देह-प्रदर्शन करनेवाली स्त्रियाँ न केवल अपनी कीमत, शाही खर्च, टैक्स चोरी आदि के जरिए आर्थिक बेईमानी करती हैं, समाज की नाड़ियों में विकृति और उपभोक्तावादी अपसंस्कृति का ज़हर प्रवाहित करती हैं। इस सबके बावजूद क्या यह कहा जा सकता कि पेट भरने के लिए मजबूरन देह-शोषण का अभिशाप झेलनेवाली स्त्रियाँ अनैतिक हैं और देह-प्रदर्शनकारी स्त्रियाँ नैतिक ? क्या इसका उल्टा मानना ही सही नहीं होगा ?

देह-प्रदर्शन के जरिए धन और शोहरत कमानेवाली स्त्रियों को पुरुषवादी-पूँजीवादी-उपभोक्तावादी व्यवस्था का 'शिकार' मानकर सहानुभूति दी जाती है। इसे

बहुत हद तक सही माना जा सकता है, बशर्ते समाज वैसी ही तार्किक सहानुभूति वेश्याओं के लिए भी विकसित करे। दूसरे, व्यवस्था की शिकार होने का आत्यन्तिक तर्क देना स्त्री के स्वतन्त्र व्यक्तित्व की सम्भावनाओं को नकारना भी है। यह तथ्य जगजाहिर है कि आधुनिक युग में स्त्रियों ने अपनी वास्तविक स्वतन्त्रता की जमीन से पितृसत्तात्मकता को गम्भीर चुनौती दी है।

बहरहाल, वैश्वीकरण के तहत अश्लीलता का अभूतपूर्व विस्तार हो रहा है। वह उच्च-पूँजीवादी-उपभोक्तावादी विचारधारा के अर्थनीतिक-राजनीतिक-सांस्कृतिक समुच्चय का अभिन्न हिस्सा है। सवाल है कि क्या इस 'नए देह-धर्म' का मुकाबला करना है या सूचनावादियों के तर्क के तहत उसे निर्बाध बहने देना है ? अगर मुकाबला करने की बात है तो एक तरीका है, जिसके हम आदी भी हो चुके हैं, कि इस 'यौनक्रान्ति' से कुछ हद तक परेशान हुआ पश्चिमी जगत जो रास्ता निकाले, हम उसका इन्तजार और फिर अनुसरण करें। या फिर वैश्वीकरण की समग्र समीक्षा के साथ जोड़कर अश्लीलता और उससे जुड़ी नैतिकता की समस्या पर वृहत्तर सन्दर्भों में खुद सम्यक् विचार करें। जाहिर है, ऐसा करने पर स्त्री-सत्ता, स्त्री-मुक्ति, स्त्री-पुरुष सम्बन्ध, परिवार एवं सौन्दर्यबोध आदि के अपने अब तक के अनुभवों और विचारों की पुनर्समीक्षा करनी होगी।

पढ़े-लिखे लोगों का राजनैतिक संकट

भारतीय राजनीति संकटग्रस्त है, इस सच्चाई को अक्सर सामान्य विचार-विमर्श में भी स्वीकार किया जाता है और राजनीति के बारे में किए जानेवाले विशेष अध्ययन में भी। हालाँकि विशेष अध्ययनों में संकट को कई बार संक्रमण की संज्ञा दे दी जाती है, लेकिन उससे यह सच्चाई निरस्त नहीं होती कि वह संकटग्रस्त है। संकट की पहचान अलबत्ता अलग-अलग रूपों में की जाती है और भारतीय राजनीति का संकट बहुआयामी है भी। हम देखते हैं कि भारतीय राजनीति के संकट और उसके कारणों के बारे में लोगों की कई तरह की धारणाएँ वातावरण में तैरती रहती हैं। उन्हीं में से एक अत्यधिक प्रचलित धारणा यह है कि राजनीति में पढ़े-लिखे लोग नहीं जाते, इसीलिए वह संकटग्रस्त बनी हुई है। भारतीय जनमानस में आमतौर पर पढ़े-लिखे लोगों को अच्छे लोग भी माना जाता है। समाज के प्रायः सभी वर्गों के लोगों को अक्सर यह कहते सुना जा सकता है कि भारत में राजनीति की अधोगति का कारण उसमें पढ़े-लिखे लोगों का नहीं जाना है; वे जाना भी चाहें तो राजनीति में जमे हुए 'जाहिल' उन्हें प्रवेश नहीं करने देते; और अगर वे प्रवेश कर भी जाएँ तो उन्हें आगे नहीं बढ़ने दिया जाता। अन्ततः इस हताशा में शरण ली जाती है कि राजनीति गन्दे लोगों का गन्दा खेल है, जिससे दूर ही रहना अच्छा है। साथ ही यह भी माना जाता है कि राजनीति को गन्दे लोगों का खेल प्रचारित करने की युक्ति उससे पढ़े-लिखे यानी अच्छे लोगों को दूर रखने के लिए 'बुरे' नेताओं की ही चलाई हुई है।

भारतीय राजनीति की इस प्रचलित धारणा को परखने के लिए यहाँ दो नेताओं–पूर्व-वित्तमन्त्री मनमोहन सिंह और पूर्व-प्रधानमन्त्री पीवी नरसिम्हा राव–पर विचार किया जा सकता है। राजनैतिक विश्लेषण में आज इन दो नेताओं की चर्चा करना पहली नजर में अप्रासंगिक लग सकता है। पिछले मध्यावधि चुनावों में हालाँकि यह कहा जा रहा था कि कांग्रेस के जीतने पर मनमोहन सिंह देश के प्रधानमन्त्री हो सकते हैं, लेकिन वे खुद अपना लोकसभा का चुनाव हार गए। फिलहाल वे राज्यसभा और कांग्रेस कार्यसमिति के सदस्य हैं, जहाँ तक नरसिम्हा राव का सवाल है, वे राजनैतिक परिदृश्य से लगभग ओझल ही हो चुके हैं। कुल मिलाकर आज की तारीख में ये दोनों नेता राजनैतिक मैदान के हाशिए पर हैं। फिर भी यह देखना रोचक होगा कि इन दोनों 'विद्वान' नेताओं की भूमिका ने भारतीय राजनीति के संकट या कहें चरित्र पर दूरगामी

प्रभाव डाला है, जिसके नतीजे में हमारा पूरा राष्ट्रीय जीवन ही गहरे संकट की चपेट में आ गया है।

समाजवादी विचारक किशन पटनायक ने लिखा है : "पिछले दिनों दो राष्ट्रीय संकटों का उदय हुआ है। एक तारीख है जुलाई 1991, दूसरी तारीख है दिसम्बर 1992। ये दोनों घटनाएँ भारत के भविष्य के लिए निर्णायक साबित होंगी।...जुलाई 1991 की वजह से भारत सरकार ने पहली बार स्पष्ट और बेहिचक होकर उदारीकरण तथा जगतीकरण की आर्थिक नीतियों को अपनाया। इसी से देश के फिर से गुलाम होने का भविष्य निकलता है। पिछले दिनों बहुत से लोगों के मुँह से यह बात निकली है कि देश फिर से गुलाम हो रहा है।...गुलामी की बात को बढ़ा-चढ़ाकर नहीं कहना चाहिए, क्योंकि उससे अपना ही अपमान होता है। यह कहना उचित होगा कि सरकार और संसद गुलाम हो गई। मनमोहन सिंह के वित्तमन्त्री होने के बाद से जितनी बार बजट पेश हुआ है, वे सारे बजट बाहर से निर्देशित हैं। संसद इसलिए जुड़ती है कि संसद में अभी तक किसी राजनैतिक दल ने नई आर्थिक नीतियों का, गैट सन्धि का डटकर विरोध नहीं किया है।...6 दिसम्बर की घटना से जो चिन्ता बनती है, वह है राष्ट्र के अस्तित्व के बारे में। क्या भारतीय राष्ट्र टिका रहेगा ? गुलामी की जकड़न से जो टूट और विभाजन पैदा हो सकता है, उसका कारण बाह्य है, लेकिन एकता और अखंडता को बनाए रखनेवाली जो अन्दरूनी शक्ति है, जो राष्ट्रीयता के नाम से जानी जाती है, उसके विभाजित और जर्जर हो जाने की आशंका 6 दिसम्बर और उसके बाद की घटनाओं से उत्पन्न होती है। उपनिवेशवाद या राष्ट्र की गुलामी से मुकाबले के लिए राष्ट्रीयता ही भावनात्मक आधार है। देश की अखंडता का भी यही आधार है। इसलिए राष्ट्रीयता में दरार पड़ने के बाद गुलामी से लड़ पाना और अलगाववाद से निपटना भी कठिन हो जाएगा।" ('भारत शूद्रों का होगा')

इन दो संकटों के मद्देनजर पहले मनमोहन सिंह की चर्चा करें। इस बात पर खुश हुआ जा सकता है कि मनमोहन सिंह काफी पढ़े-लिखे हैं–वे अर्थशास्त्र के अवकाश-प्राप्त प्रोफेसर हैं और उनका उठना-बैठना हमेशा पढ़े-लिखे लोगों में रहा है। उनकी शराफत पर शायद ही कोई अँगुली उठा सके। दन्द-फन्द की राजनीति से उन्हें ऊपर माना जाता है। मन्त्री होने से पहले वे राजनैतिक व्यक्ति थे भी नहीं। लेकिन उन्हें तश्तरी में रखकर मन्त्रीपद और संसद की सदस्यता परोसे गए थे। उनके आर्थिक विचारों और निर्णयों पर–जिनसे अमीर भारत की उत्तरोत्तर समृद्धि ही नहीं, गरीब भारत की बदहाली भी नत्थी थी–किसी भी पहले से जमे कांग्रेसी नेता ने अँगुली उठाने की हिम्मत नहीं दिखाई। उन्हें निर्विकल्प माना गया और वे रातों-रात अन्तर्राष्ट्रीय 'फिगर' बन गए थे। प्रतिभूति घोटाला उन्हीं के वित्तमन्त्री रहते प्रकाश में आया था। उसके बाद तो वित्तीय घोटालों का जैसे ताँता लग गया। लेकिन प्रतिभूति घोटाले से लेकर आज तक, यानी काजल की कोठरी में इतने लम्बे समय तक रहकर भी वे बेदाग बादशाही का नाम पाए हुए हैं। जब तत्कालीन कांग्रेस अध्यक्ष सीताराम केसरी उन्हें कांग्रेस

कार्यसमिति में लेकर आए थे, तो चर्चा थी कि उनकी बेदाग बादशाही का लाभ पार्टी को दिलाने के लिए ही उन्हें वह महत्त्वपूर्ण दरजा दिया गया है। वैसे में लोगों की यह स्वाभाविक अपेक्षा थी कि पढ़े-लिखे और साफ छविवाले मनमोहन सिंह पूर्व प्रधानमन्त्री नरसिम्हा राव सहित अनेक कांग्रेसी नेताओं के भ्रष्टाचार के सन्दर्भ में या कम-से-कम भ्रष्टाचार की सामान्य समस्या के सन्दर्भ में अपना सरोकार और विचार लोगों से साझा करते। भले ही यह चालू पैंतरा लेते कि सारा देश ही भ्रष्टाचार का अड्डा बना हुआ है। लेकिन मनमोहन सिंह जैसे नेताओं की नजर में लोगों और भ्रष्टाचार के मुद्दे के प्रति उनकी उद्विग्नता की कोई अहमियत नहीं होती। अहमियत होती है ऐसे राष्ट्रीय और अन्तर्राष्ट्रीय नेताओं और अफसरों की जो उन्हें उच्च्य आसन पर बिठाते हैं। वे तो 'पॉलिसी मेकर' (यहाँ 'टेकर' पढ़ा जाए) हैं। 'सिस्टम' की खामियों का उन्हें दोष नहीं दिया जा सकता, क्योंकि वह उन्होंने नहीं बनाया है। 'सिस्टम' अगर खराब है तो घोटाले का कोई निमित्त भी बनेगा। अतः वह दोषी कैसे हुआ ! हर्षद मेहता से लेकर नरसिम्हा राव तक मनमोहन सिंह को कोई भी व्यक्ति वास्तव में दोषी नहीं दिखा। उनकी नजर में सब 'सिस्टम' की खराबी है। आदमी तो 'सिस्टम' का पुर्जा है, जो खराब 'सिस्टम' में पड़कर खराब होगा ही। यह तो खैर भ्रष्टाचार की बात हुई, जिसे यहाँ एक गौण मुद्दा माना जा सकता है। काबिलेगौर और असली मुद्दा आर्थिक गुलामी का है। कहना न होगा कि इसकी शुरुआत किसी अनपढ़ नेता ने नहीं, पढ़े-लिखे मनमोहन सिंह ने की, जो अपनी टेक पर अभी भी जमे हुए हैं। निस्सन्देह आर्थिक-राजनैतिक गुलामी के संकट के लिए कई अन्य, विशेषकर बाह्य कारक भी जिम्मेदार रहे हैं, लेकिन उसमें मनमोहन सिंह की भूमिका 'ऐतिहासिक' मानी जाएगी।

मनमोहन सिंह को राजनीति में लानेवाले नरसिम्हा राव की ऊँची पढ़ाई-लिखाई का विरुद भी पर्याप्त गाया गया है। उन्होंने अपने राजनैतिक जीवन पर अंग्रेजी भाषा में एक आत्मकथात्मक उपन्यास की रचना की है, जिसके आधार पर उनकी लेखकीय प्रतिभा की सराहना भी हुई है। लेकिन मनमोहन सिंह ने जहाँ भ्रष्टाचार को लेकर एक नए सिद्धान्तकार की भूमिका निभाई है, नरसिम्हा राव ने बड़ी सफाई के साथ उसके व्यवहार पक्ष को मजबूत किया है। वह भी प्रधानमन्त्री जैसे गरिमापूर्ण—अगर प्रधानमन्त्री के पद के साथ यह विशेषण लगाना अभी भी जरूरी लगता हो—पद पर रहते हुए। अपनी सरकार बचाने के लिए किए भ्रष्टाचार के आरोप का सामना वे अदालत में आज तक कर रहे हैं। फिर कहना पड़ेगा कि नरसिम्हा राव का भ्रष्टाचार यहाँ गौण मुद्दा है। असली मुद्दा वह दूसरा संकट है, जिसका जिक्र ऊपर किशन पटनायक के शब्दों में किया गया है। बाबरी मस्जिद के ध्वंस में उनकी सहभागिता का कुछ हद तक खुलासा उन्हीं के सहयोगी रहे अर्जुन सिंह ने किया था। अगर अर्जुन सिंह के प्रमाण पुष्ट न भी रहे हों, देश का प्रधानमन्त्री होने के नाते ध्वंस की जिम्मेदारी उन पर आयद होती है। वैसे भी साम्प्रदायिकता के मामले में कांग्रेस का दामन पाक-साफ नहीं कहा जा सकता। इस सन्दर्भ में भाजपा और कांग्रेस में यही फर्क रेखांकित किया जा सकता है कि भाजपा

साम्प्रदायिक विचारधारा के सहारे बढ़ती है और मौका पड़ने पर सेकुलर युक्ति का सहारा लेती है, जबकि कांग्रेस सेकुलर विचारधारा के सहारे बढ़ती है और मौका पड़ने पर साम्प्रदायिक युक्ति का सहारा लेने में नहीं हिचकती। बताने की जरूरत नहीं है कि पंजाब में एक दशक तक कहर ढानेवाले साम्प्रदायिक उन्माद को शुरुआती आशीर्वाद कांग्रेस ने ही दिया था और अयोध्या में ताला खुलवाने व शिलान्यास करने की अनुमति भी उसी के नेतृत्व ने दी थी। लेकिन सेकुलर शक्तियाँ हैं कि साम्प्रदायिकता के संकट से निपटने के लिए अक्सर कांग्रेस का मुँह जोहती पाई जाती हैं। दिसम्बर 1992 के बाद सारे गैर-कांग्रेसवादी सेकुलर दलों की नियति कुछ वैसी ही थी। उस समय वे सभी भाजपा की साम्प्रदायिक उठान से भयभीत और हतोत्साहित होकर कांग्रेस के शरणागत हो गए। किशन पटनायक आगे लिखते हैं : ''धर्मनिरपेक्षतावादी खेमे में केवल हम लोग थे, जिनको यह अनुचित लगता था कि भाजपा से आतंकित होकर कांग्रेस या दूसरे किस्म की साम्प्रदायिकताओं, जैसे संख्या-लघु साम्प्रदायिकता से समझौता किया जाए। हमारी दृष्टि में साम्प्रदायिकता अपने-आप एक बड़ी ताकत नहीं हो सकती है—अगर हम आर्थिक शोषण या सामाजिक विषमता जैसे बुनियादी अन्यायों के खिलाफ एक राजनैतिक आन्दोलन को व्यापक और गतिशील कर सके हों।'' (वही) हाल के मध्यावधि चुनावों में भी सेकुलरवाद के प्रति निष्ठा बनाए रखनेवाले दलों और नेताओं में उसी प्रवृत्ति का दोहराव देखने को मिला। खासकर स्थापित कम्युनिस्ट नेताओं ने साम्प्रदायिकता से बचने के लिए कांग्रेस के दामन में मुँह छिपाया और वैसी ही सलाह दूसरों को दी। कितने ही वामपंथी विचारकों ने कांग्रेस की धर्मनिरपेक्ष विरासत की दुहाई दे डाली। उससे संकट का समाधान न होना था, न कभी आगे होने की सम्भावना है। भाजपा ने देश की राजनीति में साम्प्रदायिकता की गहरी फाँस डालकर आर्थिक गुलामी के संगीन मुद्दे को ओट कर दिया है। हम देखते हैं कि आज भी कांग्रेस की भाजपा से साम्प्रदायिक मोर्चे पर कोई लड़ाई नजर नहीं आती। अलबत्ता आर्थिक मोर्चे पर वह उसकी प्रिय हमजोली बनी हुई है।

शुरुआत में राजनैतिक संकट के बारे में जिस आम धारणा का जिक्र किया गया है, उस पर लौटें। क्या यह कहा जा सकता है कि देश में राजनैतिक संकट राजनीति में पढ़े-लिखे लोगों के अभाव के चलते पैदा होते हैं ? दो विद्वान नेताओं की राजनैतिक भूमिका के इस संक्षिप्त विश्लेषण के बाद यही लगता है कि वैसी धारणा एक मिथ ही है। आजादी से अब तक राष्ट्रीय स्तर के प्रायः सभी नेता अच्छे पढ़े-लिखे रहे हैं। जिन नेताओं की ऊँची यानी अंग्रेजी पढ़ाई-लिखाई नहीं होती, वे जनबल, धनबल या बाहुबल के सहारे अगर राष्ट्रीय स्तर तक पहुँच भी जाएँ, तो उनका आसन वहाँ देर तक जमा नहीं रहता। सवाल दरअसल कोरी पढ़ाई का नहीं, उसके उपयोग की दृष्टि का है। शिक्षा के मौजूदा स्वरूप पर अनेक प्रश्नचिन्ह हैं। लेकिन दृष्टि अगर पूरी आबादी की भलाई के मद्देनजर बनाई जाए और वहीं टिकी रहे, तो राजनैतिक संकट को दूर करने की दिशा में बहुत हद तक सार्थक परिणाम हासिल किए जा सकते हैं। नई आर्थिक-नीति को पूरे

देश के सन्दर्भ में अनुपयुक्त मानते हुए संघर्षरत समूहों के विचारक और कार्यकर्ता मौजूदा शिक्षा के स्वरूप और ढाँचे में ही पढ़े-लिखे हैं। राजनैतिक चिन्तन समेत अध्ययन के सभी अनुशासनों, साहित्य एवं कलाओं में पढ़ाई की 'दृष्टि' की जाँच-परख पूरे देश की जनता और उसके समग्र जीवन के सन्दर्भ में होनी चाहिए। वैसी गम्भीर जाँच-परख का नतीजा शायद यह निकलेगा कि ऊँची पढ़ाई-लिखाई ने देश के राजनैतिक संकट को सुलझाने में कम, गहराने में ज्यादा भूमिका निभाई है।

उत्तर-आधुनिक युग में गरीब भारत का अन्त

उत्तर-आधुनिक युग के बारे में कहा जाता है कि वह विचारधाराओं के अन्त का युग है। विचारधाराओं के अन्त के साथ इतिहास और दर्शन आदि के अन्त की घोषणाएँ भी उत्तर-आधुनिकता के तहत हो चुकी हैं और माना जाता है कि महाख्यानों का युग अब बीत चुका है। उत्तर-आधुनिकतावाद की स्थापनाओं की आंशिक अर्थ में सार्थकता बनती है, जिससे इनकार नहीं किया जा सकता : वह अपनी प्राथमिक उठान में जीवन में निहित विविधता और विशिष्टता का सम्मान करने का दावा लेकर उपस्थित होती है। यह सही है कि जीवन समग्रतः और व्यक्ति या सामुदायिक इकाई के रूप में किसी भी विचारधारा से बड़ा होता है। जीवन की बहुलता और विशिष्टता का सम्मान होना चाहिए, ताकि वह अपनी सम्पूर्ण मानवीय सम्भावनाओं को आप्त और चरितार्थ कर सके। किसी एक अकेले विचारधारात्मक आख्यान में जीवन को नहीं अँटाया जा सकता, वह आख्यान चाहे कितना भी 'महान' क्यों न हो। उत्तर-आधुनिकता की यह एक लोकतान्त्रिक अवस्थिति है, जो लोकतन्त्र के सम्वर्द्धन में महत्त्वपूर्ण भूमिका निभा सकती है। इसी के मद्देनजर आंशिक अर्थ में उसकी सार्थकता की बात कही गई है। लेकिन मामला वैसा सरल नहीं है। जीवन को महाख्यानों की जकड़बन्दी से मुक्त करने की ऊपरी पेशकश में दरअसल उसे गहरे में जकड़ने की चाल चली गई है। उत्तर-आधुनिकता का अपना विचारधारात्मक आधार उच्च-पूँजीवादी उपभोक्तावाद है। यह कोई समस्या नहीं होती अगर वह साथ ही उसे एकमात्र और आत्यन्तिक विचारधारा के रूप में मान्य करके नहीं चलती। इस सच्चाई का अब खुलासा हो चुका है कि महाख्यानात्मक विचारधाराओं के अन्त की घोषणा और विचारधाराओं की बहुलता के दावे की आड़ में उत्तर-आधुनिकता का सन्देश यही है कि लम्बे संघर्ष के बाद अन्ततः उच्च-पूँजीवादी उपभोक्तावाद के रूप में एक आत्यन्तिक और सम्पूर्ण विचारधारा पा ली गई है। (कहने की जरूरत नहीं कि यह लम्बा संघर्ष मार्क्सवादी विचारधारा के नाम से अभिहित महाख्यान से किया गया। हालाँकि विडम्बना यह भी है कि उत्तर-आधुनिकता के सिद्धान्तकारों में कई मार्क्सवादी भी हैं, जिन्हें अब उत्तर-मार्क्सवादी कहलाना पसन्द है।) बहरहाल, बड़ी सफाई से यह जता दिया गया है कि इस आत्यन्तिक और सम्पूर्ण विचारधारा पर प्रश्नचिन्ह नहीं लगाया जा सकता। अगर उसके कार्यान्वयन में कोई तकनीकी दिक्कत आती है, तो वैसी दिक्कत को उसके सामाजिक, राजनैतिक, आर्थिक

आदि इंजीनियर ठीक कर देंगे। अतः इस परम विचारधारा और उससे पैदा होनेवाली व्यवस्था को किसी दूसरी विचारधारा या व्यवस्था से बदलने की बात करना अब बेमानी है। इतर विचारधाराएँ परम विचारधारा की चेरी बनकर अलबत्ता रह सकती हैं या फिर धराऊ रूप में–उन कपड़ों की तरह जो खास मौकों पर पहने जाते हैं और फिर सहेज कर सन्दूक में धर दिए जाते हैं। दूसरे शब्दों में, उत्तर-आधुनिक युग में विचारधारात्मक संघर्ष हमेशा के लिए समाप्त मान लिया गया है। वही स्थिति इतिहास और दर्शन आदि के क्षेत्र में है। उनके अन्त का अर्थ उच्च-पूँजीवादी उपभोक्तावाद के इतिहास और दर्शन से अलग चलनेवाले इतिहास और दर्शन के अन्त से है। ऐसा नहीं है कि पूँजीवादी उपभोक्तावाद से इतर विचारधाराओं, इतिहास और दर्शन का वाकई अन्त हो चुका है और पूँजीवादी उपभोक्तावाद के महाख्यान की परमता सर्वस्वीकृत हो चुकी है। अभी भी दुनिया में संघर्ष की धाराएँ अनेक रूपों में सक्रिय हैं। अलबत्ता यह सही है कि बाकी विचारधाराएँ, इतिहास और दर्शन पूँजीवादी उपभोक्तावाद के वर्चस्व के सामने फिलहाल पराभूत नजर आ रहे हैं।

पूँजीवादी उपभोक्तावाद का वर्चस्व जीवन के सभी क्षेत्रों में पसरता जा रहा है। यहाँ इलैक्ट्रोनिक मास मीडिया के विभिन्न चैनलों पर प्रसारित होनेवाले धारावाहिकों का इस दृष्टि से विश्लेषण रोचक होगा। 'जनसत्ता' के 16 जनवरी के अंक में हिन्दी के प्रसिद्ध कथाकार और धारावाहिक लेखक मनोहर श्याम जोशी का साक्षात्कार प्रकाशित हुआ है। एक प्रश्न के उत्तर में उन्होंने कहा है : "मास मीडिया में जिसकी पूँजी उसकी संस्कृतिवाला मामला होता है। इस अर्थ में मास मीडिया से जुड़नेवाले हर लेखक को व्यावसायिकता से समझौता करना पड़ता है। बल्कि यों कहा जाना चाहिए कि पैसे की खातिर लिखना, दूसरे की माँग पर लिखना स्वयं ही एक बड़ा समझौता है। इस अर्थ में आप कह सकते हैं कि मैंने व्यावसायिकता से समझौता किया है, लेकिन मैं इस ओर भी आपका ध्यान दिलाना चाहता हूँ कि अगर मैंने पूरी तरह से समझौता किया होता, तो यह नौबत न आती कि मेरे लिखे हुए एक-दो नहीं पूरे आठ धारावाहिक या तो पूँजी के अभाव में बन नहीं पाए या बन भी गए तो उन्हें प्रायोजक नहीं मिले। हमारे प्रायोजक स्पष्ट कर चुके हैं कि वे धारावाहिकों में आधुनिक भारतीयों को उच्चवर्गीय जीवन जीते हुए और हिन्दी में अंग्रेजी मिलाकर बोलते हुए देखना चाहते हैं।" जोशी जी के पहले लोकप्रिय धारावाहिक 'हम लोग' में निम्न मध्यवर्गीय जीवन का चित्रण हुआ था। साक्षात्कार में उन्होंने यह भी कहा है कि दबाव में वहाँ भी उन्हें मँझली और नन्हे की मार्फत उच्चवर्गीय जीवन की झलक लानी पड़ी थी। यहाँ एक लेखक के नाते जोशी जी की अपनी व्यथा तो झलकती ही है, जो ज्यादा महत्त्वपूर्ण बात है वह यह कि आजकल सभी धारावाहिकों में केवल उच्चवर्गीय जीवन ही चित्रित किया जाता है। और यह उच्चवर्गीय जीवन उस पूँजी के साथ जुड़ा होता है, जो पूँजीवादी उपभोक्तावादी विचारधारा में जीवन का एकमात्र नियामक तत्त्व माना जाता है। श्रम और उससे जुड़े जीवन को इस वर्ग में हिकारत की निगाह से देखा जाता है। मार्क्स ने माना था कि

श्रम मनुष्य को परिभाषित करता है। गांधी ने भी मार्क्स से विभिन्न विचारधारात्मक परिप्रेक्ष्य से मनुष्य के जीवन में श्रम के सौन्दर्य की प्रतिष्ठा की थी। पूँजीवादी उपभोक्तावाद की विचारधारा में मनुष्य की परिभाषा या पहचान पूँजी या बाजार से होती है। इसी मान्यता की संगति में धारावाहिकों में चित्रित जीवन उपभोक्तावादी रहन-सहन और साजो-सामान से लबालब होता है। दमकते चेहरों और परिधानों में खाए-पिए अघाए लोगों का यह जीवन विशाल सुसज्जित आवासों, गाड़ियों, हवाई जहाजों आदि से घिरा होता है। उत्तरोत्तर समृद्धि के सोपानों को छूनेवाले या छूने को लालायित इस जीवन के सुख-दुख, आचरण रीतियों और नैतिक समस्याओं का चित्रण इन धारावाहिकों का एकमात्र लक्ष्य है। यह अलग बात है कि किसी भी कला-माध्यम के लिए अपेक्षित जीवन की गहराई उनमें नहीं होती। इन धारावाहिकों का एक और पहलू गौरतलब है। उनमें अभिनय करनेवाले कलाकारों के व्यक्तित्व में अमीर जीवन से जुड़ी आभा और आभिजात्य का होना जरूरी है। ऐसे कलाकारों की बाढ़ से पता चलता है कि उपभोक्तावाद कितनी तत्परता और सफाई से अपने कलाकार (औजार पढ़ा जाए) खोज लेता है। कलाकारों के रूप में अभी तक निम्न और मध्य-वित्त पृष्ठभूमि के लोग देखने का अभ्यस्त आम भारतीय दर्शक इन चमकीले कलाकारों को देखकर हक्का-बक्का है।

धारावाहिकों में मध्य या उच्च-वर्ग यानी अमीर भारत के जीवन का चित्रण कोई समस्या नहीं है। वैसा जीवन अगर समाज में है और वही सबका आदर्श भी मान लिया गया है, तो साहित्य सहित कला के विभिन्न माध्यमों में उसका चित्रण होगा। टीवी पर प्रसारित होनेवाले धारावाहिकों को एक तरह का कला-माध्यम ही माना जाएगा। यह अलग विवेचन का विषय है कि इस कला-माध्यम में अमीर भारत का चित्रण कितना कलात्मक और प्रामाणिक होता है। समस्या तब खड़ी होती है जब विशाल गरीब भारत के जीवन को धारावाहिकों की दुनिया से पूरी तरह बहिष्कृत कर दिया जाता है। अगर किसी गरीब और ग्रामीण पृष्ठभूमि के पात्र को कहानी में लाया भी जाता है, तो दयनीय या केरीकेचर बनाकर। पूँजीवादी उपभोक्तावादी विचारधारा के तहत आर्थिक क्षेत्र में जिस तरह से गरीब भारत का अन्त मान लिया गया है, उसी तरह वंचित और श्रमशील जनता के जीवन में निहित कला और संस्कृति की सम्भावनाओं का अन्त भी मान लिया गया है। अमीरी और उपभोग की विचारधारा का गरीबों और वंचितों से बैर स्वाभाविक है। लेकिन यह बैर-भाव उनका आर्थिक परिदृश्य से सफाया करके ही सन्तुष्ट नहीं होना चाहता, सांस्कृतिक परिदृश्य से भी उसका सम्पूर्ण सफाया चाहता है। इस विचारधारा की टेक है कि आर्थिक रूप से विपन्न जीवन कला और संस्कृति की दृष्टि से रहित और निरर्थक होता है।

यहाँ अज्ञेय के मशहूर उपन्यास 'शेखर : एक जीवनी' (पहला भाग 1941, दूसरा भाग 1944) की चर्चा प्रासंगिक होगी। यह चर्चा 'शेखर' जैसी महत्त्वपूर्ण औपन्यासिक कृति को प्रचलित धारावाहिकों के स्तर पर उतारने के इरादे से नहीं की जा रही है। देखना यह है कि साहित्य के क्षेत्र में 'शेखर' के लेखक ने पहली बार यह 'पोजीशन'

ली कि गरीब और साधारण लोगों के जीवन में रचना के लिए कोई सार नहीं होता। उपन्यास का नायक शेखर क्रान्तिकारी कलाकार है। उपन्यास में आए एक प्रसंग में वह छुट्टियों में घर न लौटकर होस्टल में रुका रहता है। खाली समय में उसका ध्यान होस्टल के ''पहाड़िए'' नौकरों की ओर जाता है। उनके जीवन में उसे ''मन को उलझाए'' रखने लायक कुछ अधिक नजर नहीं आता : ''ये पहाड़िए दिनभर चिलम पीते हैं और गन्दी बातें करते हैं, शाम को एक-दो गीत गा लेते हैं और रात को कबड्डी खेल लेते हैं, बस !'' (दूसरा भाग, पृ. 21) 'पहाड़िए नौकर' शेखर की नजर में संस्कृति की योग्यता से विहीन हो सकते हैं, लेकिन उसे उनकी गरीबी, लम्बे समय तक घर और आत्मीयों से दूरी का दर्द, साहबों की दिन-रात सेवा करने के बावजूद मिलनेवाली फटकार और अपमान जैसी जीवन स्थितियाँ भी दिखाई नहीं देतीं। दूसरी ओर वही कलाकार शेखर ऑक्सफोर्ड और पेरिस से अंग्रेजी साहित्य में डिग्री लेकर लौटी मिस मणिका, जो धुत् होने की हद तक शराब पीती है और जिसका शौक पुरुषों का संग्रह करना है, के चरित्र से प्रेरित होकर ''गद्य और पद्य, कथा और निबन्ध सभी कुछ'' लिखकर बकसा और अलमारी भर डालता है। उसी दौरान वह एक शाम वेश्याओं के मोहल्ले में जाता है। वहाँ एक अवयस्क अधनंगी लड़की उसका हाथ पकड़कर पैसा माँगती है, भीख नहीं तो शरीर के बदले। शेखर झटक कर लड़की से अपना हाथ छुड़ा लेता है, तो वह उसके पैरों से लिपट जाती है। शेखर वेश्याओं के मोहल्ले में यह सोचकर आया था कि उसके कलाकार मन में ''कोई विराट प्रतिक्रिया होगी जो उसे भीतर आन्दोलित कर देगी, उसे दहला देगी'' लेकिन उसके मन में महज ''हलकी—बहुत हलकी ! ग्लानि-भर'' होती है। (वही, पृ. 22) जाहिर है, इसीलिए कि वेश्यालयों में उसकी नायिकाओं जैसी असाधारण और कुलीन देवियाँ न होकर व्यवस्था के शोषण की मारी गरीब बालिकाएँ और स्त्रियाँ होती हैं। वहाँ कुमुद के फूल बिकते देखकर उसे कश्मीर की याद आती है और वह 'सच्चे सौन्दर्य' की खोज में कश्मीर की ऊँची पहाड़ियों की ओर दौड़ जाता है। एक अन्य प्रसंग में शेखर सवर्ण होस्टल से दुत्कारा जाने पर कॉलिज के अछूत होस्टल में जाकर रहने लगता है। वहाँ वह पितृभाव से भरकर होस्टल के अछूत छात्रों के साथ अछूत बस्ती में स्कूल के बच्चों को पढ़ाने का काम शुरू करता है। लेकिन सवर्ण होस्टल में हुए अपमान की मनःस्थिति से उबरते ही वह अछूतों को उनके हाल पर छोड़कर वहाँ से पलायन कर जाता है। बाद में वे कभी भी सिद्धान्तकार शेखर के विचार-विमर्श या साहित्यकार शेखर के साहित्य-रचना का हिस्सा नहीं बनते। व्यक्ति के तौर पर चिन्ता का हिस्सा भी नहीं बनते। समस्या यह नहीं है कि 'शेखर' में जनता के जीवन का चित्रण नहीं है, बल्कि यह कि प्रबुद्ध और अभिजात-वर्ग के बरअक्स जनता के जीवन को गहरे तिरस्कार की निगाह से देखा गया है।

अभिजात-वर्ग में एक मान्यता पूरी तरह असंदिग्ध पाई जाती है कि उसे अपने से नीचे की सामान्य जनता से गहरी वितृष्णा होती है। जनता का जीवन उसे मानवता की ऊँचाइयाँ छूने के रास्ते में हमेशा बाधा नजर आता है। समाज, संस्कृति, कला, नैतिकता,

राजनीति आदि से जुड़े प्रश्नों के लिए वह अयोग्य मानी जाती है, क्योंकि योग्यता का 'मौलिक वरदान' सम्पन्न अभिजात-वर्ग को मिला होता है ! जैसा पहले ब्राह्मण-वर्ग को मिला होता था। इसमें कोई एतराज नहीं हो सकता कि लेखक समाज के किसी वर्ग-विशेष में साहित्य-वस्तु के सम्भावनाशील स्रोतों को पहचाने और अपनी रचना में केवल उन्हीं का उपयोग करे। लेकिन अगर यह 'सिद्ध' किया जाता है कि उसके इच्छित वर्ग से भिन्न जीवन में साहित्य-वस्तु के स्रोत अनुपस्थित होते हैं, तो एतराज उठता है। ऐसा नहीं है कि अभिजात जीवन में साहित्य-वस्तु के सम्भावनाशील स्रोतों से इनकार किया जा सकता है, या वे केवल सामान्य जनता के जीवन में ही निहित होते हैं। साहित्य-वस्तु की सम्भावनाएँ सर्वत्र हो सकती हैं। लेकिन शेखर को वे केवल अभिजात जीवन के भीतर ही दिखाई देती हैं, उसके अनुसार सामान्य जनता के जीवन में वे हो ही नहीं सकतीं। उसकी 'प्रतिभा' अभिजात जीवन के भीतर बहुत गहराई से प्रवेश करने की योग्यता प्रदर्शित करती है, लेकिन जनता का जीवन सामने आते ही अन्धी और अयोग्य हो जाती है। साहित्य के सिद्धान्तकार अज्ञेय का भी कुछ वैसा ही मानना है : ''दुख, अपूर्णता, पीड़ा'' का ''ठेका'' गरीबों ने नहीं ले लिया है। ''यथार्थवाद के नाम पर... भुलुआ धोबी और मनुआ चमार को व्यक्ति-चरित्र'' देने तथा ''भद्र और उच्चवर्गीय व्यक्तियों को पुतले'' बना देने का विरोध सबसे पहले उन्होंने ही किया था। ('आधुनिक हिन्दी साहित्य' पृ. 92) कहने का आशय यह है कि साहित्य के क्षेत्र में गरीब भारत के प्रति बैर-भाव का सूत्रपात अज्ञेय जैसे बड़े लेखक ने उस समय किया, जब पूँजीवादी उपभोक्तावाद की विचारधारा का वैसा वर्चस्व नहीं था। आज अगर छोटे लेखकों के धारावाहिकों में वह विचारधारा परवान चढ़ रही है, तो उसका एक कारण यह भी माना जा सकता है कि कुछ बड़े लेखक बहुत पीछे से उसकी छिपी सेवा करते आ रहे हैं।

किसानघाट से कतराते हुए

नीचे विदेशी विद्वानों के दो उद्धरण इसलिए दिए जा रहे हैं, ताकि अभिजात-वर्ग की, जिसमें देश के ज्यादातर आधुनिक और प्रगतिशील बौद्धिक अभिजन भी शामिल हैं, उस मानसिकता को किंचित हिलाया जा सके, जिसके तहत वे चौधरी चरण सिंह को एक विचारहीन क्षेत्रीय और जातिवादी नेता मानते रहे हैं।

''चरण सिंह को सीधे-सीधे एक राजनैतिक बुद्धिजीवी तो नहीं कहा जा सकता, लेकिन वे काफी पढ़े-लिखे व्यक्ति हैं। अपनी इस तीक्ष्ण बौद्धिक योग्यता को उन्होंने उत्तर प्रदेश की कृषि समस्याओं के सतत अध्ययन में लगाया है। उत्तर प्रदेश में चरण सिंह किसान हितों के अग्रणी चिन्तक और एकछत्र नेता हैं। 'उत्तर प्रदेश जमींदारी समाप्ति समिति' के प्रमुखों में से होते हुए उन्होंने इस बात का निश्चित अथक प्रयास किया कि इस कानून में कोई ऐसा छोटा-सा रास्ता भी न रहे, जिसके कारण जमींदारों का वर्चस्व समाप्त होने से रह जाए तथा राज्य की ग्रामीण अर्थव्यवस्था में जागीरदाराना हस्तक्षेप फिर कहीं से भी सिर न उठा पाए।''

''श्री चरण सिंह में भारतीय जनसमूह के एक आदर्श नेता के काफी विशिष्ट गुण हैं। वे अपनी बौद्धिक विशिष्टताओं, गुणों, ईमानदारी और सत्यनिष्ठा के लिए बहुचर्चित रहे हैं। अभी तक उन पर अपने लिए कोई भौतिक उपलब्धियाँ प्राप्त करने का आरोप नहीं लगा है। उनकी एक दल के नेता के रूप में प्रमुख आलोचना जिस बात को लेकर होती है, वह है प्रकृति से स्वाभिमानी एवं दूसरों से सम्बन्धों के बीच गैर-समझौतावादी होना।'' (चौधरी के व्यक्तित्व और विचारों का अध्ययन करनेवाले अमरीकी विद्वान, पॉल आर. ब्रास)

''उत्तर प्रदेश को छोड़कर देश के अन्य किसी भी भाग में जमींदारी प्रथा समाप्त नहीं हुई है और किसानों को उनकी काश्त की जा रही जमीनों के मालिकाना हुकूक नहीं दिए गए हैं। मद्रास और आन्ध्रप्रदेश में वर्तमान भूमि सुधार कानून एक अस्थायी, कामचलाऊ व्यवस्था की तरह हैं और व्यापक कानून नहीं बनाया गया है। बिहार में 1885 का टेनेंसी एक्ट ही कुछ परिवर्तनों के साथ, जो कि बिलकुल नाकाफी है, लागू किया जा रहा है। पंजाब का कानून बहुत ही दोषपूर्ण है और उसके सम्पूर्ण परिवर्तन की जरूरत है। केवल उत्तर प्रदेश में एक सुविचारित और व्यापक कानून बना है और कारगर ढंग से लागू किया गया है।...इससे यही निष्कर्ष निकलता है कि करने की इच्छा

हो तो यह काम किया जा सकता है।'' (भूमि सुधारों पर 1963 में योजना आयोग को रिपोर्ट प्रस्तुत करनेवाले कृषि मामलों के विशेषज्ञ, डब्ल्यू. ए. लेडजिंस्की)

ध्यान दिया जा सकता है कि उत्तर प्रदेश का 'भूमि सुधार और जमींदारी उन्मूलन विधेयक' खुद चौधरी चरण सिंह ने तैयार किया था और कानून बनवाकर उन्होंने ही उसे क्रियान्वित भी कराया था। यह भी ध्यान रखने की जरूरत है कि चौधरी चरण सिंह किसी क्रान्तिकारी पार्टी के नेता नहीं थे। वे कांग्रेस के नेता थे। अतः किसानों के हितों और भूमि-समस्या पर उनके विचारों को उस 'क्रान्तिकारी' विचारधारा के आधार पर नहीं परखा जा सकता, जिसके अनुसार एक वर्ग के रूप में किसानों का समाप्त हो जाना क्रान्ति की दिशा में एक अनिवार्य स्थिति मानी जाती है। अलबत्ता कांग्रेसी राजनैतिक संस्कृति और विचारधारा के अन्तर्गत चौधरी चरण सिंह के विचार और प्रयास क्रान्तिकारी कहे जा सकते हैं।

चौधरी चरण सिंह का अत्यल्प समय के लिए देश का प्रधानमन्त्री बनना भारतीय राजनीति के इतिहास में सांकेतिक अर्थ रखता है : किसान परिवार की पृष्ठभूमि के अलावा, किसान हितों को सर्वोपरि मानने के चलते, वे या उन जैसा और कोई, लम्बे समय तक इस देश का प्रधानमन्त्री नहीं रह सकता था। चौधरी चरण सिंह की समाधि किसानघाट की लोकेशन और दर्शनीयता का भी सांकेतिक अर्थ है : एक पिछवाड़े बनी इस समाधि को न कोई जानता है, न वहाँ जाता है। उनकी मृत्यु का समय हरियाणा में चुनावों का भी समय न होता, तो बहुत सम्भव है कि दिल्ली में उनकी समाधि बनती ही नहीं। चौधरी चरण सिंह के जन्म की तारीख 23 दिसम्बर 'किसान दिवस' और पुण्यतिथि 29 मई 'सादगी दिवस' के रूप में मनाई जाती है। जैसा कि ऐसे अवसरों पर रिवाज है, समाधि स्थल पर सुबह प्रार्थनासभा का आयोजन होता है, जिसमें बड़े सरकारी और विपक्षी नेता शामिल होते हैं। चौधरी चरण सिंह की पुण्यतिथि 29 मई को भी उनकी समाधि पर प्रार्थनासभा का आयोजन हुआ। इस अवसर पर देश के उपराष्ट्रपति और भारत सरकार के शहरी विकास मन्त्री प्रार्थनासभा में सम्मिलित हुए। लेकिन प्रधानमन्त्री अटलबिहारी वाजपेयी एक बार फिर गैरहाजिर रहे। वाजपेयी जब से देश के प्रधानमन्त्री हुए हैं, चौधरी चरण सिंह की समाधि पर आयोजन के पाँच-छह अवसर आ चुके हैं। इनमें से वे एक बार भी किसानघाट नहीं पहुँचे। उनसे पहले के सभी प्रधानमन्त्री हालाँकि किसानघाट पहुँचकर दिवंगत नेता को अपनी श्रद्धांजलि देते रहे हैं।

चौधरी की राजनैतिक विरासत कभी की टूट-फूट चुकी है। विरासत के दावे के रूप में उनके बेटे अजीत सिंह राष्ट्रीय लोकदल चलाते हैं। उनके दल की दशा-दिशा क्या है, यह शायद उन्हें भी नहीं मालूम। खैर लोकदल ने चौधरी चरण सिंह की बरसी पर वाजपेयी के इस बार भी गैरहाजिर रहने पर नाराजगी जाहिर की है। दल का आरोप है कि किसानघाट की उपेक्षा करके प्रधानमन्त्री ने दिवंगत नेता के प्रति अपना असम्मान जाहिर किया है और जान-बूझकर किया है। प्रधानमन्त्री ने इस बाबत खुद तो कोई

स्पष्टीकरण नहीं दिया, अलबत्ता उनके दफ्तर ने कम-से-कम इस बार की गैरहाजिरी के लिए सफाई दी है कि प्रधानमन्त्री उस मौके पर दिल्ली में नहीं थे। यह तर्क स्वीकार्य होता अगर प्रधानमन्त्री वाकई किसी महत्त्वपूर्ण राष्ट्रीय कार्य के सिलसिले में व्यस्त होते। फिर भले ही वह व्यस्तता दिल्ली में रहते हुए ही होती। लेकिन वे हिमाचल प्रदेश के शीतल और मनोरम स्थल मनाली में गर्मी की छुट्टियाँ मना रहे थे, जहाँ से बीस मिनट के कार्यक्रम में शामिल होना कोई दुष्कर कार्य नहीं था। वैसे भी अगर प्रधानमन्त्री की मंशा होती, तो मनाली प्रवास का कार्यक्रम बनाते वक्त 29 मई को पड़नेवाले 'सादगी दिवस' का ध्यान रखा जा सकता था। लिहाजा, यह सही है कि उन्होंने जान-बूझकर किसानघाट की उपेक्षा की है।

चौधरी चरण सिंह की कीर्ति और प्रतिष्ठा एक जुझारू किसान नेता के रूप में रही है। लेकिन वे कोरे नेता नहीं थे। देश के किसानी जीवन और घरेलू व लघु उद्योगों से जुड़ी समस्याओं का उन्होंने गहरा अध्ययन किया था, जिसका प्रमाण उनका इस दिशा में किया गया विस्तृत लेखन है। विभिन्न पुस्तक-पुस्तिकाओं के अलावा उनके द्वारा लिखे गए लेख, तैयार किए गए प्रस्ताव और नेहरू सहित दूसरे नेताओं को लिखे गए पत्र उन्हें लेखनी का धनी नेता सिद्ध करते हैं। यह अलग बात है कि अभिजात-वर्ग के वर्चस्ववाले मीडिया ने उनके वैचारिक रूप से प्रखर व्यक्तित्व को कभी मान्यता नहीं मिलने दी। वे कोरे विचारक भी नहीं थे। उत्तर प्रदेश की राजनीति में एक लम्बे दौर तक सक्रिय रहते हुए उन्होंने, विशेषकर भूमि सुधार और जमींदारी उन्मूलन के लिए ठोस कार्य भी किया था। चौधरी चरण सिंह ने अपने राजनैतिक जीवन के तीन दशक कांग्रेस में रहते हुए उत्तर प्रदेश में ही लगाए। हालांकि उत्तर प्रदेश में रहते हुए भी उनकी देश के विकास की अवधारणा का स्वरूप राष्ट्रीय था, जिसे लेकर तत्कालीन प्रधानमन्त्री नेहरू से उनकी कई बार वैचारिक टकराहट हुई। विशेषकर सहकारी खेती की पेशकश का उन्होंने तर्कयुक्त ढंग से जमकर विरोध किया। दरअसल, उन्हें भूमि और कृषि सम्बन्धी समस्याओं की ही नहीं, भारतीय किसान के मनोविज्ञान का भी गहरा अनुभव था। उन्हें भारतीय राजनीति का प्रेमचन्द कहा जा सकता है। नेहरू ने उन्हें अठारहवीं सदी की बात करनेवाला और 'जाटपन' दिखानेवाला नेता कहकर अक्सर उनका उपहास ही उड़ाया। नेहरू द्वारा लगाए गए अठारहवीं सदी में जीने के आरोप ने उन्हें कभी विचलित नहीं किया और वे अन्त तक अपनी इस वैचारिक निष्ठा पर अडिग रहे कि 'देश की खुशहाली का रास्ता गाँवों से होकर गुजरता है'। इसके पीछे तर्क केवल देश के कृषि प्रधान होने का नहीं था। उनकी मान्यता थी कि अधिकाधिक धन और सुविधाओं की लिप्सा रखनेवाले नागर समाज के व्यक्ति से थोड़े में काम चलानेवाले किसान समाज के व्यक्ति का सामाजिक-आर्थिक दर्शन पूर्णतः भिन्न होता है। लेकिन नेहरू जैसे रोशन खयाल नेता द्वारा जाति को लेकर किए गए आक्षेप ने उन्हें अवश्य ही मर्माहत किया। एक व्यक्तिगत भेंट में नेहरू के यह कहने पर कि उन्होंने मेरठ जिले में कांग्रेस के संगठनात्मक मामलों में जाटपन दिखाया है, चौधरी ने गहरी वेदना से भरा

एक पत्र उन्हें लिखा : ''मेरे सार्वजनिक जीवन में ऐसा कोई भी उदाहरण नहीं है, जिससे मेरे ऊपर 'जाटवाद' का आरोप प्रमाणित हो। फिर भी पंडित जी, मैं आपकी और उन तमाम लोगों की नजर में एक जाट किसान के घर पैदा होकर बड़ा नहीं बन सकता। आखिर क्यों ? इसका कोई कारण दुर्लभ नहीं है। जब किसी प्रकार से असंयमता, अयोग्यता, सम्भावित अर्थों में चरित्रहीनता या अलोकप्रियता के आरोप मुझ जैसे व्यक्ति पर नहीं लगाए जा सके, तब सबसे अच्छा तरीका अस्तित्व समाप्त करने का निकाला गया, बदनामी का बिल्ला बिना किसी जाँच-पड़ताल के चिपका दो।...जन्म के आधार पर बनी जातिवादी व्यवस्था सदियों से राजनैतिक दासता का एकमात्र प्रबल कारण रही है और इसी के कारण देश का विभाजन तक हुआ। हमको यह बात आगे समझ में आएगी कि हमने इतिहास से कोई सबक नहीं लिया है। देशभर के जनजीवन के महत्त्वपूर्ण उच्च पदों पर बैठे हुए लोग आज भी इस कमजोरी को त्यागकर ऊपर नहीं उठ पा रहे हैं। मैंने 22 मई 1954 को आपको एक पत्र के माध्यम से सुझाव दिया था कि संविधान में इस आशय का संशोधन किया जाए कि राज्य या केन्द्र में भविष्य में किसी भी नौजवान को राजपत्रित पद पर उस समय तक भर्ती नहीं किया जाएगा, जब तक उसने अपनी जाति के बाहर किसी अन्य जाति में (या अपनी मातृभाषा के अलावा किसी अन्य भाषायी से) विवाह किया होने या करने की इच्छा व्यक्त न की हो। लेकिन आप सहमत नहीं हुए।''

कहा जा सकता है कि जाति-व्यवस्था पर चौधरी चरण सिंह के विचार लोहिया की तरह क्रान्तिकारी थे, हालाँकि उन पर जातिवादी और कुलक होने के आरोप अन्त समय तक लगते रहे। इन आरोपों की झड़ी उस समय और तेज हो गई थी, जब उन्होंने केन्द्रीय राजनीति में प्रवेश कर, एकछत्र किसान नेता के रूप में एकबारगी देश की राजनीति को आक्रान्त कर डाला था। लेकिन तथ्य कुछ और ही कहानी कहते हैं। पॉल आर. ब्रास लिखते हैं, ''चौधरी चरण सिंह जातीय नेता नहीं हैं। उनके समर्थकों में बहुसंख्या ब्राह्मणों की है। सन् 1962 में मेरठ जिला कांग्रेस कमेटी का अध्यक्ष ब्राह्मण था, जो चौधरी साहब के विभिन्न मित्रों में से था। 1963 में जिला कांग्रेस कमेटी के अध्यक्ष पद पर जिस अन्य मित्र को बैठाया, वह वैश्य था।'' वस्तुनिष्ठता का निर्वाह करनेवाले कुछ पत्रकारों का भी मत है कि चुनावी दौरों में साथ रहते हुए उन्होंने कभी कोई ऐसा शब्द उनके मुँह से नहीं सुना, जिससे लगे कि वे 'जाट कार्ड' को भुनाते हैं। तथ्य यह है कि मेरठ जिले की कांग्रेस कमेटी से लेकर देश के प्रधानमन्त्री के रूप में केन्द्रीय मन्त्रीमंडल के गठन तक, उन पर जातिवादी होने का आरोप सिद्ध नहीं होता। जहाँ तक कुलक होने का आरोप है, इस सम्बन्ध में उनकी पुस्तक 'उत्तर प्रदेश में भूमिसुधार और कुलक-वर्ग' देखी जा सकती है। 'रविवार' पत्रिका को दिए एक विस्तृत साक्षात्कार में उन्होंने स्पष्ट कहा था, ''मुझे कुलक कहनेवाले बेईमान हैं।'' वे किसी जमींदार के नहीं, 'जिमीदार' के घर में पैदा हुए थे और उन्होंने राजनीति को अकूत धन कमाने और बेतहाशा सुविधाएँ जुटाने का जरिया नहीं बनाया था। उन्हें कुलक कहनेवाले तबके ने

देश की जनता की गाढ़ी कमाई की दौलत को लूटकर काले धन की समानान्तर अर्थव्यवस्था खड़ी कर ली है। 1967 के चुनावों से पहले उन्होंने काला धन बाहर निकालने के लिए एक योजना तैयार करके केन्द्रीय सरकार और सभी राज्यों के मुख्यमन्त्रियों के पास भेजी थी : ''प्रत्येक मूल्य के नोटों को फिलहाल मौजूदा नोटों से अलग रंगों में सरकार मुद्रित करे और इन नए नोटों से पुराने नोटों को बदलने के लिए छह महीने से लेकर साल-भर तक का समय दिया जाए। निर्धारित तिथि के बाद पुराने सभी नोट विमुद्रित हो जाएँगे, क्योंकि उनका कोई मूल्य ही नहीं रह जाएगा।'' उनकी सलाह नहीं मानी गई।

आज भी देश की सत्तर प्रतिशत जनता खेती पर गुजर-बसर करती है। भूमंडलीकरण-उदारीकरण के तहत चल रही नई आर्थिक नीतियों ने देश की खेती-किसानी पर अभूतपूर्व संकट ला दिया है। एक किसान नेता के रूप में चौधरी चरण सिंह का व्यक्तित्व और विचार इस संकट की घड़ी में काम के सिद्ध हो सकते हैं। ऐसा लगता है कि इस सम्भावना को फलीभूत न होने देने के लिए ही वाजपेयी किसानघाट के प्रति उपेक्षा और असम्मान दिखा रहे हैं। भारत में भावनाओं का बड़े पैमाने पर राजनैतिक व्यापार किया जाता है। चौधरी चरण सिंह के साथ किसानों की भावनाएँ जुड़ी रही हैं। साम्प्रदायिक भावनाओं के ज्वार पर सवार होकर प्रधानमन्त्री बने और बनने के बाद देश को आर्थिक गुलामी की ओर ढकेलने में जुटे वाजपेयी को देश के किसानों की भावनाओं से क्या वास्ता हो सकता है ! लेकिन आर्थिक गुलामी, जिसका सबसे ज्यादा कहर किसानों पर टूट रहा है, का विरोध करने और विकास व राजनीति की वैकल्पिक विचारधारा की बात करनेवाले जनान्दोलनकारियों को भी चौधरी चरण सिंह की सुध नहीं है। बेहतर हो कि वे वैकल्पिक दुनिया का निर्माण करने के लिए दुनिया जहान की उड़ान भरने से पहले अपने पास के और काम के नेता और विचारक पर नजर डालें।

सोचना फिल्मवालों को भी है

मुम्बई महानगर देश के बाकी हिस्सों में फिल्मों के निर्माण के लिए जाना जाता है। साथ ही इस बात के लिए कि वहाँ अंडरवर्ल्ड ने अपनी गहरी जड़ें जमा ली हैं। जिस अंडरवर्ल्ड का चित्रण दर्शक फिल्मों में देखते आ रहे हैं, मुम्बई में वह असलियत में मौजूद है। इधर उसका विस्तार देश के अन्य नगरों-महानगरों, खासकर दिल्ली में भी हुआ है। विदेशों तक तो उसका तन्त्र पहले ही फैला हुआ है। अंडरवर्ल्ड एक खौफनाक शब्द है और उसके कई गुटों और सरगनाओं के नाम उनके कारनामों के चलते प्रायः रोज ही मीडिया की सुर्खियों में होते हैं। इन गुटों और उनके सरगनाओं में वर्चस्व और प्रतिशोध के लिए आपस में खून-खराबा होना आम बात है। लेकिन अंडरवर्ल्ड का कहर धन्ना सेठों, फिल्मवालों, पुलिसवालों, राजनेताओं और कई बार आम लोगों पर भी टूटता है। बाबरी मस्जिद के ध्वंस के बाद मुम्बई में भड़के दंगों में साम्प्रदायिक नेताओं के अलावा अंडरवर्ल्ड की भूमिका भी थी। दरअसल धन्ना सेठों, फिल्मवालों, राजनेताओं और कभी-कभार पुलिसवालों के अंडरवर्ल्ड के साथ रिश्ता होता है, जिसका अक्सर खुलासा भी होता रहता है। यह रिश्ता केवल सामान्य जान-पहचान तक सीमित नहीं होता, उसकी प्रकृति आर्थिक और आपराधिक कोटि की होती है।

अंडरवर्ल्ड के अपराधी अभी तक कई फिल्मी हस्तियों की जान ले चुके हैं या उन पर जानलेवा हमला कर चुके हैं। इसी क्रम में फिल्म जगत में पिछले दिनों उसके हाथों एक और हत्या होते-होते बची। फिल्म अभिनेता और निर्माता-निर्देशक राकेश रोशन पर दिनदहाड़े गोलियाँ दागी गईं। इस आपराधिक वारदात के बारे में पुलिस का मानना है कि राकेश रोशन पर हुआ हमला उन्हें आतंकित करने की नीयत से किया गया था। अगर यह सही है तो भी आतंकित करने और जान लेने के बीच बाल की रेखा जितना ही अन्तर था। हमले में राकेश रोशन बुरी तरह से जख्मी हुए। गोली उनके हाथ को चीरती हुई दिल के पास जा धँसी। यह संयोग ही है कि हमले में वे बच गए। जाहिर है, उन पर हुआ यह अचानक हमला जानलेवा भी सिद्ध हो सकता था। हमले के पीछे अंडरवर्ल्ड के सरगना अबू सलेम का हाथ माना जा रहा है, जो पुलिस के मुताबिक पिछले दो महीनों से राकेश रोशन को हफ्ता देने के लिए धमकियाँ दे रहा था। राकेश रोशन की जो नई फिल्म रिलीज हुई है, उसके बारे में खबर है कि वह अच्छा व्यापार कर रही है। अंडरवर्ल्ड का आर्थिक आधार तस्करी या पैसेवालों से हफ्ता वसूली होता है। सुना

जाता है कि व्यापारी, बिल्डर और फिल्मवाले अंडरवर्ल्ड को नियमित हफ्ता पहुँचाते हैं। पुलिस की शिकायत है कि जिनसे हफ्ता माँगा जाता है, वे लोग अक्सर चुपचाप हफ्ता भर देते हैं और इस सम्बन्ध में धमकी मिलने पर भी पुलिस को सूचित नहीं करते। यूँ तो भारत के हर शहर में छोटे-मोटे दुकानदारों से छोटे-मोटे बदमाश हफ्ता के तौर पर छोटी-मोटी रकम वसूल करते हैं। लेकिन धन्ना सेठों से बड़े बदमाशों द्वारा की जानेवाली हफ्ता-वसूली में शामिल रकम का आँकड़ा विशालकाय होता है। यहाँ कहा जा सकता है कि हफ्ता के रूप में भारी-भरकम रकम देनेवाले धनिक खुद यह जानते हैं कि वे गलत तरीकों से धन कमाते हैं। किसी भी कीमत पर धन कमाना धन्ना सेठों के जीवन का चरम ध्येय है और लूटना अंडरवर्ल्ड सरगनाओं का। लिहाजा, वे बदमाशों द्वारा की जानेवाली वसूली का न तो विरोध कर पाते हैं, न ही शिकायत। बहरहाल, राकेश रोशन की फिल्म ने अच्छा व्यापार किया, तो अंडरवर्ल्ड ने अपना हिस्सा या हफ्ता माँगा और न मिलने पर सबक सिखाने की 'कार्रवाई' कर दी।

जैसा कि ऐसी हर वारदात के बाद होता है, उसे प्रिंट और इलैक्ट्रोनिक मीडिया में काफी कवरेज मिला। लगभग सभी अखबारों ने उसे पहले पृष्ठ की खबर बनाया और 'आज तक' ने प्रमुख खबर। लेकिन किसी ने भी फिल्मवालों या कहें फिल्मों और अंडरवर्ल्ड के रिश्तों पर सवाल नहीं उठाया। सभी ने वारदात की जो थोड़ी-बहुत समीक्षा की, वह कानून और व्यवस्था के पहलू से ही की। हर बार की तरह सारी जिम्मेदारी कानून और व्यवस्था की बिगड़ती स्थिति पर डाल दी गई है। हर बार की तरह पुलिसवाले भी कह रहे हैं कि हफ्ता देने की धमकी मिलने पर उन्हें सूचित नहीं किया जाता, ताकि वे समय रहते कार्रवाई कर सकें। हर बार की तरह फिल्म बिरादरी के लोग खासे नाराज और उत्तेजित हैं तथा उन्हें अपनी सुरक्षा की चिन्ता सता रही है। उन्होंने पूरे मामले की सीबीआई से जाँच कराने की माँग भी की है। साथ ही यह भी सुनने में आ रहा है कि अगर हालात नहीं सुधरे, तो फिल्मवाले मुम्बई में अपनी दुकान बन्द कर राजधानी दिल्ली का रुख कर सकते हैं। वैसे भी इधर ज्यादातर फिल्म शूटिंग मुम्बई के बाहर ही हो रही है। अपने जान-माल की सुरक्षा की उनकी यह चिन्ता वाजिब है। राज्य की तरफ से सभी नागरिकों की सुरक्षा का भरसक मुकम्मल इंतजाम होना चाहिए। लगातार जान की धमकी में जीनेवाले समाज में वैचारिकता और रचनात्मकता के प्रकाशन के लिए स्वस्थ माहौल नहीं बन सकता। लेकिन अपने जान-माल की सुरक्षा के प्रति चिन्तित फिल्म बिरादरी को यह चिन्ता भी करनी चाहिए कि समाज में अंडरवर्ल्ड की मौजूदगी और उसकी आपराधिक गतिविधियों के पीछे खुद उनकी भी अहम भूमिका है। वे खुद अंडरवर्ल्ड के साथ आर्थिक रिश्ते रखते हैं और वहाँ से मिलनेवाले काले धन से ऐसी फिल्मों का निर्माण करते हैं, जो समाज में हिंसा और खौफ का माहौल बनाने में अंडरवर्ल्ड को भी पीछे छोड़ देती हैं। यानी माहौल बिगाड़ने में अंडरवर्ल्ड के साथ फिल्मवाले भी बराबर के दोषी हैं। दोनों के बीच कई बार हथियारों के लेन-देन के रिश्ते भी उजागर होते रहते हैं। इसके कितने ही प्रमाण मिल चुके हैं कि कई फिल्मवालों के

अंडरवर्ल्ड के सरगनाओं के साथ निजी रिश्ते भी होते हैं। दरअसल, दोनों के बीच निजी रिश्तों के बगैर अंडरवर्ल्ड का काला धन फिल्मों में आ ही नहीं सकता। काले धन के बल पर बनी फिल्मों के माध्यम से आम नागरिक जीवन में हिंसा, असुरक्षा और खौफ का जहर भरने के बाद फिल्मवाले यह सोचें कि उस जहर का असर उन तक नहीं आएगा, एक भोली खुशफहमी ही कही जाएगी।

आज भारत की फिल्मी दुनिया में सक्रिय ज्यादातर हस्तियाँ—चाहे वे निर्माता-निर्देशक हों, अभिनेता हों या फाइनान्सर—केवल धन और शौहरत की भूख से परिचालित हैं। धन और शौहरत अगर समाज में अश्लीलता, हिंसा और खौफजदा माहौल परोसकर मिलते हैं, तो उन्हें कोई गुरेज नहीं है। यहाँ फिल्मों में परोसी जानेवाली अश्लीलता और हिंसा पर विस्तार से चर्चा करने की जरूरत नहीं है। कहना यही है कि अश्लीलता और हिंसा आज हर फिल्म की टेक बनी हुई है। बाकी कहानी एकरस और बराए नाम होती है। एक समय के सपनों के सौदागर महज हिंसा और सेक्स के सौदागर बनकर रह गए हैं। कोई नैतिक-सामाजिक विजन उनके पास नहीं है। यह विडम्बना ही है कि फिल्मों का जनजीवन पर सबसे व्यापक प्रभाव पड़ता है, लेकिन शायद सामाजिक-सांस्कृतिक रूप से सबसे ज्यादा गैर-जिम्मेदार लोग फिल्म जगत में ही सक्रिय हैं। आज का मुख्यधारा का सिनेमा एक अन्धी दौड़ में शामिल है। अन्धी दौड़ अन्धी गली में ही लेकर जाएगी। फिल्मवालों को भी और समाज को भी। इस अन्धी दौड़ के दुष्परिणाम हमारे सामाजिक और कलात्मक जीवन में छानेवाले अन्धकार के रूप में प्रकट हैं।

कहना न होगा कि फिल्म एक सशक्त कला-माध्यम है, लेकिन उससे जुड़े नागरिक या सामाजिक सरोकार के विचार को फिल्मवालों की धन और शौहरत की भूख ने पूरी तरह दरकिनार कर दिया है। हर फिल्मकार बड़े से बड़ा 'शोमैन' बनने और ज्यादा से ज्यादा धन पीटने की होड़ में पड़ा हुआ है। तर्क दिया जाता है कि वैसी फिल्में जनता की रुचि को ध्यान में रखकर बनाई जाती हैं। यह खतरनाक और अन्धस्वार्थी तर्क है। क्या यह माना जा सकता है कि जनता की रुचि केवल विकृत अश्लीलता और भयानकतम किस्म की हिंसा में ही परितोष प्राप्त करती है ? किसी भी समाज की जनता की रुचि क्या इस कदर इकहरी हो सकती है ? दूसरे शब्दों में, क्या जीवन, जिसके चित्रण का दावा फिल्मों में किया जाता है, इतना इकहरा और एकायामी है कि उसमें अश्लीलता और हिंसा के अलावा कुछ न हो ? असलियत यही है कि फिल्मी 'प्रतिभाएँ' जनता की रुचियों का अपने स्वार्थ के लिए निर्धारण करती हैं। उन्होंने फिल्मी मनोरंजन को महज अश्लील और हिंसक मनोरंजन की लीक पर डाल दिया है। अपने स्वार्थ को बरकरार रखने में वे इस कदर संलग्न हैं कि देश के फिल्म-परिदृश्य से सामाजिक सरोकारों से युक्त सार्थक अथवा समानान्तर सिनेमा का अन्त हो चुका है। हालत यह है कि 'शोमैन' कला-फिल्म बनानेवालों की अक्सर हँसी उड़ाते पाए जाते हैं कि वे (कला-फिल्म बनानेवाले) न तो फिल्म के माध्यम का इस्तेमाल जानते हैं, न ही इस देश की जनता की रुचि को समझते हैं। यहाँ कला-फिल्म बनानेवालों की वकालत करने का

सवाल नहीं है। यह एक अलग विशेषज्ञ विश्लेषण का विषय है कि कला फिल्में किस तरह बनाई जाएँ कि आम जनता उन्हें सराह सके। कहने का आशय यह है कि फार्मूला फिल्में लोगों की कलात्मक रुचि पर अश्लीलता और हिंसा का तेज हमला करके अपना वर्चस्व कायम किए हुए हैं। वैश्वीकरण की हवा ने एक तरफ जहाँ अश्लीलता और हिंसा की आग को तेजी से भड़काया है, दूसरी ओर फिल्मों से किसी भी तरह के सरोकारों को निकाल बाहर किया है।

अभी तक फिल्म उद्योग की काली अर्थव्यवस्था और उसके बूते पर बननेवाली अश्लीलता और खौफ से लबालब फिल्मों के सामाजिक प्रभाव का गम्भीर आकलन नहीं हुआ है। अगर वैसा आकलन हो तो यह सिद्ध हो सकता है कि फिल्म उद्योग और अंडरवर्ल्ड के बीच नाभिनाल सम्बन्ध है। लिहाजा, फिल्मवालों पर अंडरवर्ल्ड के कातिलाना हमले केवल कानून और व्यवस्था का मामला नहीं है, खुद फिल्मवालों की भूमिका उसके लिए जिम्मेदार ठहरती है। अगर फिल्मवाले अपनी भूमिका पर पुनर्विचार नहीं करते हैं, धन और शौहरत के लिए फिल्मों के नाम पर अपराध जगत का पोषण और फैलाव करते जाते हैं, तो बाकी लोगों के साथ उनके जीवन में भी जान-जोखिम की स्थिति बनी रहेगी। मुम्बई से दिल्ली पलायन करने से इस समस्या का समाधान नहीं हो सकता, जहाँ पहले से ही अंडरवर्ल्ड ने अपना ठिकाना बना लिया है।

बाजार किसका दोस्त है

खुले बाजारवाद के समर्थन और विरोध में तेज बहस छिड़ी हुई है। आमतौर पर विकसित देशों को खुले बाजारवाद का प्रवर्तक और प्रचारक-प्रसारक माना जाता है। लेकिन इधर उन देशों में भी उसके विरोध में प्रदर्शन हो रहे हैं। हालाँकि सिएटल और दावोस में हुए विरोध के मुद्दे और सन्दर्भ वही नहीं हैं, जो विकासशील देशों में होनेवाले विरोध के हैं। मुद्दों और सन्दर्भ की भिन्नता के बावजूद बाजारवाद के विरोध का एक मिला-जुला माहौल बन रहा है। उसी का नतीजा है कि बाजारवाद के सर्वोच्च पुरोधा अमरीका के राष्ट्रपति ने विरोधियों की भी बात सुनने का आह्वान बाजारवाद की नियामक संस्थाओं से किया है। विरोध के पक्ष में बने इस माहौल का लाभ विकासशील देशों में सक्रिय समूहों और विचारकों को उठाना चाहिए। हालाँकि जहाँ तक भारत का सवाल है, यहाँ ज्यादातर विरोध या तो दिखावटी है, जैसा कि संघ सम्प्रदायवालों का या फिर कमजोर, जैसा कि मार्क्सवादियों, समाजवादियों या गांधीवादियों का। विरोधियों की कमजोर स्थिति के बावजूद बाजारवाद के समर्थक उसके प्रचंड समर्थन में जुटे हैं, ताकि विरोध के माहौल को जड़ से समाप्त किया जा सके।

बाजारवाद का वर्चस्व समाजवाद की पराजय के बाद स्थापित होना शुरू हुआ। बाजारवाद के साथ प्रौद्योगिकी जुड़ी हुई है। प्रौद्योगिकी के रथ पर सवार होकर ही बाजारवाद दिग्विजय के लिए निकला हुआ है। अतः बाजारवाद पर जब बात की जाती है, तो प्रौद्योगिकी उसमें समाहित होती है। कहना न होगा कि बाजार और प्रौद्योगिकी हर तरह की राजनैतिक-आर्थिक अवस्था और व्यवस्था में रहे हैं। समाजवादी विचारधारा और व्यवस्था में भी उनकी निश्चित व महत्त्वपूर्ण जगह थी। फर्क यह था कि समाजवाद उन्हें नियन्त्रित करके रखना चाहता था, ताकि सभी को उनका लाभ मिल सके। समाजवाद का प्रयोग सफल नहीं हो सका। आधुनिक प्रौद्योगिक युग का अनुभव कुल मिलाकर यही बताता है कि बाजार और प्रौद्योगिकी को नियंत्रण मंजूर नहीं है—कम-से-कम वैसा नियंत्रण, जो दुनिया की बहुलांश वंचित आबादी को उनके जरिए सुखी बनाने के लक्ष्य से किया जाए। कहा जा सकता है और कहा भी जाता है कि जब बाजार और प्रौद्योगिकी का निर्माता मनुष्य है, तो उनका स्वामी भी वही है। अतः उनके पूरी आबादी के हित में चरितार्थ न हो पाने के पीछे दोष या असफलता मनुष्य की है। दोष उन मनुष्यों का जो अपनी आर्थिक-राजनैतिक तानाशाही जमाने के लिए उनका निर्धारण

और उपयोग करते हैं और असफलता उन मनुष्यों की जो वंचित आबादी के हित में वैसी तानाशाही प्रवृत्ति की काट पेश नहीं कर पाते। दरअसल, यह आधुनिक प्रौद्योगिक सभ्यता का केन्द्रीय और जटिल सवाल है, जिसका हल अभी निकलता नहीं दिखता। बाजार और प्रौद्योगिकी के समूची आबादी के हित में सम्भव समान उपयोग के आदर्श और समकालीन प्रतिमानवीय यथार्थ के बीच एक छाया-प्रदेश बना हुआ है। उपरोक्त जटिल सवाल का हल ढूँढ़नेवालों को गौर करना होगा कि आदर्श और यथार्थ के बीच पड़े इस छाया-प्रदेश में क्या कुछ घटित हो रहा है। 'बाजार सबका दोस्त है' के नाम पर चलनेवाला विश्ववादी बाजारवाद अगर दुनिया के गरीबों और कमजोरों के खिलाफ षड्यन्त्र नजर आता है, जैसा कि उसके कई आलोचक मानते हैं, तो वह षड्यन्त्र इसी झुटपुटे क्षेत्र में सम्पन्न होता है। उसका भेदन किए बगैर बाजार और प्रौद्योगिकी से दोस्ती का तर्क देकर उनके स्वामी बनने की बात करनेवाले दरअसल गुलाम होने का ही तर्क दे रहे होते हैं। बाजार और प्रौद्योगिकी के स्वामी बिल क्लिंटन और बिल गेट्स जैसे राजनैतिक-आर्थिक क्षेत्र के चक्रवर्ती सम्राट ही हो सकते हैं, बाकी और कोई वैसा मुगालता पालता है, तो यही कहा जाएगा कि गुलामी की बात स्वीकार करने में कोई भी मनुष्य या समाज अपनी हेठी मानता है।

पिछले दिनों भोपाल में 'बाजारवाद, भाषा और प्रौद्योगिकी' विषय पर आयोजित संगोष्ठी में बाजार ने हिन्दी के कुछ बुद्धिजीवियों में दंगल करा दिया। संगोष्ठी पर प्रकाशित खबरों के आधार पर कहा जा सकता है कि इस दंगल में जो बहस हुई, वह उत्तेजनापूर्ण थी, प्रेरणा का उसमें अभाव था। बाजारवाद के समर्थक ज्यादा उत्तेजित थे, जो कि स्वाभाविक भी है। बाजारवाद उत्तेजना की अटूट लहरों पर प्रवाहित होता है : वह अधिक-से-अधिक मुनाफा कमाने की उत्तेजना के साथ, अधिक-से-अधिक सुख भोगने की उत्तेजना से भरा होता है। सुख भोगने की उत्तेजना में इंटरनेट की असंख्य वेबसाइटों, सीडियों और तस्वीरों का वह पोर्नो संसार भी शामिल है, जिसमें आठ साल से लेकर साठ साल तक की स्त्रियों के जिस्म की असंख्य मैथुन भंगिमाओं में नुमाइश होती है; केवल पुरुषों के साथ ही नहीं, पशुओं के साथ भी। उत्तेजना का यह 'आनन्द' केवल चलचित्रों और चित्रों तक ही सीमित नहीं है, दुनिया के अनेक शहरों में उसे सीधे भी उठाया जा रहा है। भारत भी अब न केवल तिरंगे और ऐतिहासिक इमारतों के साथ इंटरनेट के पोर्न संसार में दाखिल हो चुका है, मुम्बई और दिल्ली जैसे शहर 'सेक्स कैपिटल' का नाम पा चुके हैं। विदेशी मुद्रा का भूखा अमीर भारत विदेशी सैलानियों के लिए 'सेक्स टूरिज्म' का इन्तजाम कर रहा है। निस्सन्देह स्त्रियों के लिए यह 'नया स्पेस' मौजूदा बाजारवाद ही बना सकता था ! जहाँ तक युगों से दमित और दलित मानवता का सवाल है, उस अरुचिकर प्रसंग में बाजारवाद की कोई रुचि नहीं है। उसका 'मानवीय चेहरा' प्रदान करने की बात करनेवाले या तो वाकई यह सब कुछ जानते नहीं, या जान-बूझकर भ्रम फैलाने में लगे हैं।

मीडिया के कुछ लालबुझक्कड़ बाजारवाद के चलते आनेवाली सूचना का आसव

पीकर मतवाले हो उठे हैं। उन्हें इस तथ्य पर गौर करने की फुर्सत नहीं है कि उड़ीसा के चक्रवात में मारे गए लोगों का सही आँकड़ा अभी तक उपलब्ध नहीं है; देश के आम नागरिक को अभी तक यह पता नहीं चल पाया है कि कारगिल में घुसपैठ कब और कैसे हुई; दिसम्बर में हुए भारतीय विमान के अपहरण के पीछे किसका हाथ था और अपहर्ता अब कहाँ हैं; पड़ोसी देश पाकिस्तान के साथ समय-समय पर होनेवाले विवादों और झड़पों का सही कारण और विवरण क्या है; अमरीका के विदेश विभाग ने कश्मीर के बारे में क्या तय किया हुआ है और उसे कब अंजाम देगा। गरीबी, अशिक्षा, बीमारी और बेकारी की विकराल समस्याओं से जूझती आबादी की कोई सूचना तो इस तन्त्र में नहीं ही मिलती। उसके लिए छिपी सूचना शायद यही है कि उसे बाजारवाद के द्वीपों से सजी इस धरा पर रहने का कोई अधिकार नहीं है। 'मानवता' के 'परिपूर्णता' की ओर बढ़ते 'महान उद्यम' में वह बाधक उपस्थिति है। बहरहाल, बहस में उत्तेजना और प्रेरणा का अन्तर समझना मुश्किल नहीं है। उत्तेजनापूर्ण बहस हर हालत में अपनी बात को बड़ा रखने और मनवाने की नीयत से परिचालित होती है। अगर वैसा न हो तो कुतर्क पर भी उतरा जा सकता है और बहस के विषय को विखंडित करके रख दिया जा सकता है। विखंडन वैसे भी बाजारवादी विचारधारा का प्रिय पद बना हुआ है।

बाजार और प्रौद्योगिकी के स्वामी उनके सहारे बाजारवादी विचारधारा की तानाशाही कायम कर रहे हैं। और उनके पक्षधर समर्थन में नितान्त मौलिक तर्क गढ़ रहे हैं। उन्हें वैसी छूट है, लेकिन साथ ही बाजारवाद के विरोधियों को भावुक प्रलाप करनेवाले और आरएसएस किस्म के अतीतप्रेमी कहने की छूट भी वे लेते हैं। अपने ऐतिहासिक अन्धेपन में वे निकट भूतकाल को भी इतिहास-पूर्व अतीत में धकेल देते हैं। बाजारवाद का जो शैतानी चेहरा अब साफ निकलकर आया है, उसके पूर्व-रूप की समीक्षा पिछली सदी के शुरू में गांधी ने भी प्रस्तुत की थी। (यह अलग बात है कि भारत सहित दुनिया के आर्थिक क्षेत्र में गांधीवादी आर्थिक दर्शन कभी स्वीकार्य नहीं हुआ) गांधी और उनका युग भी बाजारवादियों की नजर में ऐसा अतीत हो चुका है, जिसकी 'साधना' केवल आरएसएस वाले करते हैं। इस तथ्यात्मकता से उनका कोई सरोकार नहीं लगता कि आरएसएस ने इंटरनेट पर अपनी वेबसाइट खोल दी है। केन्द्र में उसकी सरकार राज्य और संविधान की सम्प्रभुता की बलि चढ़ाकर बाजारवाद को परवान चढ़ा रही है। अपनी बात बड़ी रखने की जिद के तहत बाजारवादी निर्द्वन्द्व होकर घोषणा करते हैं कि संघ अगर देश में फासीवाद कायम करने में कामयाब हो जाता है, तो बाजार और उसकी वाहन प्रौद्योगिकी संघ के फासीवाद की चूलें हिलाकर रख देगी। प्रकारान्तर से नसीहत यह दी गई है कि बाजारवाद के विरोध का तो कोई अर्थ नहीं ही है, संघ के साम्प्रदायिक फासीवाद के विरोध में लामबन्द होने की भी कोई जरूरत नहीं है। सन्देश साफ है कि बाजारवाद के चलते फैलनेवाली अपसंस्कृति और असमानता के विरोध में जनहितकारी मुद्दों पर आन्दोलनात्मक राजनीति करनेवाले समूह यह जान

लें कि वे व्यर्थ अपना जीवन गँवा रहे हैं; बाजार के पास सब कुछ की दवा है, उसे फैलने दीजिए और फिर देखिए कि दुनिया में कैसे वह अपसंस्कृति और असमानता के जरिए संस्कृति और समानता की बहाली करता है ! भारतेन्दु द्वारा 'स्वर्ग में विचारसभा का अधिवेशन' शीर्षक निबन्ध में वेदवादियों पर किया गया यह व्यंग्य बाजारवादियों पर भी सटीक बैठता है : "धन्य दयानन्द, जिसने वेद में रेल, तार, कमेटी, कचेहरी दिखाकर आर्यों की कटती हुई नाक बचा ली।" दयानन्द के 'वेद-मत' का गुलामी से आजादी की ओर जाने का एक निश्चित ऐतिहासिक सन्दर्भ था। बाजार-मत के पोषकों की चाल उल्टी है। उनका आजादी से गुलामी की ओर जाने का आह्वान है। यानी बाजार की गुलामी में ही उन्हें सारे मर्जों की दवा नजर आती है। देश की आजादी से दगा केवल संघ सम्प्रदाय ही नहीं करता, बाजारवादी नेता और बुद्धिजीवी भी करते हैं।

खुद को बाजारवादी प्रवृत्तियों का विरोधी माननेवाले कुछ विचारकों का तर्क होता है कि बाजारवाद अब 'अटल' सच्चाई बन चुका है। लिहाजा, विरोध करने के स्थान पर, उसके लाभों से वंचित आबादी के पक्ष में उसका अनुकूलन करने के प्रयास करने चाहिए। उनका विश्वास है कि वैसे प्रयासों के फलस्वरूप वंचित आबादी के लिए 'स्पेस' बनाया जा सकेगा। इस तरह का तर्क बाजारवाद के समर्थक भी देते हैं कि अन्ततः उसका लाभ सभी को होना है। लेकिन जब विरोधी यह तर्क देते हैं, तो इसके दो कारण प्रतीत होते हैं : बाजारवाद का जो भी सुख उन्हें मिला है, उसके भोग से उनकी बुद्धि वशीभूत हो गई है या फिर बाजारवाद की दुर्निवार सत्ता ने उनकी बुद्धि को हताश कर दिया है। यहाँ ध्यान दिया जा सकता है कि जब गांधी ने औद्योगिक सभ्यता की समीक्षा प्रस्तुत की थी, तो वे उसके सुखों को कुछ हद तक भोग चुके थे और उस दौर में भी उसकी सत्ता कम दुर्निवार नहीं थी। शिक्षित समाज या देश-विदेश का कोई भी बड़ा नेता या विचारक उनके आर्थिक विचारों का गुणग्राहक नहीं था। 'हिन्द स्वराज' में व्यक्त उनके विचारों के बारे में उनके राजनैतिक गुरु गोखले तक का कहना था कि भारत में कुछ वर्ष बिताने के बाद गांधी अपने दृष्टिकोण पर पुनर्विचार करने को प्रेरित होंगे और उनके अतिवादी विचारों में परिवर्तन होना निश्चित है। गांधी को अक्सर भौतिक जीवन के परे आध्यात्मिक-नैतिक उन्नति की चिन्ता करनेवाला महापुरुष बताकर छुटकारा पा लिया जाता है। जबकि वे विकास की पूँजीवादी अवधारणा को प्रश्नांकित कर रहे थे। प्रो. पूरनचन्द जोशी ने लिखा है : "गांधीजी की राय में समता आर्थिक उन्नति की आवश्यक शर्त है। लोग यह सोचते हैं कि पहले आर्थिक उन्नति हो जाए, फिर समता आएगी—वही विकास-क्रम है। गांधीजी ने इसे भ्रान्त धारणा माना था। उनके विचार में समता की लड़ाई आर्थिक विकास को तेज करने की ही लड़ाई है।...विकास पहले समता बाद में, पश्चिम के इस विकास-क्रम को गांधीजी ने अस्वीकार किया था।...इसी दृष्टि से वे एक मौलिक विकास चिन्तक थे।" गांधी के आर्थिक दर्शन और उस पर आधारित विकास की अवधारणा से असहमत हुआ जा सकता है, लेकिन वंचितों के भौतिक विकास की उनकी प्राथमिक प्रतिबद्धता पर सवाल नहीं उठाया जा सकता।

बाजारवाद के सीधे समर्थकों की वैसी प्रतिबद्धता नहीं हो सकती। सवाल है कि क्या उसके अनुकूलन का तर्क देनेवालों की प्राथमिक प्रतिबद्धता वंचित आबादी के साथ है ? अगर है तो बाजारवाद का सीधे विरोध करना होगा, क्योंकि बाजारवाद के विरोध की लड़ाई सीधे वंचित आबादी के अधिकारों की लड़ाई है।

बढ़ रहे हैं हिंसा के पुजारी

पक्के तौर पर नहीं कहा जा सकता, लेकिन अनुमान किया जा सकता है कि असभ्य कहलानेवाली अवस्था में मनुष्य उतनी हिंसा नहीं करता रहा होगा, जितनी वह सभ्य अवस्था में करता रहा है। सभ्यता के साथ हिंसा-अहिंसा का सवाल बद्धमूल रहा है। हिंसा के विरोध में और अहिंसा के पक्ष में चिन्तन की दुनिया सहित भारत में भी लम्बी और समृद्ध परम्परा है। लेकिन हिंसा ने मानव का पीछा नहीं छोड़ा है। जहाँ तक आधुनिक युग का सवाल है, उसमें हिंसा की प्रवृत्ति और कार्रवाइयाँ बहुस्तरीय हुई हैं। शायद ऐसा कोई अध्ययन अभी तक नहीं हुआ है जिसमें यह पता लगाने की कोशिश की गई हो कि हिंसा आधुनिक युग के पूर्व के इतिहास में ज्यादा हुई या अकेले आधुनिक युग में। आधुनिक युग ज्ञानोदय और मानव-मुक्ति के संघर्ष का काल कहा जाता है। लेकिन साथ ही आधुनिक काल का जीवन लगातार हिंसा से घिरा रहा है। अकेले बीसवीं शताब्दी में दो विश्वयुद्धों, अनेक देशों में होनेवाले गृहयुद्धों, औपनिवेशिक गुलामी के खिलाफ हुए मुक्ति-संघर्षों, क्रान्तियों और प्रतिक्रान्तियों, साम्प्रदायिक फसादों, और दुनिया के बड़े हिस्से में फैले आतंकवाद में रक्तरंजित हिंसा का अनन्त विस्तार देखा जा सकता है। छिटपुट झड़पें तो खैर रोजमर्रा जिन्दगी का हिस्सा बनी हुई हैं। हिंसा की इस कदर व्याप्ति को देखकर कई बार सन्देह होता है कि आधुनिक युग की प्रभुत्वशाली विचारधाराएँ कुल मिलाकर हिंसा की समर्थक विचारधाराएँ तो नहीं हैं ! मध्यकाल की आमतौर पर बर्बरता और क्रूरता के लिए भर्त्सना की जाती है। उसके बरक्स आधुनिक काल को मानव जीवन की गरिमा और स्वतन्त्रता की प्रतिष्ठा का दौर माना जाता है। यह सही है कि न्याय और समता की दिशा में आधुनिक काल की उपलब्धियों को कम करके नहीं आँका जा सकता। यूँ तो अत्याचार और अन्याय के विरुद्ध संघर्ष हर युग में हुआ है, लेकिन आधुनिक युग के बारे में यह स्पष्ट रूप से कहा जा सकता है कि उसमें अन्याय और अत्याचार के विरुद्ध संघर्ष बाकी युगों से ज्यादा तेज और बड़े पैमाने पर हुआ है। लेकिन उसमें हिंसा का ज्वार भी किसी युग से कम तेज नहीं रहा है। कह सकते हैं कि आधुनिक सभ्यता अपनी समस्त उपलब्धियों के साथ-साथ जीवन के प्रति हिंसा के कारोबार के लिए भी खासतौर पर जानी जाएगी।

सैनिक और नागरिक जीवन दो अलग-अलग क्षेत्र हैं। सैनिक जीवन सीधे युद्ध से जुड़ा होता है। युद्ध से जुड़ी हिंसा को अलग किस्म की हिंसा माना जाता है। पूरी दुनिया

में सभ्यता के हर चरण में युद्ध लड़े गए हैं। समस्त शान्ति प्रयासों के बावजूद युद्धों पर मानव का वश नहीं रहा है। कृष्ण जैसे युग-पुरुष भी महाभारत का युद्ध नहीं टाल पाए। आत्मीय जनों का मोहकर जब धनुर्धर अर्जुन ने अपना प्रख्यात गांडीव गिरा दिया, तो कृष्ण ने हिंसा का दार्शनिकीकरण करके उसे युद्ध के लिए सन्नद्ध किया। प्राचीन काल से लेकर आज तक जितने भी बड़े-छोटे युद्ध लड़े गए हैं, उनमें सत्ताधीशों या सत्ता चाहनेवालों ने कोई-न-कोई वैचारिक या भावनात्मक मुद्दा बनाकर सेनापतियों और सेनाओं को युद्ध में प्रवृत्त किया है। बहरहाल, आधुनिक काल में हुए युद्धों में मरनेवालों की संख्या कई करोड़ तक पहुँचती है। आधुनिक युग की यह विशिष्ट परिघटना है कि उसमें सैनिक जीवन से अलग नागरिक जीवन भी लगातार हिंसा से ग्रस्त बना हुआ है। विशेषकर साम्प्रदायिक फसादों, आतंकवाद और गृहयुद्धों ने नागरिक जीवन में भयानक तबाही मचाई है। सारे परिदृश्य को देखकर यही लगता है कि नागरिक जीवन में, जिसका सहज अर्थ शान्तिपूर्ण जीवन लगाया जाता है, अहिंसा, उदारता, शालीनता और सौहार्द जैसे मानवीय गुणों को हिंसा, कट्टरता, अभद्रता और वैमनस्य ने पछाड़ दिया है। कहीं धर्म, कहीं जाति, कहीं भाषा, कहीं क्षेत्र, कहीं विचारधारा और कहीं अपने नेता के प्रति निष्ठा के वशीभूत लोग हिंसा, आगजनी और तोड़-फोड़ की कार्रवाइयों को अंजाम देते हैं। इन कार्रवाइयों में सक्रिय लोगों के आक्रोश का उपरोक्त जो भी कारण रहता हो, अक्सर वह क्रूरता की हद तक पहुँच जाता है। इस हद तक क्रूर कि उन्हें मासूम बच्चों और महिलाओं का नृशंस वध करने और शत्रुओं को जिन्दा जलाने में भी हिचक नहीं होती। इधर मानव-बम बनकर शत्रु के साथ खुद को भी नष्ट कर देने की प्रवृत्ति ने जोर पकड़ा है, जिसका सर्वाधिक दुर्दान्त रूप श्रीलंका के मुक्ति चीतों की कार्रवाइयों में देखा गया। दूसरी ओर वैसा ही या उससे भी ज्यादा हिंसक जवाब राज्य-प्रतिष्ठान देता है। इस तरह हिंसा का यह दुश्चक्र जारी है, जिसके चलते दोनों तरफ से लोकतन्त्र का विचार और मानवीय संवेदना मारे जाते हैं।

एक-से-एक विध्वंसक हथियार आधुनिक सभ्यता की अभूतपूर्व 'उपलब्धि' हैं। हिंसा का कारोबार बहुत हद तक हथियारों के कारोबार का नतीजा है। कहा जाता है कि जितना धन हथियारों के शोध, निर्माण और संचालन पर खर्च किया जाता है, उसके एक छोटे हिस्से में दुनिया की समूची बदहाल आबादी को खुशहाल जीवन स्तर प्रदान किया जा सकता है। लेकिन हिंसा के पुजारी वैसा नहीं होने देते। हथियार उद्योग की कहानी केवल हिंसा के साथ ही नहीं, दुनिया में व्याप्त विषमता और बदहाली के साथ भी जुड़ी हुई है। दुनिया के सम्पन्न देशों ने, चाहे वे समाजवादी व्यवस्थावाले देश रहे हों या जहाँ पूँजीवादी व्यवस्था है, बड़े पैमाने पर हथियार उद्योग विकसित किया है और गरीब देशों को अपने हथियार बेचे हैं। ये गरीब देश अपनी अर्थव्यवस्था की कीमत पर हथियारों की अन्धी दौड़ में शामिल हैं। वे आपस में भी लड़ते हैं, लेकिन हथियारों का ज्यादातर इस्तेमाल देश के अन्दर ही 'विघटनकारी तत्त्वों' के खिलाफ किया जाता है, जो खुद अत्याधुनिक हथियारों से लैस होते हैं। हथियारों के व्यापार में दलाली और

तस्करी होने की सच्चाई जगजाहिर है। यानी हथियारों से हिंसा और बदहाली ही नहीं, भ्रष्टाचार और बेईमानी को भी नए आयाम मिले हैं। छोटे से लेकर बड़े पैमाने तक हथियार बनाने और बेचने की 'व्यवस्था' इस कदर मुकम्मल है कि किसी व्यक्ति या समूह के हथियार उठाने की इच्छा होते ही हथियार उसके हाथ में पहुँच जाता है। हथियार उठानेवाला चाहे बारह-चौदह साल का बच्चा ही क्यों न हो। विडम्बना यह है कि जो देश हथियार बनाने और बेचने का धन्धा करते हैं, वे ही दुनिया से हथियारों की दौड़ खत्म करने की मुहिम की अगुआई भी करते हैं। दरअसल, बाजार के साथ हथियार साम्राज्यवादी मुहिम का प्रमुख हथियार है।

हिंसा का एक और चिन्तनीय आयाम मानवेतर प्राणी जगत के प्रति अभूतपूर्व हिंसा में देखने को मिलता है। आधुनिक युग में केवल मानव जीवन ही भयानक हिंसा की चपेट में नहीं है, मानवेतर प्राणियों की जान पर भी आफत आई हुई है। आज आदमी केवल मछली मारने या वन्य जीवों के छिटपुट शिकार से ही सन्तुष्ट नहीं होता। वह अपने स्वाद, सुगन्ध, सिंगार, सज्जा और व्यापार के लिए अनेकानेक जीवों का हनन करता है। विकास की प्रक्रिया के चलते भी धरती के अनगिनत जीवों की प्रजातियाँ नष्ट होती जा रही हैं। यहाँ शाकाहार बनाम मांसाहार और प्रकृति बनाम प्रगति की बहस में नहीं जाना है। लेकिन यह कहने में कोई अतिशयोक्ति नहीं होगी कि कृमिकीटों से लेकर विशालकाय वन्य और पालतू जीवों के प्रति आधुनिक युग में सभ्यता के इतिहास की सर्वाधिक हिंसा हुई है।

धर्मशास्त्रों में मनुष्य का जीवन दुर्लभ कहा गया है। आधुनिकता की समता, न्याय और स्वतन्त्रता की अवधारणाओं में भी जीवन को कीमती और सर्वथा सेव्य माना गया है। लेकिन साथ ही यह भी माना जाता है कि मानव के ही बनाए और मावन जीवन से बड़े जीवन-मूल्यों या जीवनादर्शों के लिए उसे न्यौछावर भी किया जा सकता है। विरोधाभास यह है कि 'आदर्शों' के लिए विरोधियों के जीवन की बलि लेने की कार्रवाई भी आधुनिक सभ्यता में बड़े पैमाने पर हुई है। आदर्श की प्रेरणा अक्सर प्रतिशोध की उत्तेजना में तब्दील हो जाती है। इस प्रतिशोध की चपेट में कई बार बड़े लोग भी आ जाते हैं। मासूमों पर तो खैर उसका कहर टूटता ही है। आदर्श या लक्ष्य को हासिल करने के लिए जायज हिंसा का तर्क भी बराबर दिया जाता है। साथ ही हिंसक और शान्तिपूर्ण उपायों के मेल की बात भी की जाती है। यहाँ फिलहाल उस बहस में नहीं जाना है। देखना यह है कि जायज-नाजायज हिंसा के चलते आधुनिक सभ्यता के सिर पर असंख्य जिन्दगियों के विनाश और त्रास का सेहरा भी बँधा हुआ है। यूँ तो हर जीवन की किसी-न-किसी के लिए, किसी-न-किसी रूप में अहमियत और कीमत होती है। लेकिन यह सोचकर अफसोस ही रह जाता है कि मारे जानेवालों में कितने ही मानवता के अमूल्य रत्न रहे होंगे !

खुली हिंसा के अलावा छिपी हिंसा के भी अनेक रूप और स्तर होते हैं। वैचारिक स्तर पर उनकी चर्चा और चिन्ता भी की जाती है। यहाँ उस विवरण में न जाकर

सीधे उस खुली हिंसा को रोकने से आशय है, जो सीधे नागरिक जीवन में घटित होती है और उसे प्रभावित करती है। नागरिक जीवन में होनेवाली हिंसा के दो प्रमुख स्रोत राजनैतिक और साम्प्रदायिक / जातीय संघर्ष बनते हैं। ये संघर्ष टाले नहीं जा सकते। लेकिन वे हिंसक न हों, इसके लिए यहाँ गांधी का स्मरण किया जा सकता है। गांधी का मानना है कि अत्याचार करनेवाले से अत्याचार सहनेवाला कम दोषी नहीं है। इसीलिए वे किसी भी व्यक्ति, विचार, शासन या व्यवस्था द्वारा किए जानेवाले अन्याय या अत्याचार का प्रतिरोध करना मनुष्यता का प्रमाण मानते हैं। लेकिन उनकी आस्था अहिंसक प्रतिरोध में है। कम-से-कम नागरिक जीवन को हिंसा की चपेट से बचाने के लिए गांधी के अहिंसक प्रतिरोध के तरीके पर एक बार फिर गम्भीरतापूर्वक विचार करने की जरूरत है। इस विषय में डॉ. राममनोहर लोहिया का मानना है कि न्याय और समता हासिल करने के लिए किए जानेवाले संघर्ष में गांधी के सिविल नाफरमानी के तरीके को अपनाकर, हथियारों के बगैर अन्याय के खिलाफ लड़ा जाना चाहिए। उन्होंने लिखा है : ''सामूहिक सिविल नाफरमानी सम्भव है, यह तो साबित हो चुका है, यद्यपि सभी परिस्थितियों के लिए या आखिरी तौर पर नहीं। व्यक्तिगत सिविल नाफरमानी अभी दुर्लभ है। ऐसे समय की कल्पना करना कठिन है जिसमें सभी मनुष्य या अधिकांश मनुष्य अलग-अलग, बिना किसी संगठन के, बिलकुल अकेले और बिना किसी से सहारा पाए भयंकर रूप से संगठित शक्ति का विरोध बिना किसी हथियार के सिर्फ अपनी नाफरमानी के द्वारा करेंगे।...इसलिए असली बात है व्यक्तिगत और आदतन सिविल नाफरमानी। अतः हमारे युग की सबसे बड़ी क्रान्ति कार्यप्रणाली की क्रान्ति है, एक ऐसी कार्यपद्धति के द्वारा अन्याय का विरोध जिसका चरित्र न्याय के अनुरूप है। यहाँ सवाल न्याय के स्वरूप का उतना नहीं है जितना उसे प्राप्त करने के उपाय का। वैधानिक और व्यवस्थित प्रक्रियाएँ अक्सर काफी नहीं होतीं। तब हथियारों का इस्तेमाल उनका अतिक्रमण करता है। ऐसा न हो, और मनुष्य हमेशा वोट और गोली के बीच ही भटकता रहे, इसलिए सिविल नाफरमानी की कार्यप्रणाली सम्बन्धी क्रान्ति सामने आई है। हमारे युग की क्रान्तियों में सर्वप्रमुख है हथियारों के विरुद्ध सिविल नाफरमानी की क्रान्ति, यद्यपि वास्तविक रूप में यह क्रान्ति अभी तक कमजोर ही है।''

अन्याय के विरुद्ध संघर्ष में गांधी की एक निश्चित वैचारिक और आन्दोलनकारी भूमिका रही है। भले ही उनकी हत्या गोली मारे जाने से हुई, उनकी अहिंसक उपलब्धियाँ इतिहास में दर्ज हैं। गांधी के अहिंसा सम्बन्धी विमर्श की प्रासंगिकता आज भी हो सकती है। बल्कि आज वह ज्यादा जरूरी है। हालाँकि यह कोई जरूरी नहीं है कि अन्याय के प्रतिरोध का जो तरीका गांधी ने दिया उस पर ज्यों-का-त्यों अमल किया जाए। नई परिस्थितियों के मद्देनजर उसमें विकास और मजबूती लाई जा सकती है। या कम-से-कम गांधी के विचारों का लाभ उठाते हुए अहिंसक प्रतिरोध के नए तरीके भी विकसित किए जा सकते हैं। लेकिन किसी भी हालत में, सामाजिक-राजनैतिक जीवन में बढ़ती हिंसा

को रोकने के कारगर उपाय तलाशने होंगे। इस विषय पर भी गम्भीरतापूर्वक विचार करने की अब जरूरत है कि प्रतिरोध की हिंसक कार्यप्रणाली ने क्रान्तिकारी लक्ष्यों को हासिल करने की दिशा में कितनी सकारात्मक और अथवा नकारात्मक भूमिका निभाई है।

बाजारवाद की गिरफ्त में छात्र राजनीति

स्कूल के अनुशासित माहौल के बाद मिलनेवाले कॉलेज के खुले माहौल के प्रति छात्रों में एक विशेष आकर्षण और स्फूर्ती का भाव होता है। कॉलेज और विश्वविद्यालय का समय स्वच्छन्द होकर जीवन के सपने बुनने और उन्हें साकार करने के मन्सूबे बाँधने का समय होता है। वहाँ न केवल नए-नए दोस्त बनते हैं, जीवन में आगे बढ़ने के नए-नए अवसर भी उपलब्ध होते हैं। ऐसा नहीं है कि सबको मनोवांछित फल मिल ही जाता हो, यौवन की ऊर्जा से सराबोर छात्र अपने सपनों को सफलीभूत करने की दिशा में संघर्ष करते हैं। कॉलेज जीवन में उनका साबका राजनीति से भी पड़ता है। कितने ही छात्र उसमें भी अपनी किस्मत आजमाते हैं। छात्रों को राजनीति में भागीदारी करनी चाहिए या नहीं, अगर करनी चाहिए तो किस हद तक, कौन-से मुद्दों पर और किस रूप में—यह एक बहसतलब विषय रहा है। छात्रों की ऊर्जा और आत्मनिर्णय की क्षमता पर अंकुश लगाने के लिए कई बार छात्र राजनीति पर सीधे प्रतिबन्ध भी लगाए जाते हैं, लेकिन छात्रों ने राजनीति में भागीदारी करने के पक्ष में अपना निर्णय बनाए रखा है। और ठीक ही बनाए रखा है। आधुनिक दुनिया के राजनैतिक इतिहास पर नजर डालने पर पता चलता है कि उसमें छात्र राजनीति का महत्त्वपूर्ण स्थान है। यूरोप में फ्रांस के विश्व प्रसिद्ध छात्र आन्दोलन से लेकर भारत के पड़ोसी देश म्यांमार में चलनेवाले छात्र आन्दोलन तक छात्र राजनीति की व्याप्ती देखी जा सकती है। छात्रों ने अपने बड़े नेताओं की अगुआई में तो राजनैतिक आन्दोलनों में भागीदारी की ही है, कई बार खुद छात्रों और उनके द्वारा संचालित आन्दोलनों की अलग से निर्णायक राजनैतिक भूमिका भी रही है। देशकाल, परिस्थितियों और विचारधारात्मक प्रतिबद्धता की भिन्नताओं के हिसाब से छात्र राजनीति के स्वरूप में भी विभिन्नताएँ मिलती हैं। समय-समय पर उसमें कई तरह के भटकाव भी आए हैं, लेकिन छात्र राजनीति का अधिकांश हिस्सा स्वस्थ और परिवर्तनकारी रुझानों से भरपूर रहा है।

औपनिवेशिक दौर में हालाँकि भूमिगत क्रान्तिकारी संगठनों में छात्रों की भागीदारी होती थी, परन्तु भारत में छात्रों की सीधे और बड़े पैमाने पर राजनैतिक भागीदारी गांधी के नेतृत्व में शुरू होती है। असहयोग आन्दोलन, सविनय अवज्ञा आन्दोलन और भारत छोड़ो आन्दोलन में छात्रों ने बढ़-चढ़कर हिस्सा लिया। गांधी ने छात्र राजनीति को कोई संस्थागत रूप नहीं दिया। यह काम आगे चलकर कम्युनिस्टों और कांग्रेस सोशलिस्टों

ने किया। आजादी के बाद पार्टियों से जुड़ी छात्र राजनीति की विधिवत शुरुआत होती है। इस प्रक्रिया में एआईएसएफ, एसवाईएस, एनएसयूआई, एबीवीपी और एसएफआई जैसे छात्र संगठन अस्तित्व में आते हैं। छात्र राजनीति का यह वह दौर है, जिसमें छात्र शिक्षा व छात्र जीवन से जुड़े मुद्दों पर ही नहीं, व्यापक राजनैतिक-सामाजिक मुद्दों पर भी वैचारिक बहस चलाते हैं। इस दौर में ऐसे छात्र भी राजनीति में हिस्सा लेते हैं, जिनकी मंशा आगे चलकर राजनीति को अपना कैरियर बनाने की नहीं होती थी। इन छात्र संगठनों में कांग्रेस का छात्र मोर्चा एनएसयूआई लगभग शुरू से ही छात्र राजनीति में धनबल और बाहुबल के इस्तेमाल के लिए जाना जाता रहा है। लेकिन बाकी संगठनों की पहचान अपनी विचारधारात्मक प्रतिबद्धता के लिए रही है और वहाँ से देश की राजनीति को कई महत्त्वपूर्ण नेता भी मिले हैं। एनएसयूआई की हेकड़ी से आजिज आकर धीरे-धीरे एबीवीपी ने भी अपना चोला बदल लिया है और आज वह भी काफी हद तक धनबल और बाहुबल पर आश्रित छात्र संगठन बन गया है। कुछ हद तक वामपंथी छात्र संगठनों को भी एनएसयूआई का रोग लगा है। विशेषकर उन स्थानों पर जहाँ उनका राजनैतिक जोर है। फिर भी वामपंथी संगठन प्राथमिक रूप से विचारधारात्मक प्रतिबद्धता से परिचालित होते हैं और शिक्षा व छात्र-हित से जुड़े मुद्दों को ईमानदारी से उठाते हैं। हालाँकि पहले की तुलना में उनके संघर्ष का माद्दा काफी घटा है और देश की छात्र राजनीति में उनका आधार सिकुड़ रहा है। उग्र वामपंथी विचारधारा को आधार बनाकर तेजी से उभरे आइसा का ज्वार भी काफी बैठ चुका है। पीसयू, डीएसयू की उपस्थिति भी बराएनाम है। देश के समाजवादी आन्दोलन से जुड़े एक समय के सशक्त छात्र संगठन एसवाईएस का तो छात्र राजनीति में पटाक्षेप ही हो चुका है।

छात्र राजनीति में वामपंथी छात्र संगठनों के पराभव के कई कारण रेखांकित किए जा सकते हैं, लेकिन इधर प्रधान कारण बाजारवादी शक्तियों का बढ़ता जोर है। बाजारवाद ने देश की छात्र राजनीति पर भी अपना रंग जमा लिया है। इसकी एक बानगी दिल्ली विश्वविद्यालय की छात्र राजनीति में देखी जा सकती है, जहाँ हर साल सितम्बर महीने में दिल्ली विश्वविद्यालय छात्रसंघ और कॉलेज यूनियनों के चुनाव होते हैं। दिल्ली विश्वविद्यालय देश के प्रमुख विश्वविद्यालयों में से एक है, जिसके तहत सत्तर से ऊपर कॉलेज और करीब पिचासी विभाग हैं। यहाँ नियमित पढ़ाई करनेवाले करीब डेढ़ लाख छात्र हैं, जिनमें देश के कोने-कोने से आनेवाले छात्रों की खासी बड़ी संख्या है। सत्तर के दशक तक यहाँ काफी कुछ सार्थक छात्र राजनीति चलती रही है। लेकिन अब वैसा नहीं है। कुछ वामपंथी छात्र संगठनों को छोड़ दें, तो दिल्ली विश्वविद्यालय की छात्र राजनीति से विचारों और प्रतिबद्धता की पूरी तरह से विदाई हो चुकी है। अब प्रभुत्वशाली छात्र संगठनों द्वारा छात्र हितों से जुड़े मुद्दे भी दिखावा-भर के लिए उठाए जाते हैं। चुनावों में धनबल का खुला प्रदर्शन होता है। यह धन एकमुश्त रूप में राजनैतिक पार्टियों से मिलता है और कई नेता चुनाव लड़ने व लड़वानेवाले अपने चहेतों को अलग से भी खुले हाथ से धन देते हैं। पिछले दस-बारह सालों से बहुराष्ट्रीय

कम्पनियों के रूप में धन का एक और स्रोत खुला है, जो उतरोत्तर बढ़ता ही जा रहा है। अपने उत्पादों के विज्ञापन के लिए कुछ बड़ी कम्पनियाँ पहले भी थोड़ा-बहुत धन छात्रों को देती थीं, लेकिन वह कॉलेज और विश्वविद्यालय में छात्रों द्वारा आयोजित किए जानेवाले विभिन्न कार्यक्रमों के लिए दिया जाता था। अब चुनावों के लिए भी कम्पनियाँ खुले दिल से धन बाँटती हैं, ताकि चुनकर आनेवाले छात्र उनका विरोध न करें और उनके उत्पादों की परिसर में बिक्री बनी रहे। यह लेखक दिल्ली विश्वविद्यालय के एक कॉलेज में पढ़ाता है। अगर उस एक कॉलेज के अनुभव को ही बताया जाए, तो छात्र राजनीति पर बाजारवाद की तेजी से बढ़ती गिरफ्त को समझा जा सकता है।

इस साल आठ सितम्बर को होनेवाले छात्रसंघ के चुनावों की घोषणा विश्वविद्यालय प्रशासन ने अगस्त के शुरू में की। घोषणा के चन्द रोज बाद ही कॉलेज में चुनावी सरगर्मियाँ शुरू हो गईं। चुनावों में खड़ा होने के इच्छुक छात्रों ने अपने-अपने नामों से बहुरंगी महँगे ग्रीटिंग कार्ड बाँटने शुरू कर दिए। इन कार्डों में उनकी तरफ से कॉलेज परिसर में अलग-अलग तारीखों पर आयोजित किए जानेवाले संगीत और नाच के कार्यक्रमों की सूचना और न्यौता दिया होता था। नियत तारीख पर आयोजनकर्ता छात्रों के नामोंवाले रेशमी कपड़ों के बड़े-बड़े बैनर लगे होते थे और म्युजिक सिस्टम के साथ मंच सजा होता था। अगर दो उम्मीदवारों के कार्यक्रमों की तारीख आपस में टकरा जाती, तो कार्यक्रम दो स्थानों पर होता। तेज संगीत की धुनों पर छात्र-छात्राएँ घंटों मस्त होकर नाचते रहे। शिरकत करनेवालों में बाहरी तत्त्व भी काफी तादाद में होते थे। कार्यक्रम के दौरान और उसके बाद कई छात्र और बाहरी तत्त्व कॉलेज परिसर में ही शराब पीते हुए देखे जा सकते थे। शराब पीने का सिलसिला चुनाव और उसके बाद जीत की मस्ती तक चलता है। खर्चा उठाने के लिए नेता व कार्यक्रम प्रायोजित करनेवाली अलग-अलग कम्पनियाँ हैं, जिनका नाम हर कार्ड और बैनर पर खुदा होता है। मजे की बात यह है कि इन रंगारंग कार्यक्रमों की कॉलेज प्रशासन या प्राध्यापकों को कोई पूर्व-सूचना नहीं दी जाती। कॉलेज परिसर में बिना इजाजत के होनेवाले इन कार्यक्रमों की शिकायत शिक्षकों और कुछ छात्रों ने कॉलेज प्रशासन और कॉलेज की प्रबन्ध समिति से की, फिर भी दस दिनों तक ये कार्यक्रम अबाध रूप से चलते रहे। यानी कॉलेज में विश्वविद्यालय प्रशासन का नहीं, बहुराष्ट्रीय कम्पनियों के धन का राज चलता है। जाहिर है, इस दौरान कक्षाएँ न चल सकती थीं, न चलीं।

नामांकन की प्रक्रिया पूरी होने के बाद जब इच्छुक छात्र औपचारिक रूप से विभिन्न पदों के लिए उम्मीदवार बन गए तो कार्डों, बैनरों और पेंफ्लेटों की कॉलेज में जैसे बाढ़ आ गई। साथ ही उम्मीदवारों के भव्य चित्रोंवाले पोस्टर दीवारों पर चमकने लगे। उम्मीदवार हर रोज नए-नए रंग और डिजाइनों के कार्ड और पेंफ्लेट बाँटने लगे। कॉलेज के कॉरिडोर, सीढ़ियाँ और कमरे उनसे पट गए। ध्यान देने की बात है कि बाँटे जानेवाले कार्डों और पेंफ्लेटों पर कोई मुद्दे नहीं लिखे होते। उन पर ज्यादातर एक तरफ सिने-तारिकाओं की अर्द्धनग्न रंगीन तस्वीरें और दूसरी तरफ साल का केलेंडर छपे थे।

बहरहाल, यह एक कॉलेज की कहानी है, लेकिन विश्वविद्यालय के कुछ गिने-चुने कॉलेजों को छोड़कर बाकी ज्यादातर में यही मंजर देखा जा सकता है। दिल्ली विश्वविद्यालय छात्रसंघ (डूसू) के चुनाव भी बाजारवाद की गिरफ्त से बाहर नहीं हैं। यहाँ मुख्य मुकाबला एनएसयूआई और एबीवीपी के बीच होता है। पूरे शहर में दिन-रात दौड़नेवाली गाड़ियों, शराब और कबाब की दावतों और हर दिन सुबह शहर की दीवारों पर दिखनेवाले महँगे से महँगे पोस्टरों से अन्दाजा लगाया जा सकता है कि दोनों संगठन किस कदर पैसा पानी की तरह बहाते हैं। चुनावों के दौरान ही नहीं, जीतने पर ये छात्र नेता तरह-तरह के मनोरंजन के कार्यक्रम आयोजित करने के लिए बहुराष्ट्रीय कम्पनियों से धन खींचते हैं। दो वर्ष पहले एबीवीपी के एक छात्र नेता पर यह आरोप लगा था कि उसने विश्वविद्यालय की कैंटीनों में ठंडे पेयों की बिक्री बहाल करने के एवज में एक बहुराष्ट्रीय कम्पनी से दो लाख रुपए की रिश्वत माँगी थी। कम्पनी ने बाकायदा इसकी रपट पुलिस स्टेशन में लिखाई थी। आरोप गलत था या सही, इसका पता तो नहीं चल पाया, लेकिन इतना तय है कि प्रभुत्वशाली पार्टियों के छात्र नेता बहुराष्ट्रीय कम्पनियों से साँठ-गाँठ रखते हैं, जो उनकी पितृ-पार्टियों की बाजारवाद समर्थक नीतियों की संगति में ही है। इसीलिए उनका शिक्षा के निजीकरण और व्यापारीकरण का विरोध महज एक दिखावा बनकर रह जाता है।

यूँ तो छात्र जीवन के बाद भी व्यक्ति कई वर्ष तक युवा बना रहता है, लेकिन जब युवा-शक्ति की बात की जाती है, तो उसका प्रमुख तात्पर्य छात्र-शक्ति से ही होता है। बाजारवादी शक्तियाँ देश की छात्र-शक्ति का बिगाड़कर रही हैं। यह काम दोहरे स्तर पर हो रहा है–साधारण छात्रों को अपने उत्पादों के विज्ञापन का मोहरा बनाकर और मेधावी छात्रों को अपना नौकर बनाकर। दोनों ही स्तरों पर अपने देश और समाज की समस्याओं के प्रति छात्रों की वैचारिक जागरूकता को नष्ट किया जा रहा है। बाजारवादी शक्तियों की गिरफ्त में राजनीति करनेवाले छात्र जब आगे चलकर देश के नेता बनेंगे, तो देश का क्या भविष्य होगा, इसका पूर्वानुमान आसानी से लगाया जा सकता है। पहले से ही समस्याग्रस्त समाज के सामने यह एक गम्भीर चुनौती है। सवाल है कि इस चुनौती का मुकाबला कौन करेगा और कैसे। कहना न होगा कि चुनौती का मुकाबला मुख्य रूप से छात्रों को ही करना है और छात्र राजनीति के अन्तर्गत करना है। दूसरे उसमें सहायक भर हो सकते हैं। यह कहना अतिशयोक्ति होगी कि सभी छात्रों को राजनीति का बाजारवादी चलन मान्य हो चुका है। ज्यादातर छात्र अभी उसके प्रभाव में नहीं आए हैं। या तो वे उदासीन बने रहते हैं या फिर प्रभुत्वशाली छात्र संगठनों द्वारा घेर लिए जाते हैं। उन्हें अपनी उदासीनता और घेरा तोड़कर बाजारवाद की विरोधी छात्र राजनीति को सम्भव बनाने में अपनी भूमिका निभानी होगी। देश से गांधीवादी और समाजवादी छात्र राजनीति का दाना-पानी उठ चुका है। गांधीवादी और समाजवादी जिस तरह से युवा-शक्ति के बारे में बेपरवाह बने हुए हैं, निकट भविष्य में उसके उभरने की कोई सम्भावना भी नजर नहीं आती। दलित या स्त्री छात्र राजनीति इस वक्त देश में

है ही नहीं। लिहाजा मौजूदा वामपंथी छात्र राजनीति की भूमिका महत्त्वपूर्ण हो जाती है। उसे अपना बिखराव समेटकर एकजुट होना होगा, ताकि बाजारवादी शक्तियों के मुकाबले में छात्रों के सामने एक प्रभावी विकल्प प्रस्तुत किया जा सके। दलितों, आदिवासियों, पिछड़ों और महिलाओं का उच्च शिक्षा में प्रवेश बढ़ा है। वामपंथी छात्र राजनीति के ये स्वाभाविक सहयोगी हो सकते हैं। अल्पसंख्यक की कोटि में आनेवाले छात्रों का समर्थन भी वामपंथी छात्र संगठनों को मिल सकता है। इसके साथ एक बहुत बड़ी जरूरत प्रोफेशनल विषयों का अध्ययन करनेवालों को छात्र राजनीति से जोड़ने की है। शिक्षा जगत का यह ऐसा क्षेत्र है, जो आमतौर पर राजनैतिक चेतना से रहित होता है और केवल अपने कैरियर की फिक्र में लगा रहता है। सामाजिक-राजनैतिक चेतना के अभाव में उसे ईमानदारी से यह विश्वास होता है कि बाजारवाद गुलामी का नहीं, मुक्ति का द्वार है। मुहावरे की भाषा में कहें तो सोए हुए साधारण छात्रों को जगाया जा सकता है, लेकिन जागे हुए मेधावी छात्रों को जगाना आसान काम नहीं है। उन्हें जगाने का काम उन तक छात्र राजनीति को ले जाकर ही किया जा सकता है।

मध्यवर्ग का निरर्थक गुणगान

मध्य-वर्ग का उदय आधुनिक युग की विशिष्ट परिघटना मानी जाती है। आधुनिकता और उसकी विविध अभिव्यक्तियाँ मध्य-वर्ग के चलते ही सम्भव हुई हैं। वह आधुनिक सभ्यता का नायक और प्रतिनायक दोनों है। लिहाजा, दुनिया में ज्यादातर स्याह-सफेद उसी का किया हुआ है। औपनिवेशिक गुलामीवाले देशों में मध्य-वर्ग ने जनान्दोलन का नेतृत्व करते हुए आजादी हासिल की और औपनिवेशिक शोषण के चलते हुई जनता की बदहाली दूर करने की जिम्मेदारी भी अपने कन्धों पर ली। मध्यवर्गीय नेतृत्व के पीछे लामबन्द होनेवाली जनता ने आजादी मिलने पर राष्ट्र-निर्माण के कार्य में अपनी भूमिका निभाते हुए किसान, खेतीहर मजदूर, कारीगर, कारखाना मजदूर, यहाँ तक कि बाल मजदूर के रूप में अथक श्रम किया। लेकिन भारत का ही उदाहरण लें, तो पता चलता है कि मेहनतकश जनता मध्य-वर्ग के हाथों बुरी तरह ठगी गई। नतीजा सामने है कि आज भारत में आजादी के समय की कुल आबादी से ज्यादा लोग गरीबी-रेखा से नीचे जीवन बिताते हैं और मध्य-वर्ग उत्तरोतर समृद्ध होता गया है। एक दशक पहले अपनाई गई बाजारवादी अर्थव्यवस्था के परिणामस्वरूप गरीब और ज्यादा गरीब तथा अमीर और ज्यादा अमीर होते जा रहे हैं।

जन-सरोकारों से कटकर अपने ही वर्ग-स्वार्थ में सन्नद्ध हो जानेवाले मध्य-वर्ग की तीव्र भर्त्सना मुक्तिबोध ने साठ के दशक में लिखी अपनी प्रसिद्ध कविता 'अँधेरे में' में की थी। उसमें कुछ पंक्तियाँ रोचक और अत्यन्त प्रभावोत्पादक हैं, इसलिए देखी जा सकती हैं: "*...ओ मेरे आदर्शवादी मन,/ओ मेरे सिद्धान्तवादी मन,/अब तक क्या किया ?/जीवन क्या जिया ! !/उदरंभरि बन अनात्म बन गए,/भूतों की शादी में कनात से तन गए,/किसी व्यभिचारी के बन गए बिस्तर,/दुखों के दागों को तमगों-सा पहना,/अपने ही खयालों में दिन-रात रहना,/असंग बुद्धि व अकेले में सहना,/जिन्दगी निष्क्रिय बन गई तलघर,/अब तक क्या किया,/जीवन क्या जिया ! !/बताओ तो किस-किस के लिए तुम दौड़ गए,/करुणा के दृश्यों से हाय ! मुँह मोड़ गए,/बन गए पत्थर;/बहुत-बहुत ज्यादा लिया,/दिया बहुत-बहुत कम;/मर गया देश, अरे जीवित रह गए तुम !!/लोकहित पिता को घर से निकाल दिया,/जन-मन करुणा-सी माँ को हकाल दिया,/ स्वार्थों के टेरियार कुत्तों को पाल लिया,/भावना के कर्तव्य...त्याग दिए,/हृदय के मन्तव्य...मार डाले !/बुद्धि का भाल ही फोड़ दिया,/तर्कों के हाथ उखाड़ दिए,/जम गए,*

जाम हुए, फँस गए,/अपने ही कीचड़ में धँस गए ! !/विवेक बघार डाला स्वार्थों के तेल में/आदर्श खा गए।/अब तक क्या किया, ?जीवन क्या जिया,/ज्यादा लिया, और दिया बहुत/बहुत कम/मर गया देश अरे जीवित रह गए तुम ! !' मुक्तिबोध ने अपने समेत मध्य-वर्ग की यह भर्त्सना उसमें राष्ट्र-निर्माण की चेतना जगाने के लिए नहीं की है। बल्कि उससे वैसी आशा नहीं बच गई है, इसलिए की है। पश्चिमी आधुनिकतावादी और भारतीय नेहरूवादी लोकाचार (नेहरूवियन ईथोस) की बुनियाद पर विकसित हुआ मध्य-वर्ग और किसी भी काम का हो, मुक्तिबोध की नजर में शोषणविहीन समतामूलक समाज की स्थापना के लिए जरूरी जन-क्रान्ति के काम का नहीं है। इसीलिए जन-क्रान्ति की दिशा में जन-कार्रवाई की पुनर्स्थापना इस कविता का मूल कथ्य है। इस कविता में आए गांधी और तिलक के प्रतीकों को जनता की सीधी कार्रवाई के आह्वान के सन्दर्भ में समझा जाना चाहिए। बहरहाल, इधर कुछ लेखकों में मध्य-वर्ग की आलोचना करना फैशन हो गया है, जिसके निहितार्थ समझना जरूरी है।

दो साल पहले छपी पवन कुमार वर्मा की किताब 'दि ग्रेट इंडियन मिडिल क्लास' पर खासी चर्चा हुई थी। चर्चा से पता चला कि किताब में मध्य-वर्ग पर तीखे प्रहार किए गए हैं। इस लेखक को तब किताब पढ़ने का उत्साह नहीं हुआ था। बाजारवाद और सम्प्रदायवाद के खिलाफ सक्रिय आन्दोलनकारी समूहों और विचारकों के पर्चों व लघु पत्रिकाओं के रूप में प्रकाशित साहित्य और विभिन्न विषयों पर विद्वानों के गम्भीर शोधपरक लेखन का ही पूरा अध्ययन नहीं हो पाता, अतः कैरियरिस्ट लेखकों की ठेके पर लिखी गई किताबों के लिए समय निकालना मुश्किल होता है। कैरियरिस्ट लेखन में कई बार गरीबों की चिन्ता और बाजारवाद की आलोचना, धर्मनिरपेक्षता की चिन्ता और साम्प्रदायिकता की आलोचना की जाती है। लेकिन कभी भी बाजारवाद और सम्प्रदायवाद के लिए जिम्मेदार नेताओं व पार्टियों का नाम नहीं लिया जाता। ऐसे लेखक सबके भले बनकर रहते हैं, ताकि उनके कैरियर पर कोई आँच न आए।

'दि ग्रेट इंडियन मिडिल क्लास' का 'भारत के मध्य-वर्ग की अजीब दास्तान' शीर्षक से हिन्दी अनुवाद भी छपकर आ गया। 'हिन्दी संस्करण की भूमिका' में लेखक ने लिखा है : "मुझे यकीन है कि हिंदी में छपने के बाद इस पुस्तक में विश्लेषित कई विचारों पर और भी व्यापक चर्चा का मौका मिलेगा।...जबसे यह किताब छपी है, मध्य-वर्ग की भूमिका उत्तेजक बहस के केन्द्र में आ गई है। कुछ लोगों का खयाल है कि मैंने मध्य-वर्ग को कुछ ज्यादा ही आड़े हाथों ले लिया है। मुझ पर अत्यन्त आदर्शवादी रवैया अपनाने का आरोप भी लगाया गया है और सच्चाई को सामने रखने के लिए मेरी प्रशंसा भी हुई है।...पुस्तक पर हुईं इतनी ज्यादा प्रतिक्रियाएँ और अनुक्रियाएँ इस बात का सबूत हैं कि यह विषय कितना महत्त्वपूर्ण और सामयिक है, एवं इस पर आगे और अध्ययन और विचार-विमर्श की कितनी जरूरत है। आखिरकार हम एक नागरिक समाज की रचना करने के गुरुतर दायित्व को उठाए हुए नई सहस्राब्दि की दहलीज पर खड़े हैं। केवल यही नागरिक समाज हमारे देश को एक सम्पूर्ण और

एकीकृत दृष्टि से सम्पन्न कर सकता है।'' किताब का अनुवाद सामाजिक-राजनीतिक सरोकारोंवाले पत्रकार अभय कुमार दुबे ने किया है, जो अब बाजारवाद के विरोधी तो नहीं रहे, अलबत्ता सम्प्रदायवाद के विरोधी हैं। अपनी अनुवादकीय टिप्पणी में दुबे जी ने लिखा है कि इस किताब के अनुवाद में उन्हें ''समाज सेवा'' करने का सुख मिला है। लेखक के दावे से ज्यादा दूबेजी की इस स्वीकारोक्ति ने किताब पढ़ने की प्रेरणा पैदा की। पढ़ने पर दिमाग में यह सवाल उठ खड़ा हुआ कि इस किताब में मध्य-वर्ग को आड़े हाथों लिया गया है या उसका पक्ष लिया गया है ? इस तरह का लेखन किस प्रवृत्ति को दर्शाता है ?

किताब में अलग-अलग पुस्तकों, पत्रिकाओं व अखबारों में उपलब्ध कतिपय आँकड़ों और सूत्रों को रोचक शैली में एक जगह गूँथा गया है। लेकिन इस विपुल सन्दर्भ-सामग्री में एक भी हवाला जमीनी यथार्थ और जन-संघर्ष की धारा से जुड़े विचारकों या आन्दोलनकारियों का नहीं मिलता। सबसे ज्यादा दुर्गति गांधी की हुई है, जिन्हें 'गांधी-नेहरू विरासत' के नाम पर पूरी तरह से नेहरू के साथ नत्थी कर दिया गया है। गोया समाज, सभ्यता, संस्कृति, नैतिकता, धर्मनिरपेक्षता, शिक्षा, अर्थनीति, राजनीति, विकास, प्रौद्योगिकी, सम्बन्ध, व्यक्ति-स्वातन्त्र्य आदि के बारे में गांधी के विचार वही हों जो नेहरू के थे। किताब में विचारक नेहरू को बार-बार सामने लाया गया है, लेकिन विचारक गांधी एक सिरे से गायब है। सिवाय इस 'रहस्योद्घाटन' के कि उन्होंने अपने ब्रह्मचर्य सम्बन्धी आग्रहों से मध्य-वर्ग की काम-चेतना को कुंठित कर दिया था। इस तथाकथित गांधी-नेहरू विरासत का राजनीति और विचारधारा के स्तर पर जो 'क्रिटीक' और प्रतिरोध बराबर मिलता है, उसकी हलकी झलक भी किताब में नहीं आने दी गई है। दरअसल, प्राक्कथन में ही लेखक ने स्पष्ट कर दिया है कि ''पुस्तक में किसी भी तरह के विचारधारात्मक मतवाद से बचने की कोशिश की गई है।'' लेखक का यह भोलापन देखने लायक है—वह जताना चाहता है कि न तो उसकी अपनी कोई विचारधारा है और उसका आलोच्य 'महान' मध्य-वर्ग भी, बिना किसी विचारधारा के ही देश का नेता और भोक्ता बना हुआ है ! अकादमिक दृष्टि से किताब यहीं लड़खड़ा जाती है, क्योंकि आधुनिक काल में मध्य-वर्ग सीधे एक विचारधारा का नाम है।

किताब में मध्य-वर्ग और बाजारवाद की भर्त्सना ऊपरी है। असलियत में वह दोनों के बचाव में सोच-समझकर लिया गया पैंतरा है। बाजारवाद की विचारधारा के फलने-फूलने का क्षेत्र उच्च-वर्ग के अलावा तीन स्तरोंवाला मध्य-वर्ग है। यह कहा ही जाता है कि बाजारवाद मध्य-वर्ग को लक्ष्य करके चलता है और बदले में उसकी पूर्ण स्वीकृति पाता है। लेखक को मध्य-वर्ग से 'शिकायत' है कि वह अपने स्वार्थ में अन्धा होकर देश की गरीब जनता के प्रति असंवेदनशील और अलगावग्रस्त हो गया है, जो उसके अपने ही दीर्घकालिक हित में नहीं है। उसका तात्कालिक और दीर्घकालिक हित बना रहे, इसके लिए लेखक ने मध्य-वर्ग को बार-बार यह 'मौलिक उपदेश' दिया है कि

वह ''आत्मनिरीक्षण'' करे और अपने भीतर ''सामाजिक संवेदनशीलता की भावना'' ''सामाजिक सरोकार की खूबी'' आदि पैदा करे। अन्यथा उसके काबू से बाहर की ताकतें (वंचित जनता) उसकी समृद्धि को नष्ट कर देंगी। समृद्धिशालियों को भयभीत करते हुए लिखा गया है : ''भारत में वंचितों द्वारा हिंसक क्रान्ति की सम्भावनाएँ कमजोर हैं।...लेकिन अगर वंचितों की समस्याओं पर क्षमतावान लोगों ने अधिक चिन्ता और हस्तक्षेपकारी ढंग से ध्यान न दिया, तो एक महान राजनीतिक अस्थिरता का अन्देशा पैदा होता है। यह अस्थिरता आर्थिक उन्नति और समृद्धि के लिए हिंसक क्रान्ति से कम नुकसानदेह नहीं होगी। भारत में लोकतान्त्रिक व्यवस्था है और रहेगी। सफल और समृद्ध लोगों के पृथकतावाद...के किसी भी प्रयास को लोकतान्त्रिक व्यवस्था तार-तार कर देती है। समय आ गया है कि सुविधा-प्राप्त अभिजनों को अब ऐसा कोई भी विभ्रम त्याग देना चाहिए।'' गरीब और अमीर भारत की दूरी को पाटने के लिए लेखक ''सरकारी दायरे से बाहर शिक्षा, गरीबी-उन्मूलन और स्वास्थ्य के क्षेत्र में स्वयंसेवी गतिविधियाँ भारी पैमाने पर'' चलाने का नुस्खा पेश करता है, क्योंकि ''समाजवादी लफ्फाजी के दौर ने'' लोगों में यह गलत सोच बना दी कि ''गरीबी जैसी समस्या से निपटना केवल सरकार का काम है।''

इस उपदेश में उच्च-पूँजीवादी विचारधारा के पुरोधा अमरीका और उसकी सरपरस्ती में चलनेवाली वैश्विक आर्थिक संस्थाओं के दृष्टिकोण को दोहराया गया है, जिनकी गरीब देशों के राजनैतिक और प्रशासनिक अभिजनों को हिदायत होती है कि अपना वर्तमान और भविष्य सुख-शान्ति से बिताना है तो गरीबों का भी कुछ खयाल करो; खुद नहीं कर सकते तो गैर-सरकारी स्वयंसेवी संस्थाओं को मैदान में उतारो। इस मूलार्थ के अलावा भी लेखक के उपदेश में कई अर्थ देखे जा सकते हैं, जो उसकी और मध्य-वर्ग की विचारधारा को पुष्ट करते हैं। मसलन, लेखक मौजूदा संकट से निपटने के लिए न तो राजनैतिक कार्रवाई की कोई जरूरत या सम्भावना बताता है, न जन-कार्रवाई की। उसकी नजर में यह संकट मूलतः भारत की गरीब जनता का न होकर, समृद्ध मध्य-वर्ग का है, इसलिए 'हस्तक्षेप' की जिम्मेदारी उसे ही सौंपी गई है। लेखक से अलग संकट को जनता का मान भी लिया जाए, तो भी वह कुछ करने के लिए अयोग्य है, क्योंकि लेखक के मत में योग्यता का 'मौलिक वरदान' अभिजात-वर्ग को ही मिला हुआ है। जनता कुछ कर सकती है तो केवल लफड़ा, चोरी-चकारी, लूट-खसोट, बदमाशी या फिर खून-खराबा। 'गांधी-नेहरू का जमाना' तो अब रहा नहीं कि जनता की राजनैतिक कार्रवाई के चलते ब्रिटिश साम्राज्यवाद को उखाड़कर फेंक दिया गया था और तत्कालीन नेतृत्व को ऐसी नीतियाँ बनाने को बाध्य होना पड़ा था, लेखक के मुताबिक जो गरीबों के हित में थीं और जिन्हें स्वार्थी व आदर्शच्युत मध्य-वर्ग ने अपने हित में इस्तेमाल कर लिया। हस्तक्षेप के लिए लेखक उसी मध्य-वर्ग का आह्वान करता है, उसी के अनुसार जिसके पहले तो कुछ आदर्श थे भी, लेकिन अब जिसके जीवन से नैतिकता पूरी तरह तिरोहित हो चुकी है। बहरहाल, हस्तक्षेप के नाम पर मध्य-वर्ग

को कुछ खास नहीं करना है—अपने भीतर जनता से जुड़ने की भावना पैदा करनी है और कुछ स्वयंसेवी संस्थाएँ बनानी हैं, बस ! एक अरब से ज्यादा की आबादी के देश में, जहाँ करीब चालीस प्रतिशत आबादी गरीबी-रेखा के नीचे है, मध्य-वर्ग की भावना-मात्र से समता आ जाएगी, वह भी मध्य-वर्ग की तात्कालिक और दीर्घकालिक समृद्धि में बिना कोई कमी लाए ! क्या कमाल का आर्थिक चिन्तन है !

किताब में भारतीय लोकतन्त्र का भी भयावह चेहरा पेश किया गया है। लेखक को शायद अफसोस है कि देश में लोकतन्त्र रहेगा, लेकिन विशाल वंचित आबादी की हिस्सेदारी के चलते वह 'महान राजनीतिक अस्थिरता' पैदा करनेवाला होगा। यानी जनता की लोकतान्त्रिक सक्रियता भी अस्थिरता पैदा करनेवाली है और मध्य-वर्ग की बैठे ठाले की भावना-भर गरीब और अमीर भारत का भेद मिटाकर नए नागरिक समाज का निर्माण कर देगी ! किताब में मध्य-वर्ग को तो उसके बचाव में काफी धिक्कार और नसीहतें दी गई हैं, लेकिन उच्च-वर्ग को कुछ नहीं कहा गया है। आँकड़ों से लबालब किताब में यह बताने की जरूरत नहीं समझी गई है कि उच्च-वर्ग कुल उपभोग का कितना हजम कर जाता है और उसमें कितना हराम का होता है। उच्च-वर्ग लेखक के लिए शायद देव-कोटि में आता है, जो जमीन की जनता द्वारा खड़ी की जानेवाली परेशानियों से दूर, ऊँचे और सुरक्षित स्थान पर रहता है। सन्देश साफ है—मध्य-वर्ग भी जब अपनी समृद्धि के साथ वैसा ही ऊँचा और सुरक्षित स्थान बना लेगा, तो उसे जनता के भय से मुक्ति मिल जाएगी; तब 'महान' मध्य-वर्ग को जनता के प्रति संवेदनशीलता जगाने जैसे हस्तक्षेप की जरूरत नहीं रह जाएगी। उसे काबू में रखने के लिए पुलिस और सैन्य बल ही पर्याप्त होंगे।

लालच के वशीभूत मध्य-वर्ग बाजारवाद के रास्ते समृद्धि के नए-नए सोपान चढ़ते जाना चाहता है। लेकिन उसके लालच से समाज में पैदा होनेवाली विषमता की गहरी खाई उसे डराती भी है—कहीं उसके सोने की लंका में आग न लग जाए। उस आग से बचने के लिए वह तरह-तरह की किलेबन्दी करता है। उसकी एक प्रवृत्ति ऊपरी तौर पर अपने को धिक्कारने और गहरे में अपना स्वार्थ साधने की होती है। यह किताब या इस तरह का बाकी लेखन मध्य-वर्ग की उसी प्रवृत्ति को सामने लाता है।

यह मध्ययुगीन नहीं आधुनिक बर्बरता है

अफगानिस्तान की तालिबान सरकार द्वारा बुद्ध की प्राचीन प्रतिमाओं का ध्वंस करने की विश्व समुदाय ने निन्दा की है। तालिबान ने इस्लाम के नाम पर प्रतिमाओं का ध्वंस किया है। लेकिन इस्लाम को माननेवाले कुछ देशों और लोगों ने भी इस कार्रवाई को सही नहीं माना है। हमारे देश के प्रधानमन्त्री ने पत्र लिखकर दुनिया के महत्त्वपूर्ण नेताओं से प्रतिमाओं का ध्वंस रोकने के लिए तालिबान पर दबाव बनाने की अपील की है। दबाव नैतिक ही हो सकता है। बाबरी मस्जिद के ध्वंस को राष्ट्रीय भावनाओं का प्रकटीकरण बताने और पादरी स्टेंस व उसके मासूम बच्चों को जिन्दा जलाने की घटना पर धर्मांतरण पर राष्ट्रीय बहस का आह्वान करनेवाले प्रधानमन्त्री की अपील का कोई नैतिक असर होगा, ऐसा नहीं लगता। तालिबान प्रतिमाओं का ध्वंस जारी रखे हुए है। समाचार है कि पहाड़ों पर तराशी गई प्रतिमाओं के ध्वंस के बाद संग्रहालयों में रखी प्रतिमाओं को भी नष्ट किया जाएगा। लगता यही है कि अफगानिस्तान में इस्लाम-पूर्व युग की इन बुद्ध प्रतिमाओं का अन्त समय आ गया है। प्रतिमाएँ हमेशा रहनी भी नहीं थीं। सभ्यता के अवशेष धीरे-धीरे महाकाल का ग्रास बनते जाते हैं। यही उनकी स्वाभाविक नियति है। अफसोस यही है कि कभी-कभार कोई शासक या सत्ता सभ्यता के अवशेषों का अस्वाभाविक अन्त कर डालता है। अस्वाभाविक मौत पर दुख ज्यादा गहरा होता है।

प्रतिमाओं के ध्वंस पर विद्वानों, नेताओं, सम्पादकों की प्रतिक्रियाओं में एक बात सामान्य रूप से कही गई है कि तालिबान का यह कृत्य मध्ययुगीन बर्बरता की निशानी है। ध्यान दिया जा सकता है कि आधुनिक युग में जब भी संकीर्णता व क्रूरता की घटनाएँ होती हैं, उन्हें मध्ययुगीन बर्बरता के खाते में डाल दिया जाता है। भारत में बाबरी मस्जिद के ध्वंस और बच्चों सहित स्टेंस के जीवित दहन को भी मध्ययुगीन बर्बरता कहा गया था। भारत में हिन्दू-राष्ट्र के समर्थकों के कारनामों या विभिन्न उग्रवादी वारदातों को भी मध्ययुगीनता की अभिव्यक्ति कहकर तसल्ली कर ली जाती है। आधुनिक दिमाग का यही सामान्य रुझान है। पूरी दुनिया में विस्तारित आधुनिकता की अवधारणा का जन्म और विकास पश्चिम में हुआ है। पश्चिमी आधुनिकता की विशिष्टता वहाँ के उस मध्ययुगीन दौर के विशिष्ट अनुभव से जुड़ी है, जिसे अन्धकार काल माना जाता है। बाकी देशों में आधुनिकता की अवधारणा के साथ मध्ययुगीनता

की अवधारणा भी वैसी ही स्वीकार कर ली गई है। (आधुनिता का यह मध्ययुगीन बोध रास्वसं के हिन्दुत्ववादियों को पूरी तरह स्वीकार्य है, क्योंकि वे भारतीय इतिहास के मध्ययुग को मुस्लिम शासन की वजह से धुर अन्धकार काल मानते हैं।) पूर्व के देशों में मध्ययुग में पश्चिम जैसा अन्धकार काल कभी नहीं रहा। भारत का ही उदाहरण लें तो यहाँ धार्मिक-सामाजिक रूढ़ियों एवं कुछ शासकों और आक्रान्ताओं की संकीर्णताओं व क्रूरताओं के बरक्स चिन्तन और काव्य की उदार धाराओं की विपुल और लोकप्रिय उपस्थिति मिलती है। भक्तों, सन्तों और सूफियों ने मानवीय करुणा और (लोक) जीवन के सौन्दर्य की शक्ति से मध्ययुगीन कट्टरताओं का जमकर मुकाबला किया। अपनी इस भूमिका में उन्होंने बहुत हद तक धर्म, समाज, संस्कृति और राजसत्ता के मठाधीशों को उदारता के पक्ष में अनुशासित किए रखा। उन्हीं की भूमिका का नतीजा है कि मध्ययुग में अफगानिस्तान की बुद्ध प्रतिमाओं का विध्वंस नहीं हुआ, न ही भारत में बाबरी मस्जिद का। इनका ध्वंस आधुनिक युग में हुआ है, तो इसकी गुत्थी आधुनिक सभ्यता में ही है, जिसे समझना जरूरी है।

आधुनिक दिमाग ने यह एक सुगम तरीका बनाया हुआ है कि वह आधुनिक युग की संकीर्णताओं व क्रूरताओं को मध्ययुगीन बर्बरता या अन्धकार काल के खाते में डाल कर बेफिक्र हो जाता है। बेफिक्री ओढ़कर वह जताना चाहता है कि आधुनिकता की वैचारिक अन्तर्वस्तु और उससे निर्मित आधुनिक सभ्यता नितान्त सभ्य है। उसके सभ्य होने पर सवाल नहीं उठाया जा सकता। वह यह विचार करने को तैयार नहीं है कि वे संकीर्णताएँ व क्रूरताएँ आधुनिक युग की हैं, आधुनिकता की हैं, उसकी अपनी हैं। वर्तमान में इस आधुनिक दिमाग का प्रतिनिधित्व अमरीका कर रहा है, जो बाकी की आधुनिक सभ्यता का भी आदर्श है। अमरीका क्या है यह जानने के लिए इतिहास में बहुत गहरे गोते लगाने की जरूरत नहीं है। 14वीं शताब्दी के मध्य में शुरू हुए यूरोपीय रिनेसां से, जो आधुनिक वैज्ञानिक सभ्यता की उदयबेला भी है, अमरीका की धरती पर यूरोपीय लोगों ने 'साहसिक' कदम रखा और अपनी आजादी का 'महान युद्ध' करते हुए, वहाँ की स्थानीय रेड इंडियन आबादी का सफाया कर डाला। यूरोप से गए स्पेनियों और अंग्रेजों के अमरीका-विजय की 'प्रेरणा', 'पद्धति' और 'आदर्श' की कहानी का सारसंक्षेप 'इकॉलॉजिस्ट' के दिसम्बर 1999 अंक में छपे पीटर मांटेग के लेख 'सेलीब्रेटिंग कोलम्बस डे' में देखा जा सकता है। लेख का हिन्दी अनुवाद 'सामयिक वार्ता' के दिसम्बर-जनवरी 2000-01 अंक में छपा है। मांटेग ने ऐतिहासिक तथ्यों और इतिहासकारों के हवाले से बताया है कि स्पेनियों और अंग्रेजों ने दौलत की लिप्सा में स्थानीय आबादी का नितान्त बर्बर तरीकों से संहार किया। अंग-प्रत्यंग काटना, भागते बच्चों के पाँव काटना, लोगों के पीछे शिकारी कुत्ते छोड़ना, नवजात शिशुओं को शिकारी कुत्तों का आहार बनाना, विष देकर मारना, हथियार डाल चुके या समझौता कर चुके रेड इंडियनों की सामूहिक हत्या करना, भूख से तड़पाकर मारना आदि नरसंहार के तरीके थे। इतिहासकार डेविड ई. स्टेन्नार्ड के हवाले से लिखा गया

है : "अमरीका महाद्वीप के इंडियन लोगों का विनाश विश्व इतिहास का अब तक का सबसे विकराल नरसंहार है।" इस नरसंहार में 10 करोड़ की स्थानीय आबादी का सफाया किया गया। जब स्थानीय लोग नहीं रहे तो अफ्रीका से गुलाम लाए गए। इतिहासकार वार्द चर्चिल के हवाले बताया गया है कि "वाकई, कई इलाकों में तो यह (इंडियन लोगों की हत्या) अच्छा-खासा कारोबार बन गया था।" 1891 तक कुल स्थानीय आबादी का 2.5 प्रतिशत ही बचा था और उनकी जमीन का 97.5 प्रतिशत हिस्सा यूरोप की "स्वतन्त्र और बहादुर कौम" ने कब्जा लिया था। मांटेग लिखते हैं : "इस तरह अनोखी भाषा, शिक्षा, रीति-रिवाज और संस्कृतियों से सम्पन्न लाखों-करोड़ों स्थानीय कबीलों को इस धरती से निश्चिन्ह कर दिया गया और ज्यादातर मामलों में न्याय या कानून की ओट तक नहीं ली गई।" ऐसा नहीं है कि आधुनिक सभ्यता के उषाकाल से शुरू अमरीकी महाद्वीप में स्थानीय लोगों के नरसंहार का कारोबार अब थम चुका है। 'न्यूयॉर्क टाइम्स' 26 फरवरी, 1999 में छपी रिपोर्ट 'ग्वाटेमाला आर्मी वेज्ड जेनोसाइड' में बताया गया है कि 1980 के दशक में अमरीका की रेगन और जॉर्ज बुश सरकारों ने सोची-समझी नीयत और रणनीति के तहत ग्वाटेमाला और दूसरी जगहों पर लाखों मया लोगों की हत्या करवाई। रिपोर्ट पर तत्कालीन राष्ट्रपति क्लिंटन ने क्षणिक खेद जताकर पल्ला झाड़ लिया और अमरीकी धन पर पलनेवाले मानवाधिकारवादियों ने कोई आवाज उठाना मुनासिब नहीं समझा। न ही अमरीका के कायल आधुनिक सभ्य लोगों ने।

आधुनिक सभ्यता में बर्बरता का यह कारोबार इतने तक ही सीमित नहीं है। एशियायी और अफ्रीकी उपनिवेशों का साम्राज्यवादी शोषण, प्रतिरोध करने पर वहाँ की जनता पर ढाए गए अमानुषिक जुल्म, फासीवाद, विश्वयुद्ध, कट्टर साम्यवाद आदि के चलते हुए भयानक नरसंहार और सभ्यताओं के दमन व ध्वंस को आधुनिक सभ्यता की संरचना से बाहर नहीं रखा जा सकता। यह सभ्यता अभी भी भयानक सांस्कृतिक और मानवीय तबाही पर आमादा है। किशन पटनायक लिखते हैं : "...जब प्रति व्यक्ति प्राकृतिक संसाधन के अनुपात में घोर कमी आ जाएगी, तो विकास और जीवन स्तर में बढ़ोतरी की दर बनाए रखने के लिए करोड़ों-करोड़ लोगों का बलिदान करना होगा। बहुत सारी स्थानीय आबादियों का सफाया करना पड़ सकता है, जिस तरह उत्तरी अमरीका में एक बार हुआ था। (उससे छोटे पैमाने पर सोवियत रूस में भी एक बार हुआ था; जर्मनी में भी एक बार ऐसा हुआ था, यानी यूरोपीय लोग इस तरह की कार्रवाइयों से अपरिचित नहीं हैं) जन-हत्याओं और नरसंहार के बजाय आर्थिक योजनाएँ ही ऐसी बनाई जाएँगी कि सफाया अपने-आप होने लगेगा। लगातार भुखमरी, महामारी या प्यास से कल्याणकारी प्रतिकारों के अभाव में झुंड-के-झुंड लोग तड़पकर स्पष्ट किन्तु धीमी गति या मात्रा में मरने लगेंगे, तब इक्कीसवीं सदी में उसे दैवी विनाश या विकास की कीमत कहकर ओझल कर दिया जाएगा।" ('भारत शूद्रों का होगा')

यहाँ मौजूदा विकास के मॉडल की विसंगतियाँ उद्घाटित करना लक्ष्य नहीं है। कहने की कोशिश यह है कि आधुनिक सभ्यता 'कमजोर मनुष्यों और संस्कृतियों का विध्वंस करके ही परवान चढ़ती है; वह अपनी धुर संकल्पना में वर्चस्ववादी और भोगवादी है; आधुनिक युग की संकीर्णताएँ व क्रूरताएँ उसकी अपनी हैं। (वह अपनी मूल प्रकृति में पूँजीवादी है, जिसे मार्क्स ने समाजवाद के विचार से नाथने की कोशिश की थी। पूँजीवाद को उसकी प्रौद्योगिकी के साथ पूर्व-मान्य करके चलनेवाला मार्क्सवादी समाजवाद पूँजीवाद की वैकल्पिक नहीं, एक उपचारक (करेक्टिव) विचारधारा थी, इसीलिए वह पूँजीवाद के साथ संघर्ष में परास्त हो गई।) नितान्त सभ्य होने के दावे में आधुनिक दिमाग इस सच्चाई को स्वीकार न करके अनैतिहासिक दृष्टि का शिकार होता है। आधुनिक सभ्यता के स्वतन्त्रता, समता और भाईचारा सरीखे मूल्यों, वैज्ञानिक दृष्टि और तकनीकी उपलब्धियों में आस्था रखनेवाले विचारकों से यह अपेक्षा बनती है कि वे बुद्ध प्रतिमाओं या बाबरी मस्जिद के ध्वंस या स्टेंस व उसके बच्चों की हत्या जैसी संकीर्णताओं और क्रूरताओं को मध्ययुगीन बर्बरता के मत्थे न मढ़कर, उनका समुचित मूल्यांकन आधुनिक सभ्यता के ढाँचे में ही करें।

आधुनिक (उच्च-पूँजीवादी) विचारधारा, अत्याधुनिक हथियारों और विज्ञान के स्वामित्व से लैस अमरीका दुनिया में आर्थिक साम्राज्य ही नहीं, सांस्कृतिक साम्राज्य भी कायम करना चाहता है। उसके हिसाब से भविष्य में ईसाई सभ्यता की इस्लाम और हिन्दू सभ्यताओं से टकराहट होगी; अन्य सभ्यताओं से भी हो सकती है अगर वे कोई प्रतिरोधक माद्दा रखती हों। अमरीका के लिए यह टकराहट होनी ही चाहिए, ताकि वह बाकी सभ्यताओं का आखेट कर अपनी धनलोलुप और निष्ठुर 'सभ्यता' कायम कर सके। ईसाइयत के जन्मदाता ने गरीब मेहनतकश सीधे-सादे लोगों के लिए जीवन का बलिदान किया था। जीवन पर वैभव और सत्ता का वर्चस्व गाँठकर अमरीका ईसाइयत को विद्रूप कर रहा है। उसके तन्त्र पुख्ता करने के लिए हर देश में उसके स्थानीय ताबेदार पहले से ही मुश्तैद हैं, जो आधुनिक सभ्यता की लम्बी प्रक्रिया से छनकर आए हैं। बड़ी संख्या में कुशल ताबेदारों को उसने अपनी धरती पर भी जगह दी है, जो दिन-रात उसका हुक्म बजाने में लगे हैं। बहरहाल, इस्लाम के साथ अमरीका की टकराहट चल रही है। 'मध्ययुगीन असभ्य' तालिबान 'आधुनिक सभ्य' अमरीका के वर्चस्व के दबाव में घुट रहा था। अमरीका से टक्कर वह ले नहीं सकता। हताश तालिबान जेहादी बिन लादेन को शरण देकर अपनी अस्मिता की सार्थकता का अहसास करता है। हताशा बढ़ने पर उसने विधर्मी बुद्ध प्रतिमाओं का ध्वंस करना शुरू कर दिया। यह अमरीकी वर्चस्ववाद के सामने एक कायर कार्रवाई है। बाबरी मस्जिद का ध्वंस भी उसी तरह की एक कायर कार्रवाई थी। अम्बेडकर ने एक जगह लिखा है कि अंग्रेज या पठान को देखते ही 'गलित वस्त्र' हो जानेवाले सवर्ण दलितों पर जमकर अत्याचार करते हैं। सूत्र यह बना कि आधुनिक सभ्यता

में 'पिछड़ी' सांस्कृतिक-धार्मिक अस्मिताएँ अमरीकी वर्चस्ववाद से पार न पाने की हताशा में आपस में टकराती हैं और अक्सर अतीत का हिसाब बराबर करने लगती हैं। लिहाजा, बुद्ध की प्रतिमाओं का ध्वंस आधुनिक सभ्यता से बाहर मध्ययुगीन बर्बर कार्रवाई नहीं है। इस ध्वंस के ठोस कारण आधुनिक सभ्यता के भीतर ही मौजूद हैं।

हिन्द हजम करते लोग

देश में तहलका डॉटकॉम ने खासा तहलका मचा दिया है। दुस्साहसी तहलका टीम द्वारा तैयार किए गए वीडियो टेप ने जहाँ केन्द्र में राजनैतिक उथल-पुथल के आसार पैदा कर दिए हैं, वहीं आगामी विधानसभा चुनावों की तैयारी में जुटी राजग की सहयोगी राजनैतिक पार्टियों को भी साँसत में फँसा दिया है। पिछले कई बार की तरह एक बार फिर प्रधानमन्त्री कार्यालय से लेकर नौकरशाही के निचले स्तर तक व्याप्त भ्रष्टाचार का भंडा फूटा है। लेकिन इस बार फर्क यह है कि अत्यन्त संवेदनशील रक्षा-सौदों के मामले में भ्रष्ट नेताओं, अफसरों और दलालों के गहरे और मजबूत 'नेक्सस' की बोलती तस्वीर तहलका ने देश और दुनिया के सामने रख दी है। धन की हवस भ्रष्टाचार में संलिप्त बड़े लोगों पर इस कदर तारी थी कि एक फर्जी कम्पनी के हाथ पार्टी, नेता, अफसर सब बिक गए। यह सारा नजारा देखकर अचम्भित बौद्धिक मध्य-वर्ग वही जुमला बोल रहा है, जो वह ऐसे मौकों पर अक्सर दोहराता है : 'सारी व्यवस्था ही भ्रष्टाचार में डूब चुकी है'। गोया भ्रष्टाचार के इस प्लावन में वह खुद सूखा किनारे पर खड़ा है।

मंजर ऐसा है कि मुक्तिबोध की 'अँधेरे में' कविता की ये पंक्तियाँ बरबस याद आती हैं : *विचित्र प्रोसेशन/गम्भीर क्विक मार्च.../कलाबत्तूवाली जरीदार ड्रैस पहने/चमकदार बैंड-दल/...बैंड के लोगों के चेहरे मिलते हैं मेरे देखे हुओं से,/लगता है उनमें कई प्रतिष्ठित पत्रकार/इसी नगर के !!/बड़े-बड़े नाम अरे, कैसे शामिल हो गए इस बैंड-दल में !!/...कर्नल, ब्रिगेडियर, जनरल, मार्शल/कई और सेनापति सेनाध्यक्ष/चेहरे वे मेरे जाने-बूझे से लगते,/उनके चित्र समाचार-पत्रों में छपे थे,/उनके लेख देखे थे,/यहाँ तक कि कविताएँ पढ़ी थीं/भई वाह !/उनमें कई प्रकांड आलोचक, विचारक, जगमगाते कविगण/मन्त्री भी, उद्योगपति और विद्वान/यहाँ तक कि शहर का हत्यारा कुख्यात/डोमाजी उस्ताद/बनता है बलबन/हाय, हाय !!/यहाँ वे दीखते हैं भूत-पिशाच-काय।/भीतर का राक्षसी-स्वार्थ अब/साफ उभर आया है,/छुपे हुए उद्देश्य/यहाँ निखर आए हैं, यह शोभा-यात्रा है किसी मृत्यु-दल की।* और इस कविता की केन्द्रीय टेक भी याद आती है : 'मर गया देश, अरे, जीवित रह गए तुम !!'

देश को मारकर जीवित रहनेवाले 'व्यभिचारियों' में मुक्तिबोध सबके साथ अपने 'आदर्शवादी-सिद्धान्तवादी मन' को भी शामिल करते हैं और अपने वर्ग चरित्र के रूपान्तरण का खतरा लहूलुहान होने की हद तक उठाते हैं। आत्म-भर्त्सना करने का इधर

कुछ मध्यवर्गीय बुद्धिजीवियों में फैशन-सा हो गया है। फैशन इसलिए कि अपने वर्ग-चरित्र को रूपान्तरित करने का कोई खतरा न उठाकर, वे निरन्तर अपनी वर्गीय हैसियत (स्वार्थ) को मजबूत करते जाते हैं। ऐसे में सामाजिक-राजनैतिक जीवन में भ्रष्टाचार पैठता है तो उसमें मध्य-वर्ग की सहभागिता स्वयं स्पष्ट है।

भाजपा ने अपनी चिरपरिचित शैली में जड़ों तक पैठे भ्रष्टाचार ('डीपरूटिड करपशन') की जगह उसकी सरकार के खिलाफ जड़ों तक पैठी साजिश ('डीपरूटिड कांस्परेसी') की थीसिस चला दी है। आज साजिश का 'श्रेय' कांग्रेस और बाकी विपक्ष को दिया जा रहा है, कल विदेशी साजिश से भी इसे जोड़ा जा सकता है। प्रधानमन्त्री को सामने उपलब्ध टेप में कुछ दिखाई या सुनाई नहीं दे रहा, लेकिन उनकी 'पैनी नजर' को उसके पीछे दाल में कुछ काला जरूर दिखाई दे गया है। उन्हें विपक्ष की इस्तीफे की माँग राजनैतिक लगती है। गोया लोकतन्त्र में राजनीति करने का एकाधिकार सरकार और उसकी पार्टी के पास ही रह जाता है। राजग समन्वय समिति की बैठक कर एकजुटता की घोषणा करने के बावजूद सरकार बदहवास नजर आती है और उसने अपने संकटमोचकों को सक्रिय कर दिया है। कहते हैं कि बूढ़ा तोता कभी नहीं पढ़ता। जॉर्ज फर्नांडीज ने बुढ़ापे में संघ सम्प्रदाय का सच्चा पाठ पढ़कर इस प्राकृतिक सत्य को झुठला दिया है। यह शायद कान्ता-सम्मत उपदेश का चमत्कार है ! जाहिर है, सरकार को बचाने में जुटे प्रबन्धक संघ सम्प्रदाय और जॉर्ज फर्नांडीज के नेतृत्व में अपने प्रबन्धन-कौशल को अंजाम देंगे। हर हाल में सत्ता में बने रहना ही सरकार की सार्वजनिक जीवन की नैतिकता की परिभाषा बन गई है ! वह इस लोकप्रिय विश्वास को बखूबी लूटना जानती है कि इस देश में लूट पहले भी होती रही है और इसके बाद भी होगी ! इसलिए बहस, जाँच और कानूनी कार्रवाई की आड़ में वह खुद ही लूट पर काबिज क्यों न रहे ! भारत की लूट में एक भारतीय पार्टी की भारतीय सरकार का हक सबसे ज्यादा बनता है !

बहरहाल, भ्रष्टाचार के इस भंडाफोड़ के कई अर्थ और उनके फलित पढ़े जा सकते हैं। एक तो यही कि जब पूरा तन्त्र भ्रष्टाचार में डूब चुका है, तो देश का सुरक्षा-तन्त्र भ्रष्टाचार-रहित स्वायत्त क्षेत्र नहीं बना रह सकता। बल्कि अभी तक का अनुभव यही बताता है कि जितनी 'कमाई' रक्षा-सौदों में होती है, उससे ज्यादा केवल बड़ी देशी कम्पनियों या बहुराष्ट्रीय कम्पनियों की दलाली में ही हो सकती है। दूसरा यह कि दलाल अब कोई अलग कोटि नहीं, बल्कि भ्रष्ट नेता और अफसर भी दलाल की भूमिका में उतर आए हैं और ऐसे नेताओं और अफसरों की संख्या काफी बड़ी तादाद में है। तीसरा यह कि बिके हुए लोग देश बेच रहे हैं। चौथा यह कि लालू जैसे पिछड़े, भदेस और क्षेत्रवादी नेता केवल चारा जैसी मुलायम वस्तु ही पचाने की क्षमता रखते हैं, जबकि अगड़े, अभिजात और राष्ट्रवादी नेताओं व नौकरशाहों का हाजमा इस मामले में कहीं अधिक मजबूत होता है : वे तोप, तमंचा, बारूद, गोला सब कुछ पचा जाते हैं।

भारतेन्दु ने अपनी एक कविता में ऐसे चूरन का जिक्र किया है, जिसे खाकर साहब

लोग यानी अंग्रेज बहादुर सारा हिन्द हजम कर जाते हैं : 'चूरन साहब लोग जो खाता। सारा हिन्द हजम कर जाता।।' साहब लोगों ने वह चूरन थोड़ा-थोड़ा अपने अमले यानी स्थानीय साहबों को भी चटाना शुरू किया, तो वे भी गोरे साहबों के साथ कुछ-न-कुछ हिन्द हजम करने लगे। लिहाजा, अंग्रेजों के मानस-पुत्रों का हाजमा 'धरती-पुत्रों' से ज्यादा मजबूत है ! अंग्रेज जो बचा-खुचा हिन्द छोड़कर गए, उसे हजम करने के लिए मानस-पुत्रों और धरती-पुत्रों के बीच होड़ लगी है, लेकिन यह तय है कि अंग्रेजों के समय से ही हिन्द हजम करने में लगे मानस-पुत्रों का कोई मुकाबला नहीं है। पाँचवा यह है कि दलित-चेतना और स्त्री-चेतना की राजनैतिक सम्भावनाओं और सार्थकता की तलाश करनेवाले विमर्शकार बंगारू लक्ष्मण और जया जेटली की इस भ्रष्टाचार कांड में संलिप्तता पर ध्यान दे सकते हैं। बंगारू लक्ष्मण कहते हैं कि उन्हें दलित होने के कारण फँसाया गया है। वे यह नहीं कहते कि (सवर्ण) संघ की चिर-संगत में दलाली खाने का उनका हाजमा किस कदर दुरुस्त हो गया है ! जया जेटली अपने राजनैतिक गुरु जॉर्ज फर्नांडीज के बाद, राजनीति में एम जी रामचन्द्रन के बाद की जयललिता बनना चाहती हैं। जाहिर है, वैसा बनने के लिए अकूत धन चाहिए और वे उसी दिशा में प्रयासरत हैं। इन दोनों के कारनामों से दलित और स्त्री-विमर्श विरूपित हुआ है। छठा यह कि गम्भीर और ईमानदार कार्यकर्ताओं का चुनावी जीत के बाद नेताओं के यहाँ महत्त्व इसलिए नहीं रह जाता, क्योंकि उनके नेता धन्नासेठों, दलालों और अफसरों के लिए महत्त्व की चीज हो जाते हैं। सातवाँ यह कि भ्रष्टाचार में आरोपित, यहाँ तक कि सजा पाए नेताओं को भी इस भंडाफोड़ से जीवनदायी हवा के झोंके महसूस होने लगे हैं। ऐसे नेता ज्यादा बढ़-चढ़कर सरकार पर हमला बोल रहे हैं। आठवाँ यह कि जनता चाहे तो यह देख ले, देखना अन्ततः उसे ही है, कि नैतिकता और राष्ट्रभक्ति की सबसे ज्यादा बात करनेवाले नेता अपनी धुर असलियत में राजनैतिक दलाल हैं। गनीमत है कि इस कांड में कोई मुसलमान शामिल नहीं निकला। वरना नौवाँ अर्थ यह बनता कि भाई लोग गद्दारी का ठीकरा उनके माथे पर फोड़कर निश्चिन्त हो जाते। फिर पाकिस्तान तो पड़ोस में है ही, भारत का अन्न खाकर जिसका गुण मुसलमान गाते हैं ! इसके बावजूद हो सकता है कि संघ सम्प्रदाय के कानाफूस रक्षा-सौदों के भ्रष्टाचार को भी 'हिन्दू-हित' में प्रचारित करते पाए जाएँ !

अर्थ और भी हो सकते हैं। लेकिन बात को ज्यादा न बढ़ाकर एक और यह अर्थ निकालें, जो पहले से ही स्पष्ट है, कि बहस, जाँच और कानूनी कार्रवाई का कोई भी सकारात्मक नतीजा नहीं निकलेगा। यानी व्यवस्था में तर्क बनकर प्रवाहित भ्रष्टाचार को तो कोई निर्णायक चुनौती नहीं ही मिलेगी, कांड में संलिप्त भ्रष्टाचारियों को भी कोई दंड शायद ही मिले। गाज कुछ अफसरों पर ही गिरेगी, जो चार अधिकारियों के निलम्बन के रूप में गिर भी चुकी है। इस स्पष्ट अर्थ का स्पष्ट फलित यह होता है कि किसी के किए कुछ नहीं हो सकता, सब ऐसे ही चलता है। कुछ 'सच्चे' राष्ट्रीय नेता या नागरिक तो यहाँ तक कह सकते हैं, बल्कि कहते हैं कि भ्रष्टाचार हो गया तो क्या गजब

हो गया, सभी यह करते हैं, सारी दुनिया में भ्रष्टाचार होता है। यानी एक निराशा और हताशा का आलम बनाया जाता है। यह आलम भ्रष्ट व्यवस्था और उसे चलानेवालों के माफिक आता है। यहीं अनिवार्य रूप से राजनैतिक कार्रवाई आती है। और लोकतन्त्र में राजनैतिक कार्रवाई जनता के हाथ में यानी जन-कार्रवाई होती है। अगर भ्रष्ट और सत्ता-लोलुप नेताओं, नौकरशाहों और विद्वानों ने जनता के लोकतान्त्रिक अधिकार पर डाकाजनी की है, तो लोकतन्त्र को बचाए और बनाए रखने के लिए जनता को यह अधिकार अपने विवेक के बल पर नेताओं से छीन लेना होगा। इस मौजूदा सच्चाई के बावजूद कि चुनावों के बाद आनेवाली पार्टियाँ और उनके नेता भी भ्रष्टाचारी ही होंगे, जनता को उदासीन नहीं होना चाहिए। अगर भ्रष्ट व्यवस्था और उसके नियंताओं से मुक्ति पानी है, तो जनता को सतत सन्नद्ध रहकर अपने लोकतान्त्रिक अधिकार का उपयोग करना ही होगा। अन्यथा ये लोग देश को बेच देंगे।

उत्तेजना के इस दौर में

मानव जीवन में उत्तेजना की भूमिका हमेशा से रही है। उत्तेजना में किए गए कामों का प्रभाव जैसे व्यक्ति-मनुष्य (इंडिविजुअल) की जिन्दगी पर पड़ता है, वैसे ही सभ्यताओं के जीवन पर भी वह पड़ता होगा। सभ्यताओं का विश्लेषण इस दृष्टि से अभी नहीं किया गया है। अगर किया जाए तो कुछ नए निष्कर्ष सामने आ सकते हैं। इस तरह का विश्लेषण न होने की स्थिति में भी आम समझदारी से यह कहा जा सकता है कि जैसे व्यक्ति-मनुष्य के जीवन में केवल उत्तेजनावश किए गए कामों का प्रभाव नकारात्मक होता है, उसी तरह सभ्यताओं के जीवन में भी वह नकारात्मक ही होगा। इतिहास में ऐसे दौर पहले भी रहे हो सकते हैं, जब उत्तेजना सिर चढ़कर बोली हो, लेकिन वर्तमान दौर पर उत्तेजना कुछ ज्यादा ही तारी है। इस परिघटना को थोड़ा समझ लेना मुनासिब होगा। इतिहास का यह दौर बाजारवाद और सम्प्रदायवाद की पररपर-पोषक विचारधाराओं के उफान का है। बाजारवाद और सम्प्रदायवाद दोनों उत्तेजना की लहरों पर पलते और प्रवाहित होते हैं। बाजारवाद में जहाँ उपभोग, हिंसा और सैक्स की उत्तेजना भरी होती है, वहीं सम्प्रदायवाद में धर्म और संस्कृति उत्तेजना के स्रोत बना दिए जाते हैं। भारत की वर्तमान प्रभुत्वशाली राजनैतिक जमातें कमोबेश इन दो विचारधाराओं से अपनी ताकत हासिल करती हैं। केन्द्र की मौजूदा सरकार इन दोनों विचारधाराओं की 'सर्वश्रेष्ठ' प्रतिनिधि है। जबकि उत्तेजना ताकत की गारंटी बनी हुई है, तो यह स्वाभाविक है कि ताकत हासिल करने के लिए जीवन की हर शै को उत्तेजना में घटित कर दिया जाए। नतीजा सामने है कि आज का मनुष्य लगातार उत्तेजना में जीने को विवश है। प्रत्येक विचार, मुद्दा, घटना उत्तेजना के रूप में सामने आता है। ऐसे में कोई आश्चर्य नहीं कि तहलका वीडियो टेप के जारी होते ही लगातार उत्तेजना का माहौल बना हुआ है। यह उत्तेजना तब तक बनी रहेगी, जब तक एक और उत्तेजना की लहर सामने आकर इसे पीछे न धकेल दे। करीब एक सप्ताह पहले तहलका डॉटकॉम ने इस सच्चाई का पर्दाफाश किया कि रक्षा-सौदों में किस तरह और किस कदर भ्रष्टाचार होता है। इस दौरान टीवी के सारे समाचार चैनलों और प्रिंट मीडिया में दिन-रात उत्तेजनापूर्ण बहस देखने-सुनने को मिल रही है। टीवी पर बीच-बीच में वीडियो टेप और संसद के भीतर व बाहर चल रहे हंगामे के फुटेज उत्तेजना को गहराते हैं। खुद तहलका टीम के लिए यह पूरा उद्यम एक उत्तेजक अनुभव रहा होगा।

उत्तेजना होती है तो उसे हमेशा बुरा नहीं कहा जा सकता। देश की सुरक्षा से जुड़े सौदों में सरकार और नौकरशाही के भ्रष्टाचार की सच्चाई को जानकर उत्तेजित हो उठना बुरा नहीं है। इस स्थिति में उत्तेजना नागरिकों की जीवन्तता और राष्ट्र के प्रति उनके सरोकार का लक्षण मानी जाएगी। लेकिन साथ ही यह भी ध्यान देना होगा कि उत्तेजना अपने-आप में पूर्ण और सार्थक मनोभाव नहीं हो सकता। वह तभी सार्थक हो सकती है, जब उत्तेजना पैदा करनेवाली घटना या मुद्दे के सम्यक मूल्यांकन का विवेक बना रहे। अगर यह विवेक नहीं बना रहता तो उत्तेजना कुछ निरर्थक चीत्कारों और फूत्कारों में ही गर्क हो जा सकती है। उत्तेजना कुछ मामलों में प्रेरणा का प्रस्थान-बिन्दु तो हो सकती है, लेकिन किसी सार्थक उपलब्धि के मूल में प्रेरणा ही होती है। किसी मुद्दे पर उत्तेजना अगर शुरुआत में आती भी है, तो उसका प्रेरणा में रूपान्तरित होना जरूरी होता है। रेल से नीचे फेंक देने पर गांधी की प्राथमिक प्रतिक्रिया उत्तेजना की रही हो सकती है। लेकिन उन्होंने उसे साम्राज्यवाद विरोधी प्रेरणा में रूपान्तरित कर दिया। यहाँ किंचित विषयान्तर के बावजूद निराला की कविता 'राम की शक्तिपूजा' से एक प्रसंग उद्धृत करना चाहूँगा। राम रावण के विरुद्ध चल रहे संघर्ष में एकबारगी निराशा से घिर जाते हैं। इस कदर कि उनकी आँखों से आँसू ढलक पड़ते हैं। ऐसे में राम को गहरी प्रेरणा की जरूरत है। लेकिन उनके एक साथी विभीषण उन्हें उत्तेजित करना चाहते हैं : *रघुकुल गौरव, लघु हुए जा रहे तुम इस क्षण,/तुम फेर रहे हो पीठ हो रहा जब जय रण !/कितना श्रम हुआ व्यर्थ ! आया जब मिलन-समय,/तुम खींच रहे हो हस्त जानकी से निर्दय !/रावण, रावण, लम्पट, खल, कल्मष-गताचार,/जिसने हित कहते किया मुझे पाद-प्रहार,/बैठा वैभव में देगा दुख सीता को फिर,/कहता रण की जय-कथा परिषद्-दल से घिर;/सुनता वसन्त में उपवन में कल-कूजित पिक,/मैं बना किन्तु लंकापति, धिक्,राघव, धिक्-धिक् !* विभीषण राम को उत्तेजित कर अपना काम निकालना चाहता है। लेकिन राम उत्तेजित नहीं होते। जामवन्त उन्हें शक्ति की साधना करने की प्रेरणा देते हैं और राम शक्ति की देश के रूप में मौलिक कल्पना करते हैं। भ्रष्टाचार के रावण से महज उत्तेजना के बल पर विजय प्राप्त नहीं की जा सकती। उससे कुछ लोग अपना काम भले ही निकाल ले जाएँ। भ्रष्टाचार के मुद्दे पर पैदा हुई उत्तेजना तभी सार्थक हो सकती है, जब वह भ्रष्टाचार को मिटाने की गहरी प्रेरणा का प्रस्थान बिन्दु बने। इस सूत्र के सहारे भ्रष्टाचार के पर्दाफाश से पैदा उत्तेजना पर विचार करें तो स्थिति निराशाजनक लगती है।

पर्दाफाश को लेकर प्रस्तुत उत्तेजना-व्यापार अलग-अलग कोनों और उद्देश्यों से हुईं एक-दूसरी को काटनेवाली प्रतिक्रियाओं का समुच्चय है, जिससे उत्तेजना का एक घटाटोप खड़ा हो गया है। इस घटाटोप में मुख्यतः सत्ताधारी और विपक्षी दलों की उत्तेजना(एँ) शामिल है। ममता ने इस मुद्दे पर राजग छोड़ने की घोषणा करके शुरू में ही उत्तेजना की लहर में खासा उछाल ला दिया। उत्तेजना में डूबे नीतीश कुमार ने मीडिया के सामने कहा कि 'ममता-फमता क्या होती है, नौटंकी करती है, मीडिया ने

उसे चढ़ाया हुआ है।' इस तरह वे ममता के रवैए पर प्रतिक्रिया पूछनेवाले पत्रकारों के साथ भी अभद्रता से पेश आए। एक अन्य समता सांसद प्रभुनाथ सिंह ने भी खुलेआम ममता को लेकर अपमानजनक बातें कहीं। असलियत में ये नेता जॉर्ज फर्नांडीज के सौजन्य से पार्टी पर काबिज जया जेटली और पीएमओ के अधिकारियों को बचाने में लगे प्रधानमन्त्री के खिलाफ अपने दमित गुस्से की भड़ास ममता पर निकाल रहे हैं। यह अलग बात है कि ममता की उत्तेजना भ्रष्टाचार नहीं, बंगाल के चुनावों को लेकर है। उन्हें कम-से-कम आज तक विश्वास है कि वाजपेयी जल्दी ही सारी गर्द को साफ कर देंगे। राजग के तृणमूल कांग्रेस और समता पार्टी के अलावा घटक और समर्थक दल इस उत्तेजनापूर्ण माहौल में 'स्थितप्रज्ञ' बने हुए हैं। वे उत्तेजना को आन्तरिकता में ही धारण कर यह भाँपने की कोशिश में हैं कि पर्दाफाश के बाद ऊँट किस करवट बैठता है। यानी वाजपेयी अपनी छवि और जॉर्ज अपनी वाकचातुरी से 'डेमेज कन्ट्रोल' कर पाते हैं या नहीं। उनकी उत्तेजना की साँस इसी में अटकी हुई है कि सरकार बचने पर उनका 'वजन' भी बचा रहेगा। अन्यथा अपनी पोटली उठाकर कोई और दूकान देखनी पड़ेगी।

यहाँ पूर्व प्रधानमन्त्री चन्द्रशेखर का जिक्र भी जरूरी है, हालाँकि वे कतई उत्तेजित नहीं हैं। सरकार के इस्तीफे और निष्पक्ष जाँच की माँग को लेकर उत्तेजित विपक्षी नेताओं की खिल्ली उड़ाते हुए उन्होंने जॉर्ज फर्नांडीज को उनके घर जाकर गले लगाया और प्रधानमन्त्री को लताड़ा कि उन्होंने अपने सहयोगी का इस्तीफा स्वीकार करके उसका अपमान किया है। जॉर्ज से बगलगीर होते वक्त उन्होंने सोचा ही नहीं होगा कि उसी घर में बैठकर समता पार्टी की अध्यक्ष ने बनावटी रक्षा-सौदागरों के साथ दलाल की भूमिका अदा की है। लताड़ चन्द्रशेखर ने तहलका के पत्रकारों को भी लगाई है कि पत्रकारिता का यह कोई तरीका नहीं है। भ्रष्टाचार को कोई मुद्दा ही नहीं माननेवाले चन्द्रशेखर का यह रुख स्वाभाविक है। हालाँकि उनकी प्रतिक्रिया आने के पहले ही सरकार के खिलाफ जंतर-मंतर पर प्रदर्शन करनेवाले उनके पार्टी कार्यकर्ता अपने नेता के रुख पर खासे उत्तेजित हैं।

नेताओं के अलावा टीवी की बहस में हिस्सेदारी करनेवाले टिप्पणीकार और विशेषज्ञ भी खासे उत्तेजित नजर आए हैं। कारगिल संघर्ष में शहीद हुए सैनिकों-अधिकारियों के कुछ परिजनों की प्रतिक्रियाएँ भी उत्तेजनापूर्ण रही हैं। समाचार चैनलों पर सर्वेक्षणों के जरिए आम नागरिकों की उत्तेजना का ग्राफ भी दिखाया जा रहा है। लेकिन फिलहाल इन सबकी उत्तेजना का कोई खास महत्त्व नहीं है। उसका जो भी महत्त्व बनेगा, वह आगे चलकर।

अभी महत्त्व सरकार और विपक्ष की उत्तेजना का ही है। हालाँकि दोनों ही सच्चाई, जनता की इच्छा और देश की दुहाई दे रहे हैं, लेकिन अन्दरखाने दोनों की यही सच्चाई है कि सरकार किसी भी तरह अपने बचाव और विपक्ष किसी तरह सरकार बनाने की उत्तेजना से भरा है। भाजपा और समता के नेता शुरू से ही वीडियो टेप से सामने आई

सच्चाई के पीछे छिपी 'साजिश' की 'सच्चाई' का पता लगाने के लिए बेताब हैं। अभी तक चुप चले आ रहे जनता दल (एकीकृत) के नेता और प्रोजेक्ट 'डेमेज कन्ट्रोल' में कुछ देर से सक्रिय हुए आडवाणी भी साजिश-राग में शामिल हो गए हैं। ये सब नेता तो 'राष्ट्र के खिलाफ' हुई 'साजिश' को लेकर उत्तेजित हैं ही, प्रधानमन्त्री के राष्ट्र और बाद में पार्टी कार्यकर्ताओं के नाम सम्बोधन का भी वही स्वर है। संघ से राष्ट्र-हित का नया पाठ पढ़े जॉर्ज को तो 'साजिश' के पीछे आईएसआई के हाथ का अन्देशा हो भी गया है। प्रधानमन्त्री ने इस पर गहरी चिन्ता जताई है कि बनावटी शस्त्र-सौदागर राजनीतिज्ञों-अधिकारियों के पास इतनी आसानी से कैसे पहुँच गए ! यह जगजाहिर हो चुका है कि बनावटी सौदागर राजनीतिज्ञों और अधिकारियों को सीढ़ी बनाकर ही उन तक पहुँचे। यह भी साफ हो चुका है कि लालच के वशीभूत राजनीतिज्ञों, अधिकारियों ने सौदागरों को हाथों-हाथ लिया। लेकिन 'राष्ट्रवादी' प्रधानमन्त्री को राजनीतिज्ञों-अधिकारियों का 'चरित्र' चिन्ता का विषय नहीं लगता। हाल में उन्होंने पीएमओ की कार्यशैली पर सवाल उठाने पर मीडिया को तो कड़ी लताड़ लगाई कि उसका अपना 'खेल' है, लेकिन पीएमओ की गरिमा गिरानेवाले रिश्तेदारों-अधिकारियों पर किसी तरह की लगाम लगाना मुनासिब नहीं समझा। भ्रष्टाचार की खुली सच्चाई को भ्रामक बयानबाजी से ढँकने की कोशिश में लगे वाजपेयी पीएमओ की ही नहीं, देश की जनता की गरिमा भी गिरा रहे हैं, जो अपना राष्ट्रीय विश्वास प्रधानमन्त्री के पद को सौंपती है। संघ ने पीएमओ में संविधानेतर अथॉरिटी चलानेवाले ब्रजेश मिश्र और रंजन भट्टाचार्य को हटाने की माँग करके, फिर तुरन्त वापस लेकर अपना बनावटी विद्रोही तेवर फिर से दोहरा दिया है। सरकार की शुरू से ही टेक है कि संसद में बहस करो। आडवाणी ने साफ कर दिया है कि बहस पर्दाफाश की सच्चाई पर नहीं, 'साजिश' के पर्दाफाश पर होगी। जहाँ तक जाँच का सवाल है, लिब्राहन आयोग की जाँच में देश देख रहा है कि संघ की चरित्र-निर्माण की धमनभट्ठी में ढलकर निकले नेता सच्चाई को सामने लाने के लिए कैसा सच बोलते हैं !

तरुण तेजपाल की इस शिकायत का पीएमओ ने खंडन किया है कि उसने उन्हें परेशान करना शुरू कर दिया है। लेकिन 'साजिश' के पर्दाफाश का खुला सन्देश यही है कि वीडियो टेप तैयार करनेवालों की सरकार पूरी खबर लेगी। राष्ट्रीय सुरक्षा सलाहकार ने भी कह दिया है कि जाँच सुरक्षा-तन्त्र की जासूसी करने के 'अपराध' की होगी। तरुण तेजपाल बार-बार दोहरा रहे हैं कि टेप तैयार करने के पीछे उनकी स्वतन्त्र व्यावसायिक प्रेरणा रही है, उनका लक्ष्य सरकार या किसी व्यक्ति-विशेष की खिलाफत न होकर, गहरे पैठे भ्रष्टाचार से देश की जनता को अवगत कराना रहा है। लेकिन चार फौजी अफसरों के निलम्बन और रक्षामन्त्री सहित कई मन्त्रियों के इस्तीफे के बावजूद सरकार 'राष्ट्र के खिलाफ साजिश' की गोयबलीय रट लगाए है। स्पष्ट है कि राजग नेताओं की उत्तेजना भ्रष्टाचार के खिलाफ नहीं है। लिहाजा, उसके भ्रष्टाचार हटाने की प्रेरणा में बदलने का कोई सवाल पैदा नहीं होता। विपक्षी खेमे में कांग्रेस और हाल में

बने लोकमोर्चा ने मौजूदा सरकार के भ्रष्टाचार के खिलाफ देशव्यापी आन्दोलन चलाने का ऐलान किया है। भ्रष्टाचार की समस्या पर राजनैतिक पार्टियों के अभी तक के रुख से समझा जा सकता है कि विपक्ष का यह आन्दोलन सीधे या चुनाव में अपनी सरकार बनाने की उत्तेजना का कारोबार ही होगा। ऐसे में यह जिम्मेदारी जनता की ही बनती है कि वह सत्ता बचाने या पाने की नेताओं की उत्तेजना का शिकार न होकर, खुद भ्रष्टाचार से लड़ने की प्रेरणा से परिचालित हो।

भ्रष्टाचार का भाई भूमंडलीकरण

भारत में इतिहास-लेखन की कई दृष्टियों के बावजूद यह लोकप्रिय विश्वास है कि देश यहाँ के राजा-रजवाड़ों के आपसी झगड़ों के चलते गुलाम हुआ। यह लोकप्रिय विश्वास मध्यकाल में आई गुलामी के बारे में भी है और उसके बाद आधुनिक काल में आई गुलामी के बारे में भी। इतिहास अपने को एक बार फिर दोहराता प्रतीत होता है। नवसाम्राज्यवादी गुलामी के आसन्न संकट के बावजूद बड़े नेता, नौकरशाह और विद्वान सत्ता के लिए आपसी संघर्ष में फँसे हैं। बल्कि वे खुद नवसाम्राज्यवादी गुलामी के आगमन में मखमली जाजम बिछा रहे हैं। ऐसे में जो परिदृश्य बन रहा है उसमें यही लगता है कि उन्होंने नवसाम्राज्यवादी गुलामी के तहत सत्ता-सुख भोगने का निर्णय कर लिया है। नवसाम्राज्यवादी शक्तियों को भी यह स्थिति मंजूर लगती है। राजनैतिक अभिजनों, नौकरशाहों और विद्वानों को 'विश्वास' में लेकर यह 'नई' गुलामी देश के इतिहास और भूगोल पर उतर रही है। मुख्यधारा प्रिंट और इलैक्ट्रोनिक मीडिया भी देश को गुलाम बनाने में लगीं स्थानीय और वैश्विक शक्तियों की सेवा में रोजाना दिहाड़ी मजदूर की भूमिका निभा रहा है। सूचना-क्रान्ति के चलते 'वैश्विक जनतन्त्र' की स्थापना होने का उद्घोष करनेवाले मीडिया विशेषज्ञ शायद मीडिया के इस पक्ष पर ध्यान नहीं दे पाते कि उसके प्रस्तुतीकरणों में जन के जीवन की दशा और उसकी चिन्ता करनेवालों का कितना कवरेज होता है ! विषय चाहे समाचार हों, चाहे किस्म-किस्म के मनोरंजन, उनमें वैश्विक जनतन्त्र नहीं, वैश्विक धनतन्त्र का वैभव बिखरा मिलता है। यहाँ कपड़ों की तरह बात बदलनेवालों, कपड़े फाड़कर नाचनेवालों, जुआ खेलानेवालों, दलाली खानेवालों, घोटाले करनेवालों, देश की मेहनतकश जनता की गाढ़ी कमाई से खड़े किए गए सार्वजनिक क्षेत्र के उद्यमों को औने-पौने बेचनेवालों को 'महानायक' के रूप में स्थापित किया जाता है। तरह-तरह के लजीज और इफरात खानों, परिधानों और अन्य उपभोक्ता वस्तुओं के दिन-रात धारासार विज्ञापनों, हिंसा और सैक्स से लबालब फिल्मों-एलबमों, केवल मध्य व उच्च वर्गों की खुशियों और 'परेशानियों' से भरे सीरियलों के प्रसारण में जन और उसका तन्त्र कहाँ बसता है, यह देखने के लिए किसी खास अन्तर्दृष्टि की जरूरत होगी, जो कम-से-कम जन के पास तो नहीं ही है। अलबत्ता स्वाद बदलने के लिए थोड़ा-बहुत जन की बात भी कर ली जाती है। अन्यथा उसका 'मौलिक अधिकार' सूचना-क्रान्ति की दौड़ में 'पिछड़ी'

लघु पत्रिकाओं के लिए छोड़ दिया गया है। कुछ भाषायी साहित्यकार व पत्रकार भी अपने लेखन में जनजीवन के प्रति सरोकार की अभिव्यक्ति करते हैं। लेकिन उन्हें पिछड़े दिमाग का अवशेष मानकर तसल्ली कर ली जाती है कि प्रगति की पूँछ के पीछे कुछ पिछड़ापन चला ही आता है !

आपसी झगड़ों के चलते देश में गुलामी आने की परिघटना पर चर्चा करें। ये झगड़े 'अहम की टकराहट' के तो हैं ही, जाति, समुदाय, धर्म, संस्कृति, भाषा, क्षेत्र आदि के भी हैं। इन झगड़ों के कई सकारात्मक पक्ष भी हैं। लेकिन ज्यादातर के मूल में सत्ता के लिए 'संघर्ष' निहित है। लिहाजा, हर मुद्दा विरूपित और नकारात्मक होकर रह जाता है। फिलहाल आपसी झगड़ा भ्रष्टाचार को लेकर छिड़ा हुआ है। लेकिन भ्रष्टाचार की गम्भीर समस्या से निजात पाने के लिए नहीं, अपने भ्रष्टाचार पर पर्दा डाल दूसरों का भ्रष्टाचार उजागर करने का सारा झगड़ा है। तात्कालिक रूप से यह झगड़ा तहलका टेप द्वारा किए गए भ्रष्टाचार के पर्दाफाश के बाद तेजी पकड़ा है। सत्ताधारी राष्ट्रीय जनतान्त्रिक गठबन्धन, मुख्य विपक्षी दल कांग्रेस और पर्दाफाश की परिस्थितियों में नवगठित लोक मोर्चा मैदान में हैं। राजनीति की असली तीसरी ताकत होने का दावा करनेवाले लोक मोर्चा को अपनी रैलियाँ अभी शुरू करनी हैं। बाकी दोनों पक्ष के दिग्गज नेताओं ने भ्रष्टाचार के मैदान में एक-दूसरे को नीचा दिखाने के लिए कमर कस ली है। दोनों के बीच रैलियों का घमासान शुरू हो चुका है। स्वच्छ राजनीति और पारदर्शी प्रशासन का दावा करनेवाली राजग की अगुआ भाजपा भ्रष्टाचार के हमाम में नहाती पकड़ी जाने पर बौखलाई हुई है। बौखलाहट तीन नेताओं के इस्तीफों को लेकर भी है। हालाँकि ये इस्तीफे दिखावे के लिए लिए गए थे। दिखावे के लिए ही गठित की गई सुप्रीम कोर्ट के अवकाश-प्राप्त न्यायधीश की एक सदस्यीय जाँच समिति की, जिसे अपनी रिपोर्ट चार महीने में देनी है, रिपोर्ट आने से पहले ही इन नेताओं को न केवल बेदाग करार दे दिया गया है, उनकी राष्ट्रभक्ति का विरुद भी खूब गाया है।

राजग और कांग्रेस एक-दूसरे के भ्रष्टाचार के खिलाफ जौहर दिखाने में अभद्र और धमकी भरी भाषा का इस्तेमाल कर रहे हैं। राजग ने नौ अप्रैल को समन्वय समिति की बैठक करके कांग्रेस को धमकी दी है कि या तो वह अपनी 'अभद्रता' से बाज आए वरना राजग की आगामी रैलियों में उसे वैसी ही भाषा में जवाब दिया जाएगा। नवसाम्राज्यवादी शक्तियों के प्रतिनिधियों के सिर पर पल्लू लेकर चरण चुचकारनेवाले ये नेता आपस में कितनी 'शालीनता' से पेश आते हैं, यह देखते ही बनता है ! देश की जनता को आनेवाले समय में एक-दूसरी पार्टियों और नेताओं के भ्रष्टाचार की पोल रंगारंग भाषा में खोलने का नजारा अभी और देखने को मिलेगा। यह अलग बात है कि इस झगड़े का अन्त उस समझौते में होगा जो कुछ दिन पहले ही हो गया लगता था। यानी 'तुम हमारी मत खोलो, हम तुम्हारी नहीं खोलेंगे'। हालाँकि राजग के अपने भी अन्तर्विरोध थे, लेकिन उसने कांग्रेस अध्यक्ष के सचिव के भ्रष्टाचार की पोल खोलकर

यह समझ लिया था कि अब कांग्रेस आगे हमला करने से बाज आएगी। भाजपा प्रधानमन्त्री वाजपेयी को सोनिया गांधी द्वारा 'गद्दार' कहे जाने का कड़वा घूँट भी पीकर रह जाना पड़ा था। लेकिन मुम्बई में उसने वाजपेयी के खिलाफ फिर नारेबाजी की और काले झंडे लहराए तो राजग अपने ताव में लौट आया है–'सूप बोले तो बोले छननी भी बोलती है, जिसमें बहत्तर छेद' ! कांग्रेस मौका पाकर भाजपा से बोफोर्स युग का हिसाब बराबर करने को आतुर नजर आती है, जब नारा दिया गया था : 'गली-गली में शोर है, राजीव गांधी चोर है'। कांग्रेस वैसा ही 'लोकप्रिय' नारा वाजपेयी के लिए चलाकर अपना बदला लेना चाहेगी। फिर संघवाले मैदान में आएँगे और कहावत का 'डीकन्स्ट्रक्शन' करके, यानी छननी से सीधे सोनिया गांधी का अर्थ निकालकर अपनी जगजाहिर 'संस्कृति' का प्रकाश फैलाएँगे। वाजपेयी मन्द-मन्द मुस्कराएँगे–'गद्दार कहने का मजा लो'।

इस आपसी झगड़े में भ्रष्टाचार का मुद्दा तो मखौल का विषय बनकर रह ही जाएगा, बल्कि रह गया है, भूमंडलीकरण के खिलाफ संघर्षरत कुछ लोगों व समूहों ने जो थोड़ा-बहुत तैयारी की है, उस पर भी पानी फिरने का खतरा पैदा हो गया है। यह स्थिति नवसाम्राज्यवादी शक्तियों के लिए अत्यन्त मुफीद बैठती है। वे इस झगड़े का फायदा उठाएँगी। यह स्पष्ट है कि भूमंडलीकरण ने भ्रष्टाचार को बढ़ाया है। लेकिन भ्रष्टाचार भी लौटाने में पीछे नहीं है, वह भूमंडलीकरण की बढ़त का रास्ता प्रशस्त कर रहा है। कई भले लोग जो वाकई भ्रष्टाचार की समस्या से चिन्तित होते हैं, यह 'भोला' विचार रखते हैं कि घोटाला-दर-घोटाला से विदेश में–विदेश से उनका आशय हमेशा बहुराष्ट्रीय कम्पनियोंवाले देश होते हैं-भारत की छवि खराब होती है। इसलिए नहीं कि घोटालों से विदेश में यह सन्देश जाता है कि भारत का राजनैतिक और अमला तन्त्र भ्रष्टाचार यानी अनैतिक कर्म में लिप्त है, बल्कि इसलिए कि बहुराष्ट्रीय कम्पनियाँ यहाँ विदेशी पूँजी लगाना बन्द कर देंगी। ये लोग निसाखातिर रह सकते हैं। देश में जितना अधिक भ्रष्टाचार होगा और उसे लेकर जितना आपसी झगड़ा मचेगा, नवसाम्राज्यवादी शक्तियाँ उतना ही प्रसन्न होंगी। वे खुद यहाँ के प्रशासकों-विशेषज्ञों-नेताओं को 'शिक्षित' करने के लिए अच्छी-खासी रकम का बहाव करती हैं। साथ ही एक बड़ी रकम उपभोक्ता उत्पादों के विज्ञापनों पर खर्च की जाती है। हाल में इसी अखबार में सच्चिदानन्द सिन्हा ने यह बताया था कि विज्ञापन भ्रष्टाचार का ही एक रूप है। विदेशों में भारत की छवि को लेकर चिन्तित यह वही दिमाग है जो एनरॉन की दाभोल बिजली परियोजना की अत्यन्त महँगी बिजली के भुगतान को लेकर पैदा हुए संकट के मद्देनजर कहता है कि अगर भुगतान नहीं किया गया और एनरॉन विरोधी आन्दोलनकारियों के दबाव में परियोजना को बन्द किया गया तो कम्पनी भारत सरकार को अन्तर्राष्ट्रीय अदालत में घसीट ले जाएगी। यानी विदेश में भारत की किरकिरी होगी कि वह अन्तर्राष्ट्रीय करारों का पालन नहीं करता। पहले इसी दिमाग का तर्क था कि दाभोल परियोजना की बिजली सस्ती होगी और महाराष्ट्र क्या सारे देश को कभी ब्लैकआउट

का सामना नहीं करना पड़ेगा। नागरिकों को अच्छी सेवा मिलेगी सो अलग। चूँकि महाराष्ट्र में कांग्रेस की सरकार है, यह दिमाग कांग्रेस की भी लानत-मलामत करता है कि उसी के शासन-काल में उदारीकरण की नीति अपनाई गई थी। अब वह किस मुँह से परियोजना का विरोध कर सकती है। इस दिमाग को देश में राजनैतिक अस्थिरता का भूत भी बहुत सताता है। तर्क फिर वही विदेश में भारत की छवि खराब होने का दिया जाता है कि बहुराष्ट्रीय कम्पनियाँ राजनैतिक अस्थिरता के चलते यहाँ अपना निवेश नहीं करेंगी। इस दिमाग को स्थिरता चाहिए, भले ही वह सुखरामों, जयललिताओं, जया जेटलियों, जॉर्ज फर्नांडीजों, बंगारू लक्ष्मणों के सहारे हासिल की गई हो या फिर कारगिल में सैंकड़ों जवानों को 'कुर्बान' कर उनके ताबूत सारे देश में घुमाकर। फौजी अफसर और विशेषज्ञ यह कह चुके हैं कि कारगिल संघर्ष की नौबत सरकार की प्रशासनिक और राजनैतिक गलतियों के कारण आई; फौज को आनन-फानन सीधी लड़ाई में झोंककर बलिदान के लिए बाध्य किया गया; धैर्यपूर्वक सही रणनीति अपनाकर बिना उतनी जानें गवाएँ कारगिल से घुसपैठियों को खदेड़ा जा सकता था। लेकिन उस 'युद्ध जैसी स्थिति' में 'कारगिल के हीरो' ने सैनिकों की जानों की बाजी चुनाव जीतने के लिए लगा दी। इतिहास में कारगिल की घटना सर्वाधिक कुत्सित राजनैतिक दगाबाजी के रूप में दर्ज होगी। खैर, कहना यह है कि नवसाम्राज्यवादी शक्तियाँ अस्थिरता को भी पसन्द करती और बढ़ावा देती हैं। भारतीय भले ही भूल गए हों, ये शक्तियाँ जानती हैं कि अठारहवीं शताब्दी में साम्राज्यवादियों ने अस्थिरता का फायदा उठाकर ही इस देश पर कब्जा किया था।

भ्रष्टाचार और भूमंडलीकरण के बीच स्वाभाविक आदान-प्रदान होता है–इस जटिल परिस्थिति से पार पाना आसान नहीं है। जटिलता और बढ़ जाती है जब भ्रष्टाचार के मुद्दे पर झगड़ रहे राजग और कांग्रेस भूमंडलीकरण के मुद्दे पर एकमत हैं, नतमस्तक हैं। नतमस्तक वे क्षेत्रीय नेता भी हैं, जिन्होंने सत्ता का टुकड़ा पाने और बचाए रखने के एकमात्र उद्देश्य से परिचालित विचारहीन राजनीति का नया स्थान पक्का किया है। आजादी के संघर्ष के दौर में गांधी और अन्य राष्ट्रवादी नेताओं ने राष्ट्र की जिस परिकल्पना को सम्भव किया था, वह आज के अपनी अलग-अलग सिफ्तों व अदाओं में 'लोकप्रिय' नेताओं के हाथों बर्बाद हो रही है। भ्रष्टाचार देश के ताने-बाने को अन्दर से जर्जर कर रहा है और भूमंडलीकरण उसे ऊपर से दबोचने में लगा है। देश की मुख्यधारा राजनीति के नायक- उपनायक न भ्रष्टाचार से लड़ना चाहते हैं, न भूमंडलीकरण से। तीसरी जमात के नेता जरूर भूमंडलीकरण के मुद्दे पर कुछ जबानी जमा-खर्च करते हैं। लेकिन उनकी कोई वैचारिक या आन्दोलनात्मक तैयारी नहीं है। बाकी बचे भौतिक समृद्धि पाने या उसकी आशा की डोर में बँधे लोग। उन्होंने शायद ठान लिया है कि आत्मिक-आध्यात्मिक टाइप मुक्ति बहुत हो गई, अब भौतिक मुक्ति पानी है। ऐसे में देश फिर से गुलाम होता है तो एक मायने में यह उसकी मुक्ति ही होगी–स्वाभाविक और जरूरी ! कहा भी जाता है और सही भी है कि देश की जनता

बार-बार या बारी-बारी से इन्हीं नेताओं को चुनती है। भ्रष्टाचार, भूमंडलीकरण और अपराधीकरण के बन्दी लोकतन्त्र में और कुछ हो भी नहीं सकता। इनकी दुरभिसन्धि ने जनता की जो 'लोकतान्त्रिक नियति' तय कर दी है, उसे तोड़ना आज की सबसे बड़ी राजनैतिक चुनौती है।

अब शिक्षा का बाजार

उपनिवेशवाद ने एक के बाद एक इलाके (रियासत) को अपने कब्जे में लिया और अन्ततः पूरे भारत को गुलाम बना लिया था। यह नवसाम्राज्यवाद का दौर है। अब वैश्विक आर्थिक संस्थाएँ और बहुराष्ट्रीय-पराराष्ट्रीय कम्पनियाँ एक के बाद एक क्षेत्र (सैक्टर), मसलन कृषि, उद्योग, बीमा, बिजली, स्वास्थ्य, सार्वजनिक क्षेत्र की इकाइयाँ आदि को अपने कब्जे में लेती जा रही हैं। देश की सरकार इस नवसाम्राज्यवादी मुहिम में तत्पर सहयोगी बनी हुई है। वैश्विक आर्थिक संस्थाओं और बहुराष्ट्रीय कम्पनियों द्वारा 'शिक्षित' उनका एक समर्थक तबका भी यहाँ मौजूद है। भाजपा नेतृत्ववाली राष्ट्रीय जनतान्त्रिक गठबन्धन सरकार के अलावा केन्द्र में कांग्रेस या तीसरे मोर्चे की सरकारें होतीं, तो वे भी वैसा ही आचरण करतीं। बल्कि कर चुकी हैं। इसमें सन्देह इसलिए नहीं है कि देश का कोई भी प्रभावशाली राजनैतिक दल यह कहने को तैयार नहीं है कि सत्ता में आने के बाद वह वैश्विक आर्थिक संस्थाओं, विश्व व्यापार संगठन और बहुराष्ट्रीय कम्पनियों के संजाल से देश को अलग करके स्वावलम्बी अर्थव्यवस्था का निर्माण करेगा और उसी जमीन से विदेश व्यापार सम्बन्ध तय करेगा। राजनीति में अपनी अच्छी-खासी हैसियत बना चुके शूद्र और दलित नेतृत्व को इन 'अन्तर्राष्ट्रीय किस्म के पचड़ों' से कोई सरोकार ही नहीं लगता। जिस तरह हम आज पलासी और बक्सर आदि के युद्धों के बारे में पढ़ते हैं और हाथ मलते हैं, उसी तरह आनेवाली पीढ़ियाँ यह पढ़ेंगी और मलाल करेंगी कि नवसाम्राज्यवादी हमले में एक के बाद एक क्षेत्र देश के हाथ से छीने जाते रहे और उस समय के हमारे पूर्वज कुछ नहीं कर पाए। अगर भारतीय राष्ट्रीयता का बोध कुछ भी बचा रहा तो उन्हें इस विडम्बना पर हैरत होगी कि खुद देश के प्रभुत्वशाली राजनैतिक और बौद्धिक नेतृत्व ने भारतीय राष्ट्रवाद की जड़ खोद डाली थी। आम नागरिक के इतिहास-बोध में यह मान्यता खुदी होती है कि मध्यकाल में देश में आधुनिक राष्ट्रीय चेतना का अभाव था; जब एक रियासत को बाहरी ताकतें जीत रही थीं, तो उसके बराबरवाली रियासत का राजा निष्क्रिय बैठा रहता था। लेकिन आधुनिक राष्ट्रीय चेतना से सम्पन्न भारत में भी वही इतिहास दोहराया जा रहा है।

शिक्षा किसी भी समाज के लिए निर्विवाद रूप से सर्वाधिक महत्त्वपूर्ण विषय होता है। भारत में अभी तक के संवैधानिक प्रावधानों के मुताबिक शिक्षा केन्द्र और राज्य

सरकारों का विषय और जिम्मेदारी है। मार्केट अर्थव्यवस्था के जनक माने जानेवाले अर्थशास्त्री एडम स्मिथ तक ने स्पष्ट तौर पर यह माना है कि शिक्षा राज्य का विषय रहनी चाहिए। शिक्षा के साथ उन्होंने स्वास्थ्य और श्रम कानूनों को भी राज्य का विषय स्वीकार किया था। लेकिन उदारीकरण-वैश्वीकरण की नीतियों ने अन्य क्षेत्रों की तरह शिक्षा के क्षेत्र पर भी तेजी से आक्रमण करना शुरू कर दिया है। नतीजतन, शिक्षा के स्वरूप और संचालन-प्रबन्धन के बारे में एक के बाद एक ऐसे सरकारी निर्णय लिए जा रहे हैं, जिनसे न केवल शिक्षा पर निजीकरण का शिकंजा कसता जा रहा है, शिक्षा की परिभाषा को भी बदला जा रहा है। इस पूरी प्रक्रिया में गौरतलब और चिन्ता का विषय यह है कि ये सारे निर्णय वैश्विक आर्थिक संस्थाओं के अधिकारियों के निर्देशों पर खुद सरकार, नौकरशाह और सरकार के पिट्ठू बुद्धिजीवी कर रहे हैं। हाल में विश्व बैंक ने शिक्षा के मद में कर्ज का धन देने से इसलिए इनकार कर दिया कि भारत ने शिक्षा के निजीकरण की अपेक्षित गति तय नहीं की है। निजीकरण के खिलाफ देश के भीतर से उठनेवाली किसी भी आवाज पर कान न देनेवाले प्रधानमन्त्री ने विश्व बैंक की झाड़ को पूरी गम्भीरता से लेते हुए, एक बार फिर उच्च शिक्षा के निजीकरण की प्रक्रिया को तेज करने का ऐलान किया है। स्कूली शिक्षा में निजी स्कूलों, जिन्हें पब्लिक स्कूल कहा जाता है, की उपस्थिति पहले से ही है। स्कूली शिक्षा के दायित्व और स्वरूप को लेकर वैश्वीकरण का विस्तृत एजेंडा भी तैयार और सरकार को स्वीकार है। जो सरकार स्कूली शिक्षा का 'मैकालेवादी-मार्क्सवादी रंग' उतारकर उसे भगवा रंग में रँगने के उद्यम में दिन-रात हलकान है, उसे वैश्वीकरण के एजेंडे को स्वीकार करने और लागू करने में जरा भी हिचक नहीं होती। उस मोर्चे पर उसका राष्ट्रवाद साम्राज्यवाद के पैरों में पड़ा नजर आता है। बहरहाल, देश की शिक्षा का क्षेत्र भी अब वैश्वीकरण की भेंट चढ़ने जा रहा है, जिस पर वैश्वीकरण-सेवी नेताओं और विद्वानों के बीच पूरी सहमति है।

मौजूदा सरकार ने इस दिशा में एक 'मौलिक' काम यह किया है कि देश की शिक्षा-नीति बनाने की प्रक्रिया से शिक्षाविदों और शिक्षकों को दरकिनार कर दिया है। उनकी भूमिका उन निर्णयों पर प्रतिक्रिया और विरोध करने भर की रह गई है। इसका ज्वलन्त प्रमाण दो साल पहले शिक्षा के भावी स्वरूप और नियमन पर आई अम्बानी-बिड़ला समिति की रपट है। समिति के सदस्य मुकेश अम्बानी और कुमारमंगलम बिड़ला देश के जाने-माने पूँजीपति हैं। ये दोनों व्यापार एवं उद्योग पर गठित प्रधानमन्त्री की सलाहकार परिषद् के सदस्य हैं और उसी हैसियत से उन्हें शिक्षा पर रपट तैयार करने की जिम्मेदारी प्रधानमन्त्री ने सौंपी थी। मतलब साफ है कि सरकार ने शिक्षा जैसे सामाजिक-सांस्कृतिक-वैज्ञानिक उपयोगिता के विषय को महज व्यापार-उद्योग का विषय मान लिया है। अन्यथा वह शिक्षा पर अलग से सलाहकार परिषद् गठित करती और रपट तैयार करने की जिम्मेदारी शिक्षाविदों को देती या कम-से-कम इन दो पूँजीपति महानुभावों के साथ समिति में कुछ शिक्षाविदों को भी जगह देती। रपट में की गई सिफारिशों और उस पर अब तक आई आलोचनाओं से यह स्पष्ट हो चुका है कि

अम्बानी और बिड़ला ने यह रपट विश्व बैंक और अन्तर्राष्ट्रीय मुद्राकोष के आदेशों का अनुपालन करते हुए और शिक्षा के व्यवसाय में अपने मुनाफे की सम्भावनाओं के मद्देनजर तैयार की है। रपट तैयार करनेवाले दोनों पूँजीपतियों का शिक्षा के क्षेत्र में रुचि का कोई पूर्व-रिकॉर्ड नहीं है। स्वतन्त्र रूप से अध्ययन-मनन में उनकी रुचि का भी कोई साक्ष्य नहीं मिलता। उन्होंने अगर यह जिम्मेदारी ली तो केवल इसीलिए कि उन्हें शिक्षा के क्षेत्र में मुनाफे की बड़ी सम्भावनाएँ नजर आ रही हैं। अम्बानी-बिड़ला की नजर में शिक्षा का अर्थ महज सूचना व संचार तकनीक का ज्ञान हासिल करानेवाली शिक्षा से है। बाकी विज्ञान, समाजशास्त्र, मानविकी और कला जैसे विषयों को सरकार के जिम्मे और हाशिए पर रखा गया है, क्योंकि उनसे तुरन्त धन कमाने के अवसर नहीं बनते। अम्बानियों ने करोड़ों रुपयों की लागत से सूचना और संचार तकनीकी के निजी विश्वविद्यालय खोलने की घोषणा करके इस दिशा में व्यावहारिक पहल भी कर दी है।

इस रपट की सिफारिशों को अगर एक सूत्र में पिरोया जाए तो कह सकते हैं कि समिति ने प्राथमिक शिक्षा के पूर्ण सरकारीकरण (पब्लिक स्कूलों को हटाकर नहीं, वहाँ, यानी सरकारी स्कूलों में, जहाँ सरकारीकरण पहले से ही है) और उच्च शिक्षा के पूर्ण निजीकरण की पेशकश की है। समिति की सर्वप्रमुख सिफारिश उच्च शिक्षा के निजीकरण की है, ताकि शिक्षा के क्षेत्र में बाजार का विकास हो सके। समिति की नजर में सबसे बड़ी समस्या है कि "भारतीय शिक्षा-व्यवस्था बाजारोन्मुख नहीं है।" यानी वह बाजारोन्मुख शिक्षा को ही असली शिक्षा मानती है और उसे बाजार के हवाले कर देने की पुरजोर सिफारिश करती है। इस रपट के प्रकाशित होने पर शिक्षा-जगत में काफी बवाल मचा था। तब सरकार ने यह कहकर मामले को शान्त करने की कोशिश की थी कि रपट अभी स्वीकार नहीं की गई है। लेकिन वैश्वीकरण, साम्प्रदायीकरण और भ्रष्टाचार के मामलों में इस सरकार के कथनों की कोई साख नहीं बची है।

सबसे ज्यादा चिन्ता की बात यह है कि देश की तमाम राजनैतिक पार्टियों में शिक्षा जैसे संवेदनशील विषय के प्रति गम्भीर सरोकार रखनेवाले नेताओं का प्रायः अभाव है। विपक्ष के बड़े नेता, मुख्यमन्त्री और शिक्षामन्त्री न तो शिक्षा के निजीकरण पर साफ समझ रखते हैं और न ही साम्प्रदायीकरण पर। इन दोनों ही प्रवृत्तियों पर उनमें या तो अस्पष्टता है या दुचित्तापन। दूसरी ओर, मौजूदा विकास के मॉडल का विरोध करनेवाले नेता हों या वैश्वीकरण के तहत आ रही नवसाम्राज्यवादी गुलामी का विरोध करनेवाले जनान्दोलनाकारी, शिक्षा उनमें से किसी का भी केन्द्रीय सरोकार नहीं है। ऐसे में जाहिर है, जिम्मेदारी शिक्षकों और छात्रों पर ही आती है। यह उनकी प्राथमिक जिम्मेदारी है भी। लेकिन देश के सभी शिक्षक संगठन अन्य संगठित क्षेत्र की ट्रेड यूनियनों की तरह बेहतर वेतनमान, तरक्की के अवसर और अन्य सुविधाओं के लिए एकजुट होकर संघर्षरत होते हैं। आजकल इस संघर्ष में उनका आदर्श कॉरपोरेट जगत और नौकरशाही के ऊँचे वेतनमान और सुविधाएँ होते हैं। लेकिन वे सामाजिक सुरक्षा का तर्क देते हुए शिक्षा के क्षेत्र में निजीकरण की घुसपैठ का विरोध भी करते हैं। शिक्षकों को यह साफ

तौर पर समझना होगा कि यह सम्भव नहीं है कि देश में समग्रतः उदारीकरण-वैश्वीकरण की नीतियों को अपनाने के बाद शिक्षा का क्षेत्र उस प्रक्रिया से अछूता रह सकेगा। निजीकरण का अगर विरोध करना है, तो केवल शिक्षा के क्षेत्र में नहीं, समग्रतः करना होगा। अभी तक के संघर्ष से यही लगता है कि उसके लिए शिक्षक तैयार नहीं हैं।

हाल में आए उच्च शिक्षा के क्षेत्र में शिक्षकों को ठेकेदारी पर रखने के यूजीसी के प्रस्ताव पर बहस छिड़ी हुई है। प्रस्ताव है कि शिक्षा के स्तर को सुधारने और शिक्षकों को अनुशासित करने के लिए उन्हें तीन से पाँच साल के अनुबन्ध पर रखा जाए। दिल्ली विश्वविद्यालय के कांग्रेस से जुड़े एक शिक्षक मोर्चे एएडी ने यूजीसी के इस प्रस्ताव के विरोध में संविधान में निहित सामाजिक न्याय के प्रावधान की दुहाई दी है, जबकि वह भाजपा के शिक्षक मोर्चे एनडीटीएफ के साथ मिलकर शिक्षकों की नियुक्ति में अनुसूचित जाति और अनुसूचित जनजाति के उम्मीदवारों के लिए किए गए आरक्षण का घोर विरोधी रहा है। आरक्षण लागू हो जाने के बावजूद आज भी उसकी वही मान्यता है। शिक्षकों का इस तरह का विरोधाभासपूर्ण रवैया शिक्षा के निजीकरण की प्रक्रिया को रोकने में कारगर नहीं हो सकता। बल्कि वह उसे मजबूत ही करता है। पूरे देश में भाजपा से जुड़े शिक्षक शिक्षा के निजीकरण के मुद्दे पर फँसे हुए नजर आते हैं। बाकी शिक्षकों के दबाव में वे गाहे-बगाहे निजीकरण का विरोध तो करते हैं लेकिन उनके विरोध में दम नहीं होता। उनके साथ एक समस्या यह भी होती है कि शिक्षा के साम्प्रदायीकरण के मुद्दे पर वे पूरी तरह से सरकार और संघ सम्प्रदाय का समर्थन करते हैं।

दिल्ली विश्वविद्यालय शिक्षक संगठन (डूटा) की साख देश में एक संघर्षशील और मजबूत शिक्षक संगठन की है। दिसम्बर में दिल्ली विश्वविद्यालय के विद्वत परिषद् और कार्यकारी परिषद् के चुनाव हुए। सभी बड़े पार्टी-आधारित शिक्षक मोर्चों के पर्चों से पता चलता है कि वे एक-दूसरे को 'एक्सपोज' करने में ही लगे रहे। जबकि चुनाव ऐसा मौका होता है, जब आम शिक्षकों, छात्रों और नागरिकों को शिक्षा के सामने दरपेश चुनौतियों और समस्याओं के प्रति जागरूक बनाया जाए। इस चुनाव के दौरान केवल कुछ छोटे शिक्षक मोर्चों ने जरूर अपने पर्चों में शिक्षा के निजीकरण और साम्प्रदायीकरण के मुद्दों को उठाया। अठारह जनवरी को डूटा ने उच्च शिक्षा के संकट पर एक अखिल भारतीय सम्मेलन का आयोजन किया। सम्मेलन में न केवल बाहर के विश्वविद्यालयों के प्रतिनिधि अपेक्षित संख्या में नहीं आए, दिल्ली विश्वविद्यालय के शिक्षकों की उपस्थिति भी उत्साहजनक नहीं थी। निजीकरण की मुहिम के खिलाफ शिक्षक संगठनों ने अभी तक जितने भी धरने, मार्च, सम्मेलन और रैलियाँ किए हैं, वे प्रभावी नहीं हो पाए हैं। ऐसे में सरकार का हौसला बढ़ता है और वह निजीकरण की मुहिम को तेज करती है।

शिक्षा के निजीकरण का विरोध छात्र संगठन भी करते हैं। सबसे ज्यादा विरोध वामपंथी छात्र संगठनों की ओर से होता है। लेकिन उनके संघर्ष में एकजुटता और निरन्तरता का अभाव रहता है। पिछले दिनों भाजपा के छात्र संगठन अखिल भारतीय

विद्यार्थी परिषद् ने दिल्ली में एक रैली का आयोजन किया था। विडम्बना या पाखंड यह था कि शिक्षा का निजीकरण करनेवाले सरकारी नेता ही उस रैली में बुलाए गए थे। शिक्षा के साम्प्रदायीकरण पर एबीवीपी का रवैया भी भाजपा के शिक्षक मोर्चों जैसा होता है।

चाहे वैसे शिक्षकों की संख्या कितनी ही कम हो, अपने कर्तव्य के प्रति लापरवाही बरतने के चलते भी सरकारी निर्णयों के खिलाफ शिक्षकों का आन्दोलन कमजोर पड़ता है। लिहाजा, कहा जा सकता है कि शिक्षा पर छाया निजीकरण और साम्प्रदायीकरण का दुधारा संकट उसका विरोध करनेवाली शक्तियों और संगठनों की कई तरह की कमजोरियों का नतीजा भी है। निजीकरण और साम्प्रदायीकरण का संकट राष्ट्रीय संकट है, जिसका मुकाबला सभी क्षेत्रों के संगठन राष्ट्रीय स्तर पर एकजुट होकर ही कर सकते हैं। इस मुहिम का न्यायिक स्तर पर किया जानेवाला विरोध हमेशा आधा-अधूरा ही रहेगा। राजनैतिक और बौद्धिक स्तर पर ही उसका मुकम्मल मुकाबला किया जा सकता है। सामाजिक न्याय और धर्मनिरपेक्षता के पक्षधर बुद्धिजीवियों के आधे-अधूरे मन से किए जानेवाले प्रयासों का ही नतीजा है कि एनसीईआरटी की पाठ्य पुस्तकों के मामले में सुप्रीम कोर्ट का फैसला सरकार के पक्ष में गया। आन्दोलनकारियों को यह समझना होगा कि निजीकरण और साम्प्रदायीकरण के खिलाफ अपने तर्क गढ़ते वक्त देश के वंचित और प्रताड़ित समूहों—दलित, आदिवासी, पिछड़े, स्त्रियाँ, अल्पसंख्यक—के हित को सर्वोपरि रखा जाए। जैसा कि संविधान की संकल्पना में निहित है।

वैश्वीकरण और स्वाधीनता का सवाल

विद्वान वैश्वीकरण के तीन चरण करते हैं : उपनिवेशवादी दौर का वैश्वीकरण, दूसरे महायुद्ध के बाद का वैश्वीकरण और उच्च-पूँजीवाद व उच्च-तकनीकी (टेक्नॉलॉजी) के मेल से बना और वैश्विक आर्थिक संस्थाओं व धनी देशों की बहुराष्ट्रीय कम्पनियों की मार्फत फैला मौजूदा दौर का वैश्वीकरण। यानी मौजूदा दौर का चर्चित वैश्वीकरण नितान्त नई और असम्बद्ध परिघटना नहीं है। वह आधुनिक युग में वैश्वीकरण के इतिहास की वर्तमान कड़ी है। यह जरूर है कि मौजूदा दौर में उसका चरित्र काफी परिपक्व हो चुका है और उसके दाँव काफी ऊँचे हैं। वैश्वीकरण के इतिहास पर चर्चा न करके, इस लेख में हम उसके मौजूदा दौर पर ध्यान केन्द्रित करेंगे। दरअसल, मौजूदा दौर का वैश्वीकरण समूचे विश्व-परिदृश्य की केन्द्रीय परिघटना बना हुआ है। वह प्राथमिक रूप से विश्व के सभी छोटे-बड़े देशों की अर्थव्यवस्थाओं को प्रभावित कर रहा है। बल्कि कर चुका है। बड़े देशों में अपवाद कहा जानेवाला चीन भी अब उसमें शामिल हो गया है। फिलहाल भले ही चीन और उसके समर्थक यह कहें कि वह अपनी शर्तों पर शामिल हुआ है। लेकिन सामान्य जानकारी रखनेवाला भी यह बता सकता है कि वैश्वीकरण कम-से-कम कोई समाजवादी शर्त मानकर नहीं चलता। वह तो पैदा और बड़ा ही समाजवादी या मिश्रित किस्म की अर्थव्यवस्थाओं का तोड़ करने के लिए हुआ है। विकास का मौजूदा मॉडल उसका अपना है और उसे लेकर चलनेवाला समाजवाद अन्ततः वैश्वीकरण की शरण में जाने को बाध्य होगा। चीनी समाजवाद की वही गति हुई है। समाजवादी व्यवस्थाओं की यह गत पूर्व सोवियत संघ और पूर्वी यूरोप के देशों की भी बन चुकी है। समाजवाद का यह पराभव उसे केवल एक अर्थ-व्यवस्था के रूप में चलाने की समझ के चलते हुआ है, जबकि उसे एक जीवन-व्यवस्था के रूप में विकसित होना चाहिए था।

वैश्वीकरण की अवधारणा को बहुअर्थी बताने और सिद्ध करने की कोशिशें भी की जाती हैं, लेकिन प्राथमिक रूप से वैश्वीकरण एक आर्थिक परिघटना के रूप में ही देखा और माना जाता है। यह संयोग नहीं है कि वैश्वीकरण का सीधा पक्ष लेकर या उसकी कतिपय खामियों को उजागर करते हुए उसका समर्थन करनेवाले ज्यादातर विद्वान या तो अर्थशास्त्री हैं या वैश्विक आर्थिक संस्थाओं के अधिकारी। अन्य विषयों, मसलन राजनीति, संस्कृति, समाजशास्त्र, शिक्षा, साहित्य, कला, भाषा तथा प्राकृतिक

विज्ञान आदि के विद्वानों के लिए वैश्वीकरण विचार और शोध का केन्द्रीय सरोकार नहीं बना है। कहा जा सकता है कि वैश्वीकरण ने अर्थव्यवस्था और आर्थिक नीतियों के सवाल को केन्द्रीय तो बना ही दिया है, उसे अपने हिसाब से तय करने का सशक्त अभियान भी चलाया है। एक आर्थिक परिघटना के रूप में सामने आनेवाला वैश्वीकरण जब अपनी आर्थिक नीतियाँ तय और बलपूर्वक लागू करता है, तो उस प्रक्रिया में उसकी जद में आनेवाले देशों की राजनीति भी प्रभावित होती है। ज्यादातर इस रूप में कि राजनीति के सवाल अर्थनीति के सामने झुका दिए जाते हैं। आलंकारिक भाषा में इसे कह सकते हैं कि किसी देश की राजनैतिक सम्प्रभुता का प्रतीक उसका राष्ट्रीय झंडा अर्थनीति के बाजार में बिकने लगता है। लिहाजा, यह मानना नादानी होगा कि वैश्वीकरण के तार राजनीति से नहीं जुड़े हैं। वह विभिन्न देशों की अर्थव्यवस्थाओं को ही नहीं, राजनैतिक व्यवस्थाओं को भी प्रभावित करता है। आर्थिक और राजनैतिक संरचनाओं के बीच या बावजूद जो मनुष्य का जीवन है, उसकी गुणवत्ता और मूल्यवत्ता को भी वैश्वीकरण प्रभावित करता है। अर्थात् जीवन की नैतिकता तक उसकी मार पहुँचती है। वैश्वीकरण के राजनैतिक और नैतिक प्रभावों की चर्चा बाद में की जाएगी। पहले उस पर एक आर्थिक परिघटना के रूप में ही थोड़ी चर्चा करें।

आर्थिक रूप से वैश्वीकरण का अर्थ पिछड़े अथवा विकासशील कहे जानेवाले देशों की अर्थनीति को विकसित यानी धनी देशों की अर्थनीति के मातहत संचालित करना और उन पर विकसित देशों द्वारा अपनाए गए विकास के मॉडल और उसे हासिल करने के तरीकों को थोपना है। विकसित देशों का अगुआ संयुक्त राज्य अमरीका है, जो उसकी सरपरस्ती में चलनेवाली विश्व बैंक व अन्तर्राष्ट्रीय मुद्राकोष जैसी वैश्विक आर्थिक संस्थाओं और बहुराष्ट्रीय कम्पनियों (जिन्हें अब पराराष्ट्रीय कम्पनियाँ भी कहा जाता है) की मार्फत वैश्वीकरण की मुहिम को अन्जाम देता है। जब दुनिया की दो-तिहाई आबादीवाले तीसरी दुनिया के देशों को विकासशील कहा जाता है, तो उसमें यह अर्थ निहित होता है कि इन देशों को विकसित देशों के विकास के अर्थ में अपना विकास करना है। भले ही तीसरी दुनिया के देशों का उस ढंग का विकास उनकी जनसंख्या और संसाधनगत-पूँजीगत-तकनीकीगत कमजोरियों के चलते एक असम्भावना ही हो। धरती के भीतर-बाहर उपलब्ध संसाधनों के मद्देनजर भी पूरी दुनिया का विकसित देशों जैसा विकास सम्भव नहीं है। अगर एक असम्भावना को सम्भावना परिकल्पित कर भी लिया जाए, तो वह विकास टिकाऊ नहीं हो सकता। इस बारे में कई प्रतिष्ठित वैज्ञानिकों और विद्वानों ने भी बार-बार आगाह किया है। सवाल है कि अगर दुनिया के सभी देशों का अमरीका और यूरोप के देशों जैसा विकास होना है, तो क्या उन देशों में भी सभी तरह के हथियारों का उतना ही विशाल जखीरा रहेगा जितना विकसित देशों के पास है ? क्या बाकी दुनिया के देशों में भी स्त्रियों को (बच्चियों से लेकर वृद्धाओं तक) उसी पैमाने पर जिस्म के व्यापार में उतारा जाएगा, जिस पैमाने पर विकसित देशों में उतारा गया है ? एक सवाल सीधे मनुष्य के जीने के अधिकार से जुड़ा

है। व्यवस्था चाहे जो भी हो, यह विकास कई करोड़ लोगों की बलि ले चुका है। ये केवल एक-दो सवाल हैं। इस तरह के अनेक सवाल इस विकास के बारे में पूछे जा सकते हैं। आमतौर पर विकास के मौजूदा मॉडल पर प्रश्नचिन्ह लगाने का मतलब समानता, स्वतन्त्रता, बन्धुत्व, लोकतन्त्र आदि आधुनिक विचारों का विरोध करना लगा लिया जाता है। जबकि यह विकास खुद इनके विरोध में आगे बढ़ रहा है। वैश्वीकरण के मौजूदा दौर की प्रतिष्ठा के साथ तो और भी अधिक।

कहने को वैश्वीकरण की मुहिम की एक प्रक्रिया है, जिसमें विश्व बैंक, अन्तर्राष्ट्रीय मुद्राकोष (आईएमएफ), विश्व व्यापार संगठन (डब्ल्यूटीओ) और कुछ दूसरी संस्थाओं में सभी सदस्य देशों के नुमांइदों की भागीदारी होती है और सारे निर्णय उन संस्थाओं में होनेवाले विचार-विमर्श के बाद लिए जाते हैं। लेकिन यह लोकतन्त्र केवल दिखावे का है, असलियत में सभी निर्णयों में मुट्ठी-भर धनी देशों की मनमानी चलती है। अपने आर्थिक हितों को साधने के लिए ये देश अलग से भी संगठित हैं। पूँजी, तकनीकी, पर्यावरण, पेटेंट, सब्सिडी, आयात-निर्यात जैसे सभी विवादास्पद मुद्दों पर फैसले वे अपने हितों को सर्वोपरि रखकर करते हैं। जैसा कि कहा गया है, विकसित देशों का अगुआ अमरीका है। वह अपनी इस हैसियत का फायदा उठाता है और कई बार निर्णय अकेले उसी के हित में होते हैं। इससे विकसित देशों के बीच भी कभी-कभार अन्तर्विरोध पनपते हैं। वैश्वीकरण के चलते बहुराष्ट्रीय कम्पनियों के वर्चस्व के विरोध में यूरोप के धनी देशों के किसान और मजदूर भी कई बार आन्दोलन का रास्ता अपनाते हैं। सिएटल और दोहा में हुए प्रदर्शनों को इस सन्दर्भ में याद किया जा सकता है और अब कानकुन में भी वैसे प्रदर्शन हुए हैं। लेकिन उनसे वैश्वीकरण की प्रक्रिया पर प्रतिकूल असर नहीं पड़ पाता। दरअसल, वैश्वीकरण का विश्व धनी देशों के परस्पर सहयोग और समझौते तक ही सीमित बना हुआ है। वैश्वीकरण की प्रक्रिया पर प्रतिकूल असर केवल विकासशील देशों के नेतृत्व के एकजुट और सशक्त प्रतिरोध से ही पड़ सकता है। लेकिन विकासशील देशों का नेतृत्व अभी तक वैसी क्षमता का प्रदर्शन नहीं कर पाया है। इसके लिए धनी देशों की स्वार्थपरता और धौंसपट्टी से ज्यादा विकासशील देशों की अपनी निहित-स्वार्थी कमजोरियाँ ज्यादा जिम्मेदार हैं। स्वार्थी चरित्र के अलावा इन देशों के राजनैतिक और प्रशासनिक नेतृत्व का बौद्धिक खोखलापन भी जिम्मेदार है। वैश्वीकरण के पहले दौर में एशिया और अफ्रीका के राजा और उनके दरबारी साम्राज्यवादी शक्तियों के इरादों को नहीं समझ सके, बल्कि उन्होंने समझने की कोई जरूरत ही नहीं समझी। जाहिर है, उनमें दूरदर्शिता का अभाव था और अपने राज्य के बाहर की दुनिया की गतिविधियों की विशेष जानकारी उन्हें नहीं थी। शायद बाहर की दुनिया की जानकारी की जिज्ञासा या इच्छा ही उनमें नहीं थी। वह जमाना सूचना क्रान्ति का नहीं था कि जानकारियाँ अपने-आप उनके पास आ जातीं। आज सूचना क्रान्ति का जमाना है। लेकिन अभी के नेतृत्व की समझ का स्तर पहले के राजाओं से ज्यादा अलग नहीं दिखाई देता।

सरकारों और राजनैतिक पार्टियों के बाहर वैश्वीकरण के विरोध में कई प्रकार के स्वर उठे हैं। उन स्वरों की अनुगूँज विकसित देशों से लेकर विकासशील देशों तक सुनी जा सकती है। एक स्वर उन मॉडरेट विद्वानों का है जिनमें से कुछ अन्तर्राष्ट्रीय मुद्राकोष या विश्व बैंक जैसी वैश्विक आर्थिक संस्थाओं में अधिकारी रह चुके हैं। ये विद्वान वैश्वीकरण की प्रक्रिया से सम्बद्ध संस्थाओं पर धनी देशों और बहुराष्ट्रीय कम्पनियों के शिकंजे का पर्दाफाश करते हैं, प्रक्रिया में निहित गैर-बराबरी, अपारदर्शिता, गैर-जवाबदेही आदि का खुलासा करते हुए वैश्वीकरण के अभी तक के और सम्भावित नुकसानों का जिक्र करते हैं। लेकिन ये विद्वान वैश्वीकरण को त्यागने के पक्ष में नहीं हैं। उनकी नजर में नुकसानों के साथ-साथ वैश्वीकरण के बहुत से फायदे भी हुए हैं। यहाँ जोसेफ स्टिगलिज की हाल में प्रकाशित पुस्तक 'ग्लोबलाइजेशन ऐंड इट्स डिसकंटेंट्स' के अन्तिम अध्याय 'आगे का रास्ता' से एक उद्धरण दिया जा सकता है : "वैश्वीकरण आज दुनिया के अधिकांश गरीबों के काम का नहीं है। वह पर्यावरण के लिए भी ज्यादा कुछ नहीं कर पा रहा है। वैश्विक अर्थव्यवस्था के स्थायित्व के लिए भी वह काम का नहीं है। साम्यवाद से बाजार अर्थव्यवस्था में संक्रमण का प्रबन्धन इतना बुरा रहा है कि चीन, वियतनाम और कतिपय पूर्वी यूरोप के देशों को छोड़कर आय नीचे गिरने से गरीबी ऊपर चढ़ गई है।

"कुछ लोगों के लिए बड़ा आसान जवाब है : वैश्वीकरण को छोड़ दो। वैसा करना न सम्भव है, न वांछनीय। जैसा कि मैंने पहले अध्याय में लिखा है, वैश्वीकरण ने बड़े फायदे किए हैं—पूर्वी एशिया की सफलता वैश्वीकरण पर आधारित है, विशेषकर व्यापार के लिए अवसर, और बाजार व तकनीकी तक पहुँच के मामलों में। वैश्वीकरण बेहतर स्वास्थ्य, साथ ही ज्यादा लोकतन्त्र और सामाजिक न्याय के लिए लड़ाई करनेवाला सक्रिय नागरिक समाज लेकर आया है। समस्या वैश्वीकरण के साथ नहीं, बल्कि उसके प्रबन्धन को लेकर है। समस्या का अधिकांश खेल के नियम तय करनेवाले अन्तर्राष्ट्रीय संस्थानों—अन्तर्राष्ट्रीय मुद्राकोष, विश्व बैंक और विश्व व्यापार संगठन—के साथ है। वे विकसित देशों के बजाय पहले से ही आगे बढ़े हुए औद्योगिक देशों के हितों—और उन देशों के अन्तर्गत विशेष हितों—को साधते हैं।"

यहाँ यह स्पष्ट करना जरूरी है कि यह तथ्यतः गलत है कि वैश्वीकरण लोकतन्त्र और सामाजिक न्याय की चेतना को फैलाता है। मौजूदा वैश्वीकरण और विकास का कोई विकल्प नहीं है, यह विचार ही अपने में लोकतान्त्रिक नहीं है। इससे यह भी पता चलता है कि उत्तर-आधुनिक बहुलतावाद विभिन्न अस्मिताओं और विमर्शों को महज बहलाने का झुनझुना है। अगर उत्तर-आधुनिकतावाद वैश्वीकरण अर्थात् मानव जीवन के ऊपर बाजार की तानाशाही का सीधा विरोध नहीं करता, तो वह उसका सहोदर ही माना जाएगा। यह एक खुली सच्चाई है कि वैश्वीकरण का पुरोधा देश अमरीका दुनिया में तानाशाहियों का संस्थापक और संरक्षक बना हुआ है। यहाँ तक कि बहुराष्ट्रीय कम्पनियाँ विकासशील देशों के लोकतन्त्र को भ्रष्ट और विरूपित करने का प्रयास करती

हैं और कुछ देशों में कामयाब भी होती हैं। खुद भारत में एनरॉन का उदाहरण मौजूद है, जिसने शासक पार्टियों के नेताओं और प्रशासकों को 'शिक्षित' करके अपने को देश के ऊपर थोप दिया। कई लातिनी अमरीकी देशों में इन कम्पनियों ने नागरिक अशान्ति पैदा करने में भूमिका निभाई है। जहाँ तक सामाजिक न्याय का सवाल है, कम-से-कम विकासशील देशों में तो वैश्वीकरण का इस दिशा में कोई उपलब्धि देखने को नहीं मिलती। अक्सर यह कहा जाता है कि पिछड़े देशों में समाज के वंचित तबकों (डिपराइड सैक्शंस)—दलित, आदिवासी, स्त्री आदि—को स्वर और स्थान उत्तर-आधुनिकता की देन है। जबकि विकासशील देशों में लोकतन्त्र और सामाजिक न्याय की चेतना उन देशों में चले स्वाधीनता और सामाजिक-राजनैतिक संघर्षों की थाती है, न कि वैश्वीकरण की देन। अगर वैश्वीकरण पहले से ही आर्थिक रूप से मजबूत देशों को और अधिक आर्थिक मजबूती देता है, तो उसी तर्क से वह पहले से सामाजिक रूप से मजबूत समूहों को भी और अधिक मजबूत बनाएगा। वैश्वीकरण कितना लोकतान्त्रिक और सामाजिक न्याय का हित-पोषक है, इस विषय में प्रोफेसर कमलनयन काबरा का यह कथन देखा जा सकता है : "आज की जटिल, विस्तृत तथा परस्पर गहन रूप से आपस में जुड़ी आन्तरिक तथा बाहरी दोनों स्तरों पर अति विषमतापूर्ण अर्थव्यवस्थाओं में किसी भी एक एकांगी वैचारिक मतवाद के आधार पर नीति-निर्धारण करना वैचारिक तथा व्यावहारिक कूपमंडूकता है। ऐसा दृष्टिकोण चाहे-अनचाहे या जाने-अनजाने सीमित निहित स्वार्थों के समक्ष लोगों के आत्म-निर्धारण के अधिकार का समर्पण करता है। मुक्त अर्थव्यवस्था का राजतिलक तथा राज्य की भूमिका को रात के चौकीदार तक सीमित करके शेष सब कुछ को लम्बा वनवास देना वैश्वीकरण के रूप में प्रचारित नीतिगत व्यवस्था का मूल आधार है। इतिहास, सिद्धान्त तथा वर्तमान व्यवहार, उदात्त, सर्वस्वीकृत मानवीय मूल्यों आदि की कसौटी पर निर्बाध निजी शक्तियों पर आधारित खुली द्वारवाली बाजार अर्थव्यवस्था कतई खरी नहीं उतरती है। दुनिया भर में प्रचलित वैचारिक नियंत्रण तथा बिकाऊ, बाजारीकृत विद्वता का ही यह नतीजा है कि आजकल सर्वाधिक प्रचलित वैश्वीकरण को (जो पूरी तरह एक दुराग्रहपूर्ण खूँटे से बँधा है) कूपमंडूकता की विपरीत ध्रुवीय स्थिति बताया जा रहा है। सीधे शब्दों में, बहुप्रचारित वैश्वीकरण किसी भी अर्थ में वैचारिक स्वतन्त्रता, सृजनात्मकता तथा व्यापक जनभागीदारी पर आधारित लोकतन्त्र-पोषक व्यवस्था नहीं है। वस्तुतः यह तो स्वयं एक खास किस्म की कूपमंडूकता, हठधर्मिता और वैचारिक दासता पर आधारित है, जो शोषण-दोहन के अधिकार को महिमामंडित तथा शाश्वत करने की मुहिम का हिस्सा है।" ('बहुवचन', अंक 6)

भारत में भी कई विशेषज्ञ विद्वान यह मानते हैं कि वैश्वीकरण की प्रक्रिया को अब रोका या उलटा नहीं जा सकता। लिहाजा, विकासशील देशों को अपने प्रति होनेवाले भेदभाव के खिलाफ निर्णय-प्रक्रिया में उपलब्ध लोकतान्त्रिक और न्यायिक प्रावधानों का लाभ उठाते हुए कारगर हस्तक्षेप करके अपना हित-साधन करना चाहिए। जो विद्वान देश के आर्थिक स्वालम्बन के पक्ष में वैश्वीकरण के पूरी तरह खिलाफ हैं, वे विकास

के अमरीकी-यूरोपीय मॉडल के भी खिलाफ हैं, जिसके तहत प्राकृतिक संसाधनों के अन्धाधुंध दोहन से पर्यावरणीय और पारिस्थितिकीय संकट पैदा होने के साथ ही बहुत जल्द संसाधनों के समाप्त हो जाने का संकट भी आ खड़ा हुआ है। आज के उपभोक्तावादी माहौल में ऐसे विद्वानों की आवाज नक्कारखाने में तूती की आवाज जैसी है। देश में कई जनान्दोलनकारी संगठन सक्रिय हैं। वे अलग-अलग समस्याओं और मुद्दों पर लोगों में चेतना, अधिकार-भावना जगाने का काम करते हैं। साथ ही उनमें से कुछ संगठन वैश्वीकरण का विरोध भी करते हैं। लेकिन कई कारणों और कमजोरियों के चलते वे देश की राजनीति को प्रभावित करने की स्थिति में फिलहाल नहीं हैं। यह विडम्बना ही है कि देश में वैश्वीकरण के खिलाफ कारगर हस्तक्षेप करने में असफल रहने के बावजूद इन संगठनों के कुछ नेता ऐसे वैश्विक संगठनों में सक्रिय हो गए हैं, जो वैश्वीकरण को अंजाम देनेवाली वैश्विक आर्थिक संस्थाओं का विकल्प देने का दावा करते हैं। यह दरअसल उनके दुचित्तेपन का लक्षण है। ऐसे नेताओं में समाजवादी, गांधीवादी और हर रंग के मार्क्सवादी शामिल हैं। इस तरह के परिदृश्य में यह आसानी से समझा जा सकता है कि वैश्वीकरण की मार से त्रस्त देश की आम जनता जब कभी भाजपा और कांग्रेस जैसी पार्टियों को अपने वोट की ताकत से हराएगी, तो सत्ता में आनेवाली राजनीति की तीसरी शक्ति भी वैश्वीकरण को रोक नहीं पाएगी। भारत सहित अन्य विकासशील देशों के जनान्दोलनकारी समूह राजनैतिक ताकत क्यों नहीं खड़ी कर पाते हैं, इसके कई विचारणीय कारण हैं, जिनके विस्तार में यहाँ नहीं जाया जा सकता। कहना यही है कि भारत सहित विकासशील देशों में वैश्वीकरण का प्रतिपक्ष काफी कमजोर हालत में है और पक्ष काफी मजबूत।

अब वैश्वीकरण के देश की राजनीति पर पड़नेवाले प्रभावों की चर्चा करें, जिनके चलते देश की स्वाधीनता पर आनेवाले खतरे की बात की जाती है। धनी देशों के ही कई विद्वान अब साफतौर पर कहने लगे हैं कि वैश्वीकरण के जरिए उपनिवेशवादी इतिहास दोहराया जा रहा है। वे यह भी बताते हैं कि वैश्वीकरण के पहले दौर में उपनिवेश बने देशों की भारी आर्थिक तबाही हुई। भारत के ही बारे में कहा जाता है कि उपनिवेशी दौर के 120 सालों में 30 से ज्यादा भयानक अकाल देश को झेलने पड़े, जिनमें कई लाख लोग भूख से मारे गए। 1946 के बंगाल के अकाल में ही दस लाख से ज्यादा लोग मरे। अकाल का जिक्र यहाँ इसलिए किया गया कि उसमें सीधे खाद्यान्न की कमी से लोग मरते हैं। ध्यान दिया जा सकता है कि भारत में वैश्वीकरण की शुरुआत के बाद भूख से होनेवाली मौतों और कर्ज न चुका पानेवाले किसानों द्वारा की जानेवाली आत्महत्याओं की संख्या तेजी से बढ़ी है। पहले के मुकाबले भुखमरी और आत्महत्या के इलाके भी बढ़े हैं। जिन इलाकों में भूख से मौतें या आत्महत्याएँ नहीं हुई हैं, जैसे कि उत्तर प्रदेश, वहाँ के किसानों में भी भारी बेचैनी है। ऐसा तब हुआ है जब एकाध को छोड़कर पिछले बारह-तेरह मौसम अच्छे मानसून के रहे हैं और देश के अनाज भंडार भरे हुए हैं। किसानों के अलावा कई छोटे व्यापारियों और कितने ही पूरे के पूरे

निम्न मध्यवर्गीय परिवारों ने भी आत्महत्या का रास्ता अपनाया है। उद्योगों और दफ्तरी नौकरियों में जिस तरह से छँटनी चल रही है और नए रोजगार के अवसर नहीं बन रहे हैं, आनेवाले समय में उसका नतीजा बेरोजगार युवाओं द्वारा आत्महत्या का रास्ता अख्तियार करने में निकल सकता है। साम्प्रदायिक उन्माद और अपराधीकरण की प्रवृत्तियाँ तो और तेजी से बढ़ेंगी ही। इस पर शायद अभी कोई अध्ययन नहीं हुआ है कि देश के विश्व बैंक के आगे भिखारी बनने के बाद से देश में भिखारियों की तादाद कितनी बढ़ी है। जिस तरह से शहरों में मन्दिरों के आगे और लाल बत्तियों पर भिखारियों का जमावड़ा दिखाई देता है, उससे लगता यही है कि नई आर्थिक नीतियों के बाद से देश में भिखारियों की तादाद बढ़ी है। कहने का आशय यह है कि इस कदर बढ़ती भुखमरी, बेरोजगारी और आत्महत्याओं के बावजूद देश की राजनीति का सरोकार देश की बहुसंख्य गरीब, बेरोजगार, अशिक्षित और अस्वस्थ आबादी न रहकर, अल्पांश सम्पन्न आबादी है। वैश्वीकरण और नई आर्थिक नीतियों का लाभ इसी अल्पांश आबादी को हो रहा है। वैश्वीकरण का लाभ उठानेवाले इस सम्पन्न तबके का दिमाग ज्यादातर गुलाम बन चुका है। यह गुलाम दिमाग विशाल वंचित आबादी को अपना गुलाम बनाकर खुश होता है।

वैश्वीकरण के चलते आनेवाली नवसाम्राज्यवादी गुलामी की चर्चा अब भारत में आम हो चली है। भारत में वैश्वीकरण (के मौजूदा दौर) की शुरुआत नब्बे के दशक में नई आर्थिक नीतियों की मार्फत हुई। उस समय देश के वित्तमन्त्री मनमोहन सिंह थे, जिन्हें नई आर्थिक नीतियों—जिसके लिए आर्थिक सुधार और उदारीकरण शब्दों का भी प्रयोग किया जाता है—के जनक की पदवी मिली हुई है। मनमोहन सिंह कोई राजनेता नहीं थे। वे अर्थशास्त्र के प्रोफेसर और विश्व बैंक के अधिकारी थे। उनके बाद तीसरे मोर्चे की सरकार के वित्तमन्त्री बने पी चिदम्बरम भी राजनेता नहीं, वकील थे। भाजपा सरकार के पहले वित्तमन्त्री यशवन्त सिन्हा एक नौकरशाह थे और उनके बाद आनेवाले जसवन्त सिंह अवकाश-प्राप्त फौजी अफसर हैं। तेरह महीने के बाद जब फिर से भाजपा की सरकार बनी, तो देश के उद्योगपतियों ने बाकायदा सांगठनिक स्तर पर यह माँग की थी कि उन्हें यशवन्त सिन्हा ही वित्तमन्त्री चाहिए। नई आर्थिक नीतियों के चलते यह स्थिति बन चुकी है कि देश का वित्तमन्त्री वैश्विक आर्थिक संस्थाओं, बहुराष्ट्रीय कम्पनियों और देश के बड़े पूँजीपतियों-उद्योगपतियों की पसन्द का होगा। भाजपा नेतृत्ववाली राजग सरकार में राष्ट्रीय स्वयंसेवक संघ का दबदबा जगजाहिर है। लेकिन लाख दवाब बनाने के बावजूद संघ अपनी पसन्द के मुरली मनोहर जोशी को वित्तमन्त्री नहीं बनवा पाया। कारण स्पष्ट है कि वैश्विक आर्थिक संस्थाएँ और देश की बड़ी आर्थिक ताकतें वैसा नहीं चाहती थीं। यह सच्चाई अलग है कि संघ की स्वदेशी की भावना उसके मूल सम्प्रदायवादी-पूँजीवादी चरित्र का शिकार हो जाती है। उसके प्रतिरोध का कोई नतीजा न निकलता है, न निकल सकता है। यहाँ समाजवादी चिन्तक किशन पटनायक के शब्द देखे जा सकते हैं : "आज के समय में एशिया, अफ्रीका, लातिनी

अमरीका के देशों की गद्दी पर कौन बैठेगा, कौन हटेगा, इसकी साजिश अमरीका करता रहता है। भारत में एक प्रकार का जनतन्त्र है। जनसाधारण के द्वारा सरकारें चुनी जाती हैं। विदेशी शक्तियाँ पैसों और दलालों द्वारा दखल देने की कोशिश करती हैं। लेकिन भारत का प्रधानमन्त्री या राष्ट्रपति कौन होगा, इस पर उनका नियंत्रण नहीं है। हालाँकि वित्तमन्त्री का पद सन्देह के घेरे में आ चुका है। 1991 से यह स्थिति बनी हुई है कि अगर कोई व्यक्ति विश्व बैंक और अन्तर्राष्ट्रीय मुद्रा कोष की पसन्द का नहीं है तो वह वित्तमन्त्री नहीं बन सकेगा। केन्द्रीय सरकार के जो अर्थनीति से सम्बन्धित विभाग हैं, उनके मुख्य प्रशासनिक पदों पर हमारे ऐसे अफसर स्थापित हो जाते हैं, जिनका पहले से विश्व बैंक और अन्तर्राष्ट्रीय मुद्राकोष के साथ अच्छा रिश्ता होता है। ये लोग कभी-न-कभी विश्व बैंक और मुद्राकोष के नौकर रह चुके हैं। ऐसी बातें खुली गोपनीयता हैं। इसके बारे में देश के सम्भ्रात समूह, शिक्षित वर्ग और राजनैतिक दलों को जितना संवेदनशील होना चाहिए, वे नहीं हैं।'' ('बातचीत के मुद्दे')

वैश्वीकरण के दौर में वित्तमन्त्री का पद खासा महत्त्व का हो गया है। वैश्विक आर्थिक संस्थाओं और बहुराष्ट्रीय कम्पनियों के लिए वह प्रधानमन्त्री से भी ज्यादा महत्त्व का है। कल को अगर लालू प्रसाद यादव या मायावती जैसा नेता देश का प्रधानमन्त्री बनता है, जिसकी परवरिश पूँजीवादी विचारधारा में नहीं हुई है, भारत की अर्थव्यवस्था पर कसते वैश्वीकरण के शिकंजे पर रोक नहीं लग पाएगी। वैसे नेताओं की सरकार का वित्तमन्त्री भी कोई 'विश्वयार' ही होगा। वह राजनेताओं को बताएगा कि देश की राजनीति को कैसा होना और कैसे चलना चाहिए। मनमोहन सिंह के उस बयान को याद करें जिसमें उन्होंने भारतीय सरकार की वैधता को बहुराष्ट्रीय कम्पनियों के सन्दर्भ में आँकने की कसौटी रखी थी। उस समय देश में तीसरे मोर्चे की सरकार थी जिसमें पी चिदम्बरम वित्तमन्त्री और एचडी देवगौड़ा प्रधानमन्त्री थे। मनमोहन सिंह ने कहा था कि सरकार की नीतियों के चलते बहुराष्ट्रीय कम्पनियों में अनिश्चय का भाव बना हुआ है। मनमोहन सिंह जैसों के लिए सरकारी नीतियों से आशय केवल आर्थिक नीति होता है। आर्थिक नीति भी वह जो वैश्विक आर्थिक संस्थाओं और बहुराष्ट्रीय कम्पनियों के आदेश पर चलाई जाती है। यानी सरकार को ऐसी व्यवस्था करनी चाहिए कि बहुराष्ट्रीय कम्पनियाँ भारत में निःशंक होकर अपना व्यापार चला सकें।

ध्यान देने की बात यह है कि देश की अर्थनीति को गिरवी रखने का परिणाम, देश की राजनीति को गिरवी रखने में निकलने लगा है। लेकिन इसकी गम्भीर चिन्ता देश के राष्ट्रीय नेताओं को नहीं है। मनमोहन सिंह के सरकार की वैधता के प्रतिमान के विरोध की जहाँ सम्भावनाएँ हैं, वहाँ से मजबूत प्रतिरोध खड़ा नहीं हो पाता। मार्क्सवादी सहयोग-विरोध की द्वन्द्वात्मकता में फँसकर रह जाते हैं और नई चुनावी राजनीति के पुरोधा पिछड़े और दलित नेता चुनावी जीत की लिप्सा में यह सोच ही नहीं पाते कि दलित और पिछड़े भारत के जाग्रत हो जाने पर भारत सरकार की वैधता का प्रतिमान क्या होगा। भाजपा की स्थिति तो और भी खराब है। वैश्विक आर्थिक संस्थाओं

और बहुराष्ट्रीय कम्पनियों के 'डिक्टेट' के सामने उसके सांस्कृतिक राष्ट्रवाद का छद्म खुलकर सामने आ जाता है। संघ सम्प्रदाय के नेता एक ओर सांस्कृतिक राष्ट्रवाद का हल्ला मचाते हैं और दूसरी ओर देश को आर्थिक-राजनीतिक गुलामी की ओर ले जाने में जुटे हैं। इससे पता चलता है कि प्रतिगामी शक्तियाँ वैश्वीकरण का विरोध नहीं कर सकतीं। वैश्वीकरण का विरोध करने के लिए चन्द्रशेखर जैसे जिन नेताओं और आजादी बचाओ आन्दोलन जैसे जिन संगठनों ने संघ सम्प्रदाय के घटक स्वदेशी जागरण मंच में सम्भावनाएँ तलाशी थीं, उनका उससे जल्दी ही मोहभंग हो गया।

अगर देश के बौद्धिक जगत की ओर देखें तो वहाँ भी निराशा हाथ लगती है। दरअसल, नवसाम्राज्यवादी ताकतों ने देश के अन्दर ही एक ऐसा अभिजात वर्ग, जिसमें बौद्धिक अभिजन भी शामिल हैं, स्थापित कर दिया है, जो कार्यवाही को अंजाम देता है और विरोध को खारिज करता है। न हो तो उसका दमन करता है। इस अभिजात तबके में शामिल भारतीय अंग्रेजी मीडिया की भूमिका अग्रणी है, जिसका अनुसरण कुछ भाषायी पत्रकार भी अपने नेता या पार्टी के दवाब में करते हैं।

वैसे तो बीसों धर्मनिरपेक्ष दल भाजपा के साथ ही सत्ता में शामिल हैं, लेकिन बाकी बचे धर्मनिरपेक्ष दलों को जब भाजपा को सत्ता से बाहर रखने की बिना पर सत्ता मिलती है या आगे मिलेगी, तो वे भी उसका उपयोग वैश्विक आर्थिक संस्थाओं और बहुराष्ट्रीय कम्पनियों का हुक्म बजाने यानी वैश्वीकरण की अगवानी में ही करती हैं। उनमें भी मनमोहन सिंह के प्रतिमान पर खरा उतरने की बेताबी होती है। गरीब भारत विरोधी वैश्वीकरण के विरुद्ध सच्चे और सार्थक विचारों/आन्दोलनों की उपेक्षा यह जताकर की जाती है कि अगर सरकार अस्थिर की जाएगी तो भाजपा आ जाएगी जो साम्प्रदायिकता के साथ वैश्वीकरण भी जारी रखेगी। वैसे में वैश्वीकरण का विरोध करनेवाले गैर-राजनैतिक समूहों और बौद्धिकों को अपने से कुछ नई युक्तियाँ सोचनी होंगी, ताकि सारा उद्यम और ऊर्जा बेकार न चले जाएँ और इक्कीसवीं सदी में अन्ततः अवसाद और हताशा का बोध न घेर ले। इस समस्यात्मक विषय पर गम्भीर विचार-विमर्श चलाने की जरूरत है, जिसके नतीजे में साम्प्रदायिकता और वैश्वीकरण को एक साथ निष्क्रिय करनेवाली विचारधारा और कार्यक्रम पाया जा सके। इसके लिए गांधीवादी और समाजवादी विचारधाराओं की पुनर्व्याख्या की जरूरत तो है ही, लेकिन उससे भी ज्यादा जरूरी देश की वंचित आबादी–दलित, आदिवासी, शूद्र, स्त्रियाँ, अल्पसंख्यक–में अन्तर्निहित ऊर्जा को उन्मुक्त करना है। यह भारतीय समाजवादी विचारधारा और दलित विचारधारा एवं आन्दोलन की सम्यक समझ और सहकार के साथ ही हो सकता है। दरअसल, नवसाम्राज्यवाद के बरक्स भारतीय राष्ट्र और समाज की स्वतन्त्रता की गारंटी देश की इस वंचित आबादी की स्वतन्त्रता ही बन सकती है। इतिहास के अनुभव से यह स्पष्ट हो चुका है कि सदियों से विशेषाधिकार सम्पन्न चली आ रही अगड़ी जातियों में न तो वैश्वीकरण के निबल विरोध का माद्दा है, न साम्प्रदायीकरण के।

आधुनिकता का बर्बर चेहरा

''यह 'आतंक के खिलाफ युद्ध' न तो नया है और न ही 'आतंक के खिलाफ युद्ध' है। याद कीजिए बीस साल पहले जब रीगन प्रशासन सत्ता में आया था, तो उसने ऐलान किया था कि अन्तर्राष्ट्रीय आतंकवाद (सोवियत रूस द्वारा दुनिया-भर में फैलाया गया) अमरीका के लिए सबसे बड़ा खतरा है, क्योंकि अमरीका और उसके सहयोगी और मित्र देश इसके मुख्य लक्ष्य हैं। इसलिए हमें प्रतिबद्ध होकर इस 'कैंसर', इस 'प्लेग' को समूल नष्ट करने के लिए युद्ध करना चाहिए, जो पूरी सभ्यता को बर्बाद कर रहा है। रीगन समर्थकों ने उसी प्रतिबद्धता के साथ अन्तर्राष्ट्रीय आतंकवाद के अभियान आयोजित किए, जो पैमाने और तबाही के ऐतबार से अपूर्व था। इसकी वजह से अन्तर्राष्ट्रीय न्यायालय ने अमरीका की भर्त्सना भी की। इसी अभियान के तहत कइयों को मदद दी गई। उदाहरण के लिए दक्षिण अफ्रीका को लें, जहाँ पश्चिम समर्थित दक्षिण अफ्रीकी लूट-खसोट और खूँरेजियों ने 15 लाख लोगों को मौत के घाट उतार दिया और साठ अरब डॉलर की सम्पत्ति की बर्बादी केवल रीगन प्रशासन के दौरान की। अन्तर्राष्ट्रीय आतंकवाद का जनून 1980 के दशक में अपने चरम पर था, जब अमरीका और उसके सहयोगी उसी कैंसर को पूरी दुनिया में फैला रहे थे, जिसे समूल नष्ट करने की वे माँग कर रहे थे।'' (नोम चोम्स्की)

अमरीका को इराक पर हमला करना था, सो उसने कर दिया। संयुक्त राष्ट्रसंघ, अमरीका सहित पूरी दुनिया में व्यापक पैमाने पर होनेवाले युद्ध-विरोधी प्रदर्शन और विश्व-जनमत उसका इरादा बदल देंगे, ऐसा सोचना गलत था जो जल्दी ही साबित हो गया। अब दुनिया भर के टीवी स्क्रीनों पर युद्ध के विध्वंसक दृश्य और कमेन्टरियाँ हैं, उन्हें अंजाम देनेवाले नेताओं और फौजी जनरलों के वक्तव्य हैं, उन वक्तव्यों को गर्दन झुकाकर नोट करने में मशगूल पत्रकारों की जमात है और तरह-तरह के विशेषज्ञ हैं, जो कुछ देर के लिए आते हैं और अपने 'एक्सपर्ट कमेन्ट' देकर चले जाते हैं। कभी-कभार छिटककर हमले में हताहत इराकी जनता के दृश्य भी स्क्रीन पर आते हैं और युद्ध-विरोधी प्रदर्शनों के भी। लेकिन उन्हें ज्यादा वक्त नहीं दिया जाता। अमरीका की 'युद्धं देहि' की ललकार ही पूरे मीडिया पर आग और धुआँ बनकर छाई हुई है। बुश और उनकी जुँडली ने एक बार फिर यह सिद्ध किया है कि शैतान मानव से अलग कोई प्रजाति नहीं होता। वह उसी के भीतर छिपा होता है और कई बार दुनिया का

नियामक बन बैठता है। वह अच्छाई, सच्चाई और इंसानियत का अपना पाठ पढ़ाता और चलाता है। अफगानिस्तान पर किए गए हमले के समय की तरह एक बार फिर शैतानी फतवों की बौछार है। उनमें एक फतवा है कि यह युद्ध इराकी अवाम के खिलाफ न होकर, इराकी निजाम यानी सद्दाम हुसैन के खिलाफ है। सभी जानते हैं कि 1991 में खाड़ी युद्ध के बाद लगाए गए अमरीकी प्रतिबन्धों के चलते इराक में पाँच लाख बच्चों सहित दस लाख लोग मारे गए थे। तब अमरीकी विदेश सचिव ने कहा था कि उतनी कीमत कोई ज्यादा नहीं है। जैसा कि अमरीकी जनरल टोमी फ्रैंक ने कहा है, 'यह युद्ध सैन्य इतिहास में अभूतपूर्व होगा', तो इराकी जनता का संहार भी अभूतपूर्व पैमाने पर हो सकता है। उसकी तबाही और बरबादी तो होगी ही। लेकिन शैतान का कहना है कि युद्ध इराकी जनता के खिलाफ नहीं है, बल्कि वह उसकी आजादी के लिए लड़ा जा रहा है। इस शैतानी सभ्यता पर थोड़ा गौर करें।

विवेक और मानवीयता के खिलाफ पड़नेवाले कृत्यों को तत्काल मध्ययुगीन बर्बरता के खाते में डाल देने का आम आधुनिक रुझान है। गोया मध्ययुग नितान्त बर्बर युग रहा हो और आधुनिक युग नितान्त सभ्य। इस तरह के 'वाटर-टाइट' विभाजन से आधुनिक बुद्धि आधुनिक युग की बर्बरताओं की ओर से आँख बन्द किए रहने की सुविधा पा लेती है। जबकि जरूरत इस सच्चाई को स्वीकारने की है कि आधुनिक युग में जो भी बर्बर कृत्य होते हैं, वे आधुनिक सभ्यता के खाते में ही आते हैं। क्या आधुनिक युग की समय-सीमा के भीतर होनेवाले युद्धों, गृहयुद्धों, नरसंहारों, आतंकवादी कारर्वाइयों, जातीय और साम्प्रदायिक दंगों, खुफिया एजेंसियों के षड़यंत्रों, उत्पीड़नों, लाखों इन्टरनेट साइटों और करोड़ों सीडियों की मार्फत फैले ब्लू फिल्मों के पाशविक संसार, बाल-वेश्यावृत्ति, बाल-श्रम, हथियारों व नशीले पदार्थों की खरीद-फरोख्त और तस्करी, दुनिया की एक बड़ी आबादी की आर्थिक, सामाजिक, सांस्कृतिक, शैक्षिक और स्वास्थ्य सम्बन्धी बदहाली आदि को मध्ययुगीन बर्बरता के खाते में डालकर हाथ झाड़े जा सकते हैं ? अभी तक ऐसा कोई अध्ययन नहीं हुआ है, जिससे यह जाना जा सके कि मानव सभ्यता के इतिहास में अत्यन्त अल्प समय से खुला आधुनिक बर्बरता का खाता मध्युगीनता के हजारों साल लम्बे दौर की बर्बरताओं के मुकाबले छोटा है या बड़ा। यह सही है कि मध्ययुग में छिपी और प्रकट बर्बरताओं का लम्बा सिलसिला रहा है। भारत में तो आबादी के एक अच्छे-खासे हिस्से को अछूत बनाकर मानवता के प्रति गहरा अपराध किया गया। पूरी दुनिया में स्त्रियों के साथ गैर-बराबरी का सलूक रहा है। मध्ययुग में युद्ध और कत्लेआम भी बराबर होते रहे हैं। लेकिन अगर आधुनिक युग की तमाम बर्बरताओं को मध्ययुगीन बर्बरताओं के खाते में डालना सम्भव और उचित माना जाता है, तो फिर यह मानना होगा कि आधुनिक युग मध्ययुगीन बर्बरता का ही बढ़ा-चढ़ा विस्तार है।

आधुनिक बुद्धि ऐसा कदापि स्वीकार नहीं करेगी। बल्कि वह इस सबको बर्बरता स्वीकारती ही नहीं है। उसके लिए बर्बरता केवल मध्ययुग में होती थी। अभी जो कुछ

होता है उसके औचित्य-प्रतिपादन में वह कई तरह के रुझान प्रदर्शित करती है। एक हलका रुझान है कि यह सब विचलन (एबेरेशन) है। दूसरा रुझान ज्यादा 'वजनदार' और प्रचलित रहा है, जो दो अलग-अलग विचारधारात्मक रूपों में अपने को अभिव्यक्त करता है। एक रूप पूँजीवादी विचारधारा से अनुशासित है और दूसरा साम्यवादी विचारधारा से। पूँजीवाद में हिंसा और प्रतिमानवीयताओं को योग्यतमों के उच्चतम विकास की कीमत माना जाता है और साम्यवाद में सर्वहारा के उच्चतम विकास की। विकास का मॉडल दोनों का एक ही है और दोनों ही स्थितियों में, अगर डॉ. राममनोहर लोहिया के शब्द लें, नतीजा युद्ध, भय और गरीबी है। दरअसल मार्क्सवादी समाजवाद पूँजीवाद की वैकल्पिक विचारधारा न होकर, उपचारक विचारधारा है। आधुनिक युग में पूँजीवाद की वैकल्पिक विचारधारा गांधीवाद है, जो व्यावहार्यता के तर्क पर किसी को भी स्वीकार्य नहीं है। बहरहाल, इस समस्त बर्बरता के लिए आधुनिक सभ्यता (वह जिस रूप में बनी और खड़ी है) का संरचनात्मक तर्क ही जिम्मेदार है। और उस संरचनात्मक तर्क की पराकाष्ठा आज का अमरीकी निजाम (शासक और बुद्धिजीवी वर्ग समेत) है, जिसकी बुनियाद में सदियों का उपनिवेशवादी शोषण और अत्याचार मौजूद हैं।

आज अफगानिस्तान और इराक की 'मुक्ति' का युद्ध छेड़नेवाले अमरीका और उसके समर्थक देशों ने क्या औपनिवेशिक सत्ता के गुलाम बनाए गए देशों की जनता की मुक्ति के लिए कोई युद्ध छेड़ा था ? जाहिर है, यह सवाल उठाना ही बेमानी है, क्योंकि वे खुद ही औपनिवेशिक गुलामी थोपनेवाले थे और आज भी वही कर रहे हैं। अमरीकी महाद्वीप पहुँचे यूरोपियों ने वहाँ की स्थानीय आबादी का लगभग सफाया करके, उनके समस्त संसाधनों पर कब्जा कर लिया था। संयुक्त राज्य अमरीका का निर्माण करनेवाले शासक-वर्ग ने हिंसा और मानवता के उत्पीड़न की अपनी आदत को आज तक छोड़ा नहीं है। तभी अमरीका के प्रख्यात बुद्धिजीवी नोम चोम्स्की लगातार यह कहते रहे हैं कि अमरीका दुनिया का एक अग्रगामी आतंकवादी राष्ट्र है। चोम्सकी ने बार-बार चेताया है कि अमरीका के आतंकवादी कृत्य कभी भी छिपे नहीं रहे हैं। उन्होंने दुनिया के बुद्धिजीवियों का बार-बार आह्वान किया है कि वे अमरीका के आतंकवादी कृत्यों के खिलाफ बोलें। लेकिन विडम्बना देखिए कि बुद्धिजीवियों को वही अमरीका दुनिया का स्वर्ग नजर आता है। आज ऐसे बुद्धिजीवी तलाशने मुश्किल हैं, जो परोक्ष-अपरोक्ष रूप से अमरीकापरस्त न हों। दरअसल, अमरीका केवल हथियारी और बाजारी ताकत का नाम ही नहीं है, उसके पीछे दुनिया के ज्यादातर बुद्धिजीवियों का बल भी लगा हुआ है। और वे सभी अपने को आधुनिक मूल्यों के झंडाबरदार मानते हैं। 11 सितम्बर, 2001 को अमरीका के वर्ल्ड ट्रेड टावर पर हुए आतंकवादी हमले के वक्त पश्चिमी-अमरीकी बुद्धिजीवियों ने अमरीकी नेताओं की हाँ-में-हाँ मिलाते हुए कहा था कि आतंकवादी पश्चिमी मूल्यों—स्वतन्त्रता, लोकतन्त्र, न्याय आदि—से घृणा करते हैं। इस पर नोम चोम्स्की का कहना है : "पश्चिमी बुद्धिजीवियों के लिए पश्चिमी मूल्यों के प्रति नफरत जैसे 'गहरे कारणों' को बहस का असली मुद्दा बनाकर बातचीत करना

आसान है। यह एक कारगर उपाय है, जिससे वे बिन लादेन नेटवर्क की उत्पत्ति, पूरे इलाके में गुस्से, शोक और हताशा पैदा करनेवाले अपने कुकृत्यों और इस्लामी कट्टरपंथियों के लिए जमीन तैयार करने जैसे प्रश्नों को टालना चाहते हैं। हालाँकि इन सवालों के जवाब काफी स्पष्ट हैं, लेकिन वे चयनित सिद्धान्तों से मेल नहीं खाते, इसलिए इन्हें 'बनावटी' और 'गैर-जरूरी' करार देकर 'गहरे कारणों' की तरफ रुख करना बेहतर है, हालाँकि ये 'गहरे कारण' ज्यादा सतही और अप्रासंगिक हैं।''

पश्चिमी बुद्धिजीवी अपने माहौल की उपज हैं, लिहाजा उनके वैसे रुझान को कुछ हद तक समझा जा सकता है। लेकिन तीसरी दुनिया के बुद्धिजीवियों की अमरीकापरस्ती हैरत में डालनेवाली है, जो राजशाहियों और तानाशाहियों के सतत समर्थन और संरक्षण के बावजूद अमरीका को लोकतन्त्र का प्रतिमान और उसके मानवता के विरुद्ध जघन्यतम अपराधों की अटूट कड़ी के बावजूद मानवता, न्याय व शान्ति का अग्रदूत मानते हैं। जाहिर है, उनकी अमरीका-निष्ठा के पश्चिमी बुद्धिजीवियों जैसे 'गहरे कारण' नहीं है। आलंकारिक भाषा में कहें, तो उनकी बुद्धि की आँखों पर 'डॉलर' की पट्टी बँधी है। गांधी ने कहा था कि अमरीका ने डॉलर को भगवान के आसन पर बिठाया हुआ है। वही डॉलर तीसरी दुनिया के ज्यादातर बुद्धिजीवियों का भी भगवान बना हुआ है, जिसकी चमक में उन्हें अमरीका के काले कारनामे दिखाई नहीं देते। वे यह नहीं देख पाते या देखना चाहते कि अमरीका मानवता, स्वतन्त्रता और लोकतन्त्र का सबसे बड़ा दुश्मन प्रतिष्ठान बन चुका है। समता के मूल्य का तो वह शुरू से ही घोषित शत्रु है। कहने का आशय यह है कि आधुनिक सभ्यता के अमरीकी संस्करण के निर्माण और प्रतिष्ठा में बुद्धिजीवियों की महती भूमिका रही है। अगर बुद्धिजीवियों को आधुनिक सभ्यता के अमरीकी संस्करण के साथ अपने को नत्थी करने पर ऐतराज है और आधुनिक सभ्यता की उनकी अलग परिभाषा और समझ है, तो उसे आगे बढ़कर अमरीकी प्रतिष्ठान के तोड़ की पहलकदमी करनी चाहिए।

अपना खेल खेलने के लिए अमरीका ने समय-समय पर कई छोटे दुश्मनों को पैदा किया और बढ़ावा दिया है। आज जिस सद्दाम हुसैन का शिकार करने वह दल-बल के साथ इराक पर चढ़ बैठा है, एक समय उसका सबसे बड़ा खैरख्वाह था। यहाँ तक कि उसने उसे जैविक हथियार बनाने के साधन भी मुहैया कराए थे, ताकि वह कुर्दों का सफाया कर सके। यह सच्चाई भी जगजाहिर रही है कि बिन लादेन और तालिबान भी अमरीका की ही पैदावार हैं। इराक के पास कितने और किस कोटि के विनाशक हथियार हैं और वह उनका कब और कैसे अमरीका के खिलाफ इस्तेमाल करता, दुनिया के आम आदमी को यह पता नहीं है। अब अमरीका खुद इराक पर हमला कर चुका है। अगर इराक के पास अमरीका जैसी महाशक्ति को नुकसान पहुँचाने लायक विध्वंसक हथियार हैं, तो मरता क्या न करता की स्थिति में वह उनका इस्तेमाल करेगा ही। तब लोगों को इराकी हथियारों की सच्चाई पता चल जाएगी। लेकिन यह सच्चाई लोगों को पहले से ही पता है कि अमरीका ने हथियारों के बल पर दुनिया में बार-बार तबाही मचाई

है। दूसरा महायुद्ध जीत लेने के बाद भी उसने हिरोशिमा और नागासाकी पर एटम बम गिराकर लाखों निर्दोष लोगों की हत्या कर डाली थी। उस बम का कहर आनेवाली पीढ़ियों को आज तक भुगतना पड़ रहा है। तब से लेकर आज तक वह दुनिया का सबसे बड़ा हथियार निर्माता और विक्रेता बना हुआ है।

हाल ही में एक तथ्य 'मास्को टाइम्स' के स्तम्भकार क्रिस फ्लोयड ने 'थर्ड वर्ल्ड रीसर्जेंस', नवम्बर-दिसम्बर 2002, के अपने लेख 'इन टु द डार्क' में बताया है कि अमरीकी रक्षा सचिव डोनाल्ड रम्सफील्ड के लिए एक क्लासीफाइड डाक्युमेन्ट तैयार किया गया है, जिसके मुताबिक 'प्रोएक्टिव, प्रिएंप्टिव ऑपरेशंस ग्रुप' नाम से गठित एक उच्च खुफिया संगठन आतंकवादी समूहों को निर्दोष लोगों पर खूनी हमले करने के लिए उकसाएगा, ताकि अमरीकी सुरक्षा बल आतंकवादियों और उन्हें पनाह देनेवाले देशों पर पलट-वार का औचित्य सिद्ध कर सकें। यानी उन्हें खुलेआम दौड़ाकर मार सकें। इस तरह 'बदी' के खिलाफ 'धर्म-युद्ध' करने को मतवाले अमरीकी शासकों को अपनी मासूम जनता की बलि देने में भी कोई गुरेज नहीं है। फिर अन्य देशों की मासूम जनता के जीवन से भला उसका क्या वास्ता हो सकता है !

फ्रांस, जर्मनी, रूस और चीन जैसे बड़े देशों ने इराक पर अमरीकी हमले का कुछ-न-कुछ विरोध किया है। उनका विरोध युद्ध को रोक नहीं सका है, तो उसका कारण यही है कि ये देश भी हथियारी और बाजारी सभ्यता के ही प्रणेता और वाहक हैं। जब तक इस सभ्यता को बदला नहीं जाता, तब तक युद्ध और आतंक से दुनिया को निजात नहीं मिल सकती। इस युद्धवादी और आतंकवादी माहौल में प्रायः सभी देशों, विशेषकर पश्चिमी देशों के नागरिकों द्वारा किए जा रहे युद्ध-विरोधी प्रदर्शन निश्चित ही अँधेरे में आशा की किरण हैं। ये प्रदर्शन भी अगर युद्ध नहीं रोक पा रहे हैं, तो कारण वही है कि उनमें शामिल होनेवाले लोग युद्ध का तो विरोध करते हैं, लेकिन युद्ध पैदा करनेवाली हथियारी और बाजारी सभ्यता का समुचित विरोध नहीं करते। इस सभ्यता को लोगों का समर्थन जारी रहेगा, तो युद्ध और आतंक इसी तरह जारी रहेंगे। उनके कहर का शिकार ज्यादातर कमजोर देशों की जनता बनेगी। लेकिन, जैसा कि दो महायुद्धों में हो चुका है, युद्ध और आतंक का खेल सम्पन्न देशों के बीच भी खेला जाएगा।

चौकस रहो भारतवासी

शैतान लगातार चीख-चीखकर कह रहा है कि उसने इराकी जनता को आजाद कर दिया है। आजाद की गई इराकी जनता का हाल देखिए। करीब एक महीने तक वह टैंकों, तोपों, मशीनगनों और लड़ाकू विमानों से बरसाए जा रहे बमों और गोलियों की बौछार में जीती-मरती रही। यहाँ अलग से कोई लड़ाई का मैदान नहीं था। शहरों के रिहायशी इलाके ही रणक्षेत्र बने हुए थे। इमारतें धू-धू करके जल रही थीं। नागरिक मारे जा रहे थे, घायल हो रहे थे। मृतकों को तो लोगों ने जैसे-तैसे दफना दिया, घायलों के लिए दवा-दारू, मेडिकल उपकरण और डॉक्टर-नर्स पूरे नहीं पड़ रहे हैं। जिन शिशुओं को कुदरत ने जीने के लिए पैदा किया, उन्हें शैतानी आजादी ने या तो वाकई जीवन से आजाद कर दिया या घायलावस्था में तड़पने और बिलखने के लिए छोड़ दिया। 1991 के खाड़ी युद्ध में मारे गए लगभग डेढ़ लाख इराकियों में बच्चे भी बड़ी संख्या में मरे होंगे। युद्ध के बाद हथियारों के यूरेनियम अवशेषों और आर्थिक प्रतिबन्धों की मार से कई लाख बच्चे मरे। तभी से लाखों इराकी बच्चे अपंग पैदा हो रहे हैं और कैंसर व ल्यूकेमिया जैसी घातक बीमारियों से ग्रस्त हैं।

शहरों में पानी और बिजली नहीं है। खाद्य-सामग्री का अभाव है। पिछले एक सप्ताह से शहरों में खुली लूट मची हुई है। दुकानें, दफ्तर, बैंक, महल, मकान सब लूटे जा रहे हैं। बैंकों के बाहर पतझड़ के पत्तों की तरह नोट उड़ रहे हैं। वह इराकी राष्ट्रीय संग्रहालय भी लूट लिया गया, जिसमें हजारों साल पुरानी मेसोपोटामिया सभ्यता के बेशकीमती अवशेष संग्रहित थे। टैंकों, बख्तरबन्द गाड़ियों और मशीनगनों से लैस अमरीकी और ब्रिटिश सैनिक यह सब मुस्कराते हुए देखते रहे। इराकी लेखक घसान अतियाह ने बारह अप्रैल को बीबीसी पर कहा कि गठबन्धन सेनाएँ जान-बूझकर लूट को बढ़ावा दे रही हैं, ताकि कानून-व्यवस्था कायम करने के नाम पर लम्बे समय तक इराक में जमी रह सकें। (इराकी लेखक का कहना सही है। अमरीका ने एक हजार पुलिस बल इराक में उतारने का ऐलान कर दिया है।) उसी दिन बीबीसी के एक संवाददाता ने बगदाद से कहा कि वहाँ गरिमा और आजादी जैसी कोई चीज नहीं है।

उसी दिन 'दि ग्रेट इंडियन नॉवेल' के लेखक और संयुक्त राष्ट्र संघ के डिप्टी जनरल सेक्रेटरी शशि थारूर लूट रोकने के लिए अमरीका के आगे गिड़गिड़ाते हैं। एक प्रतिष्ठित लेखक एक चोर को शाह की भूमिका में पुकारता है। दो दिन बाद बीबीसी

के ऐंकर के लाख उकसाने के बावजूद वे अमरीका की निन्दा में एक शब्द भी मुँह से नहीं निकालते। उधर सफेद महल के गुलाबी बाग में खड़े होकर शैतान कहता है कि 'यह सुन्दर आजादी है'। और यह कि 'यह आजादी के इतिहास में अच्छे दिन हैं'। अमरीका उपभोक्तावादी पैमाने से भले ही एक विकसित राष्ट्र हो, मनुष्यता और सभ्यता के पैमाने से उसे अविकसित और बर्बर राष्ट्र कहा जाना चाहिए।

अमरीका ने अन्तरिम सरकार गठित करने के लिए नासीरिया शहर में पन्द्रह अप्रैल को एक शुरुआती बैठक अपनी खुद की सरपरस्ती में बुलाई। बैठक में संयुक्त राष्ट्रसंघ को नहीं बुलाया गया। बैठक से पहले ही अमरीका यह स्पष्ट कर चुका है कि अन्तरिम सरकार सीधे इराकियों की न होकर, अमरीका के अधिकार में होगी। बैठक दरअसल इराकी जनता का मूड भाँपने के लिए थी। इसीलिए अपने पिट्ठू अहमद चलाबी को बैठक से बाहर रखा। एक टीवी चैनल को चलाबी ने बताया कि वे चुनाव होने तक यानी एक साल तक इराक में अमरीकी फौजों की तैनाती चाहते हैं। वैसे अन्दर-बाहर से जो भी नेता पिट्ठू बनने के लिए तैयार होगा, अमरीका उसे अपना लेगा। यह लेख लिखे जाने तक बैठक चल रही थी। उससे कुछ निकलना भी नहीं है। असली बैठक बगदाद में होनी है। बैठक के बाहर इराक की करीब साठ प्रतिशत आबादीवाली शिया जनता ने सुप्रीम काउन्सिल ऑफ इस्लामिक रिवल्यूशन के बैनर तले बड़ी संख्या में इकट्ठा होकर विरोध प्रदर्शन किया। वे सत्ता में वाजिब हिस्सेदारी की माँग कर रहे थे और सरकार के गठन में अमरीकी दखलन्दाजी का विरोध। उधर उत्तरी इलाके के बीस प्रतिशत कुर्द भी अपनी आजादी या ज्यादा-से-ज्यादा सत्ता हथियाने को लेकर उतावले हैं। सुन्नी अभी शमित हैं, लेकिन उनमें भी अन्दर-ही-अन्दर असन्तोष भरा होना स्वाभाविक है। आनेवाले समय में इराक जातीय संघर्ष में फँस सकता है। वह स्थिति अमरीका को खुद जमे रहने और अपनी कठपुतली सरकार थोपने के लिए अत्यन्त माफिक आएगी।

विडम्बना देखिए कि इराकी जनता से दूर, उसे सद्दाम हुसैन के हवाले करके, लन्दन और दूसरे विदेशी शहरों में मौजमस्ती की जिन्दगी बितानेवाले इराकी नेशनल कांग्रेस और दूसरी पार्टियों के नेता अमरीकी सरपरस्ती में लोकतान्त्रिक व्यवस्था कायम करने की डींग हाँक रहे हैं। संयुक्त राष्ट्र में इराक के राजदूत ने अपने देश की तबाह जनता के लिए आँसू बहाते हुए अमरीका की धरती छोड़ने का फैसला कर लिया है। यह लेखक कुछ साथियों के साथ भारत में इराक के प्रभारी राजदूत अद्दई ओ-अल सकब से मिला था, तो मातृभूमि को बाहरी ताकतों द्वारा रौंदे जाने का दर्द उनकी आँखों में भी छलक आया था। लेकिन अन्तरिम सरकार का मुखिया बनने को आतुर अमरीकी पिट्ठू अहमद चलाबी ने अभी तक अपनी जनता पर टूटे अमरीकी कहर के खिलाफ एक शब्द भी नहीं बोला है। वे शायद भूल गए हैं या याद नहीं करना चाहते कि एक दिन सद्दाम हुसैन भी अमरीका का नयनतारा था; अलकायदा सरगना ओसामा बिन लादेन और उसके सरपरस्त तालिबान भी। सत्ता का लोभ शायद इतिहास से कोई सबक नहीं सीखने

देता ! सवाल यह भी पूछा जाना चाहिए कि इराक में चौबीस साल लम्बे सद्दामी शासन के लिए वहाँ की जनता कसूरवार है या विदेशों में बैठे विपक्षी नेता ?

सरकार तो जब बनेगी तब बनेगी, फिलहाल आक्रमण में तबाह हुए इराक के पुनर्निर्माण के ठेकों को लेकर प्रतिस्पर्धा छिड़ी हुई है। आक्रमण का विरोध करनेवाले तीन बड़े देश रूस, फ्रांस और जर्मनी भी प्रतिस्पर्धा में उतर आए हैं और संयुक्त राष्ट्र के बहाने अपनी हिस्सा-पत्ती के लिए दवाब बनाने में लग गए हैं। लेकिन 'अमरीकी जस्टिस' के तहत नष्ट करनेवालों के हाथ में ही पुनर्निर्माण की बागडोर भी रहेगी। संयुक्त राष्ट्र एक बार फिर उनका पिछलग्गू ही बनेगा। भारत के शासक वर्ग भी खुश हैं कि कुछ-न-कुछ जूठन उनकी पत्तल पर भी गिरेगी। आखिर राष्ट्रभाषा हिन्दी ने उन्हें आका की नजर में गिरने से बचा लिया है। हिन्दी में लिखा 'निन्दा' प्रस्ताव तो बहुत बाद में आया, देश के प्रधानमन्त्री का मध्यमार्गवाला बयान शुरू में ही आ गया था। डॉ. राममनोहर लोहिया ने तिब्बत पर चीन के आक्रमण और कब्जे को शिशु-हत्या करार दिया था। आज इराक के बारे में वैसा कहनेवाला देश में एक भी नेता नहीं है।

मर्चेंट चेम्बर्स ऑफ कॉमर्स की बैठक को सम्बोधित करते हुए जॉर्ज फर्नांडीज ने अमरीका के सामने सवाल खड़ा किया है कि जनसंहार के वे जैविक और रासायनिक हथियार कहाँ हैं, जिन्हें नष्ट करने के लिए इराक पर हमला किया गया था। अमरीका ने उनके बयान का कोई नोटिस नहीं लिया है। उसे मालूम है कि खुद भारत में बतौर रक्षामन्त्री उनका नोटिस नहीं लिया जाता। कोई ताज्जुब नहीं कि सरकार जॉर्ज के बयान को व्यक्तिगत बताकर अपने को उससे अलग कर ले और जॉर्ज भी आगे चुप्पी लगा जाएँ। उनके चीन के बारे में एक बार दिए गए बयान का वैसा ही हश्र हो चुका है। जॉर्ज से कुछ दिन पहले विदेशमन्त्री यशवन्त सिन्हा ने बयान दिया कि अमरीका ने इराक पर हमले के जो कारण बताए हैं, उनके आधार पर पाकिस्तान ज्यादा खतरनाक देश ठहरता है। यानी इराक पर अमरीकी हमले से भारत द्वारा पाकिस्तान पर हमले का औचित्य बनता है। अमरीका ने तुरन्त घुड़का कि भारत इराक के बहाने पाकिस्तान के विरुद्ध किसी किस्म की सैनिक कार्रवाई करने की सोचे भी नहीं। अमरीकी घुड़की काम आई है और उसके बाद से विदेशमन्त्री ने जबान नहीं खोली है। भारत अमरीका के दरबार में बार-बार प्रमाण प्रस्तुत करता है कि पाकिस्तान किस तरह उसके खिलाफ आतंकवाद फैलाता है। वह अमरीका से पाकिस्तान के खिलाफ कार्रवाई करने की गुहार लगाता है और साथ ही उसे आतंकवादी राष्ट्र घोषित करने की भी। उधर अमरीका आतंकवाद के खिलाफ जारी अपनी जंग में पाकिस्तान और भारत दोनों को पिछलग्गू बनाए हुए है। अफगानिस्तान पर हमले के वक्त पाकिस्तान को तो उसने एक बड़ी रकम बतौर रिश्वत भी दी है। ऊपर से विडम्बना यह है कि दुनिया के शीर्षस्थ बुद्धिजीवी नोम चोम्स्की अमरीका को दुनिया का अग्रगामी आतंकवादी राष्ट्र सिद्ध करते हैं। चोम्स्की अमरीकी हैं और मार्क्सवादी या समाजवादी नहीं हैं। जहाँ तक अर्थव्यवस्था का सवाल है, सभी जानते हैं कि अमरीकी अर्थव्यवस्था गहरे संकट से गुजर रही है और वह दुनिया

का सबसे बड़ा कर्जदार देश है। फिर भी एक अरब से ज्यादा आबादीवाला दुनिया का सबसे बड़ा लोकतन्त्र अमरीका की जी-हजूरी करता है, तो उसके शासक-वर्ग में आत्मविश्वास व आत्मसम्मान की कमी है। अन्तर्राष्ट्रीय मामलों के बारे में समुचित समझदारी का अभाव तो है ही।

प्रिंट और इलैक्ट्रॉनिक मीडिया में छाए रहनेवाले (विशेषकर अंग्रेजी अखबारों के) कई सम्पादक और पत्रकार दलील देते हैं कि विदेश नीति के मामले में भावुकता का शिकार नहीं होना चाहिए। भावुकता से उनका आशय दरअसल नैतिकता से होता है और विदेश नीति से आशय अमरीकी (परस्त) नीति से। ये सम्पादक-पत्रकार मौजूदा और आगामी पीढ़ियों की नजर से उस जानी-मानी सच्चाई को ओट करने की कोशिश करते हैं कि आजादी के संघर्ष के दौरान भारत ने बिना अमरीकी मदद लिए नैतिकता के शौर्य से एक ऐसी साम्राज्यवादी ताकत को परास्त किया था, जिसका सूरज कभी डूबता नहीं था। अमरीकापरस्त बुद्धिजीवी (अगर उन्हें बुद्धिजीवी कहा जाए) तो शुरू से ही युद्ध के बाद के फायदों पर नजर गड़ाए हुए थे। जैसा कि बार-बार कहा और माना गया है कि इराकी जनता की आजादी की आड़ में सारा खेल वहाँ के संसाधनों यानी अकूत तेल भंडारों पर कब्जा करना था। इराक के पास विनाशक हथियार नहीं हैं, पर्यवेक्षकों ने यह पहले भी बता दिया था और अब सारी दुनिया जान चुकी है। सारी दुनिया यह भी जान चुकी है कि अमरीका ने इराक के खिलाफ सैन्य कार्रवाई करने का निर्णय अप्रैल 2001 में ही ले लिया था। ग्यारह सितम्बर से पाँच महीने पहले उपराष्ट्रपति डिक चेनी को सौंपी गई 'स्ट्रेटेजिक एनर्जी पोलिसी चेलैंजेज फॉर दि टवेंटीफर्स्ट सेंचुरी' नामक एनर्जी पोलिसी रिपोर्ट उन लोगों को देख लेनी चाहिए, जो अमरीकी हमले के पीछे तानाशाह सद्दाम हुसैन को हटाने या जनसंहार के हथियार नष्ट करने के अमरीकी प्रोपेगंडा के शिकार हैं। रिपोर्ट में सद्दाम इसलिए बुरा नहीं बताया गया है कि वह एक तानाशाह है, जो वहाँ की जनता की आजादी पर काबिज है। अमरीका के लिए सद्दाम बुरा है, क्योंकि वह इराक के तेल भंडारों पर काबिज है और तेल बाजार को अपने हित में इस्तेमाल करने के लिए अपना खुद का निर्यात कार्यक्रम रखता है। भारत के शासक-वर्गों और अमरीकापरस्त बुद्धिजीवियों ने सारी सच्चाई जानने के बावजूद मानवता, नैतिकता और अन्तर्राष्ट्रीय नियमों-कानूनों के प्रतिमानों से गिरकर बीच का रास्ता अपनाया है, तो केवल इसीलिए कि इराकी जनता की तबाही के बाद कुछ डॉलर पा सकें। कहना न होगा कि इस तरह का सौदा देश का शासक-वर्ग और कुछ बुद्धिजीवी तो कर सकते हैं, देश के आम लोग नहीं। अमरीका के इराक पर किए गए साम्राज्यवादी हमले और भारत को धमकाने के विरोध में कुछ विचारकों ने अमरीकी वस्तुओं का बहिष्कार करने की अपील की है। क्या यह उचित नहीं होगा कि साम्राज्यवादी वस्तुओं के साथ-साथ साम्राज्यवादपरस्त बुद्धिजीवियों का भी बहिष्कार किया जाए !

इराक पर साम्राज्यवादी हमले को लेकर सारी दुनिया की तरह भारत में भी काफी बहस चली है और विरोध प्रदर्शन हुए हैं। सबसे पहले गांधीवादियों को लें, जो अपने

को अहिंसा, मानवता और नैतिकता का स्वाभाविक वारिस मानते हैं। अफसोस की बात है कि न तो वैचारिकता के स्तर पर और न ही विरोध प्रदर्शनों के स्तर पर देश के गांधीवादी कोई प्रभावी भूमिका निभा पाए हैं। गांधी की अभी तक की सर्वाधिक क्रान्तिकारी व्याख्या करनेवाले लोहिया को अपने जीवन काल में ही लगा था कि "अपने मान्य रूप में गांधीवाद, जीत हासिल करने के बाद बेजान साबित हुआ है। उसमें कोई तेजी नहीं रह गई है, जिससे शक पैदा होता है कि शायद उसमें कभी तेजी थी ही नहीं।" इसीलिए लोहिया अपने को कुजात गांधीवादी कहते थे। एक समय अन्तर्राष्ट्रीय मामलों, विशेषकर साम्राज्यवादी कृत्यों के खिलाफ समाजवादियों की आवाज पूरी दुनिया में गूँजती थी। आज अमरीकी साम्राज्यवादी मंसूबों पर देश की जनता के भीतर ही उसकी कोई प्रभावी आवाज नहीं है। कुछ समाजवादी नेता जाति और भाई-भतीजावाद की राजनीति करने में जुटे हैं। कुछ उस संघ सम्प्रदाय की गोद में बैठे हैं, जो देश की बरबादी और बिकवाली की कीमत पर भी अमरीकापरस्त हैं। क्योंकि उसका देश की सामाजिक-सांस्कृतिक- धार्मिक-आर्थिक संरचनाओं से समानता के विचार का बीज नाश कर देने का संकल्प है, जिसे अमरीकी मदद से ही पूरा किया जा सकता है। समाजवादी नेतृत्व और विचारकों की एक खरी जमात भी देश में मौजूद है, जो अमरीकी साम्राज्यवादी नक्शे को बखूबी समझती है और भरसक विरोध भी करती है। लेकिन उसका विरोध व्यापक पैमाने पर प्रभाव पैदा नहीं कर पाता। सार्वजनिक जीवन में सक्रिय नेताओं और समूहों के लिए अव्याप्ति दोष के लिए कोई माफी नहीं होती, चाहे वे खरे समाजवादी हों या दूसरी जमातें। इराक पर साम्राज्यवादी हमले के खिलाफ हुए प्रदर्शनों और सभाओं में मार्क्सवादियों की हिस्सेदारी एक विचारधारात्मक समूह के रूप में सम्भवतः सबसे ज्यादा रही है। साथ ही ज्यादातर मार्क्सवादियों का मानना रहा है कि अमरीका की इराक पर हमले की जुर्रत सोवियत ब्लॉक के गिरने के चलते हो पाई है। सोवियत संघ था तो एक सन्तुलन था। यह सोच पुरानी है। हथियारों के बल पर बनाया गया सन्तुलन हमेशा कायम नहीं रह सकता। जैसे ही सन्तुलन बिगड़ेगा हथियारों की ताकत से गरीब और कमजोर देशों के संसाधनों, बाजार और अन्ततः प्रभुसत्ता पर कब्जे के लिए हमले होंगे। सन्तुलन के बने रहते भी महाशक्तियाँ कमजोर देशों पर हमले और कब्जे करती रह सकती हैं। या अपने हथियार बेचने के लिए दो देशों को आपस में लड़ने के लिए उकसाती रह सकती हैं। देशों के आन्तरिक संघर्षों को हथियारबन्द संघर्ष में तब्दील तो कर ही सकती हैं। शीत युद्ध के दौरान यह सब होता रहा है। उत्तर कोरिया ने अमरीकी आक्रमण और कब्जे से बचने के लिए हर तरह के संहारक हथियार बनाने और रखने की वकालत की है। अव्वल तो हर देश अमरीका जैसा हथियारबन्द हो नहीं सकता, अगर वैसा लक्ष्य रखा भी जाए, तो फिर किसी भी देश के पास खाद्य, शिक्षा, स्वास्थ्य, कला, संस्कृति और विभिन्न नागरिक सुविधाओं के लिए शायद ही कोई बजट बचे। लिहाजा, हथियारों के बल पर किसी देश या देश के अन्तर्गत किन्हीं समूहों के संसाधनों और आजादी पर कब्जेदारी की प्रवृत्ति समाप्त करने के लिए अलग सोच की

जरूरत है। अगर अलग तरह से नहीं सोचा जाएगा तो फ्रायड की यह धारणा सही साबित होगी कि आधुनिक मनुष्य मृत्यु-इच्छा से परिचालित है। मृत्यु-इच्छा से परिचालित होने का अर्थ जीवन की सम्पूर्ण समाप्ति नहीं होता, सतत विध्वंस और मौत के तांडव में जीना होता है।

नेता, पार्टियाँ, सरकारें, विचारधाराएँ, संस्थाएँ आदि बनती हैं, अपना प्रभाव बनाती हैं और देर-सबेर समाप्त हो जाती हैं। समाज, सभ्यता और मनुष्य सहित समस्त प्रजातियों को लगातार बने रहना है। उन्हीं के मद्देनजर आगे की सोच या कहिए संस्कृति विकसित करनी होगी। जाहिर है, वैसी सोच/संस्कृति के विकास की सम्भावनाएँ उन देशों में ज्यादा हैं, जिन्होंने साम्राज्यवादी आधिपत्य झेला है और उसके खिलाफ लम्बा संघर्ष करके अपनी आजादी हासिल की है। भारत उन देशों में अग्रगण्य है। कम-से-कम उसे अपनी आजादी पर साम्राज्यवादी हमले के प्रति तो चौकस होना ही चाहिए।

सभ्यता का आत्मसंघर्ष और गांधी

इराक में अब सद्दाम हुसैन की जगह आज के 'महाबली' अमरीका और पहले के 'महान' ब्रिटेन की तानाशाही है। अमरीकी सत्ता-प्रतिष्ठान अपने जैसी ताकतों को एकजुट करके दुनिया में साम्राज्यवाद का पुरोधा और पर्याय बनकर स्थापित हुआ है। उसके साथ एकजुट हुईं ताकतें दुनिया के प्रायः सभी देशों में फैली हैं। इन ताकतों की राजनीति, व्यापार, मीडिया और अकादमिक आदि क्षेत्रों में गहरी पैठ है। इस तरह साम्राज्यवाद अपनी सर्वव्यापी ताकत के साथ इराक की राष्ट्रीय सम्प्रभुता, साभ्यतिक (सिविलाइजेशनल) अस्मिता, नागरिक स्वतन्त्रता और मानव गरिमा को खुलेआम रौंद रहा है। दुनिया का कोई भी देश, नेता या राजनैतिक संगठन साम्राज्यवाद की इस तानाशाही को चुनौती देने की हिम्मत या हैसियत नहीं रखता। जिन कुछ देशों ने अमरीकी हमले का विरोध किया था, उन्होंने भी पुनर्निर्माण की प्रक्रिया में शामिल होने की हामी भरकर हमले को वैधता प्रदान कर दी है। साम्राज्यवादी अभियान के सामने बहुदेशीय संस्था संयुक्त राष्ट्रसंघ भी असफल साबित हुआ है। उसने प्रस्ताव 1483 पास करके इराक की नियति अमरीका को सौंप दी है।

इराक के बाद जिन देशों की इराक जैसी गत बनाई जानी है, उनकी सूची भी अमरीका ने जारी कर दी है। फिलहाल ईरान, सीरिया और उत्तरी कोरिया के साथ भारत के कश्मीर को 'ठीक' करने का ऐलान किया जा चुका है। अंग्रेजी मुहावरे में यह 'टिप ऑफ दि आइसबर्ग' है। साम्राज्यवादी नक्शे में सतह के नीचे क्या छिपा है, वह नक्शा तैयार करनेवाले दिमाग को ही पता है। अलग-अलग इलाकों और देशों के बने बैठे विशेषज्ञों को उस बाबत शायद ही कुछ मालूम हो। अपने यहाँ का ही उदाहरण लें, तो कह सकते हैं कि भारत और पाकिस्तान के नेताओं और विशेषज्ञों को नहीं मालूम कि साम्राज्यवादी अमरीका ने भविष्य के कश्मीर के बारे में क्या सोचा हुआ है। भारत और पाकिस्तान आपस में लड़ते-झगड़ते रहेंगे और अमरीका एक दिन अपने बनाए नक्शे को अंजाम दे देगा। उसे रोक पाने में समर्थ राजनैतिक-सामाजिक-बौद्धिक नेतृत्व कम-से-कम अभी दोनों देशों में दिखाई नहीं देता। कहने की जरूरत नहीं कि अमरीकी हस्तक्षेप केवल कश्मीर तक सीमित नहीं रहेगा; वह दोनों देशों की सम्प्रभुता पर भी असर डालेगा।

इराक में नागरिक जीवन अस्त-व्यस्त हो चुका है। प्रशासन के नाम पर इराकी नागरिक अमरीकी और ब्रितानी सैनिकों के हथियारों के साए में जी रहे हैं। वहाँ

लोकतन्त्र बहाली की बात तो छोड़िए, अफगानिस्तान की तरह अमरीकी सरपरस्ती में कोई आन्तरिक सरकार तक गठित नहीं हो पाई है। अमरीकी और ब्रितानी सैनिक आक्रमण के समय से ही इराकी जनता पर कहर बरपा रहे हैं। पलटकर इराकी भी देश पर कब्जा जमाए बैठे विदेशी सैनिकों पर जानलेवा हमले कर रहे हैं। अमरीका और भारत सहित पूरी दुनिया में फैले उसके पिट्ठूओं का कहना है कि ये हमले सद्दाम हुसैन के बचे-खुचे समर्थक कर रहे हैं और बदले में अमरीकी और ब्रितानी सैनिकों द्वारा मार गिराए जा रहे हैं। सच्चाई यह नहीं है। साम्राज्यवादी मन्सूबों को जानकर इराक के लोगों ने अमरीकी और ब्रितानी सैनिकों से लोहा लेना शुरू कर दिया है। राष्ट्रीयताओं का इतिहास गवाह है कि चन्द राष्ट्रद्रोहियों को छोड़कर किसी भी देश के आम नागरिकों का अपनी मातृभमि के प्रति प्यार और उसके लिए बलिदान का जज्बा कैसी भी स्थिति में बरकरार रहता है। अमरीकी और ब्रितानी सैनिकों पर हमला करनेवाले इराकी दरअसल अपनी मातृभूमि की स्वतन्त्रता के लिए लड़नेवाले सिपाही हैं। भले ही उनमें से कुछ सद्दाम के नेतृत्व में काम करते रहे हों। सद्दाम हुसैन के अत्याचारों का सीधे शिकार रहे लोग भी जैसे-जैसे बड़े शैतान के पंजे की असलियत से वाकिफ होते जाएँगे, अपने देश और जीवन को लेकर उनकी चिन्ता गहरी होती जाएगी। तब वे भी देख पाएँगे कि इराक में लोकतन्त्र की स्थापना की आड़ में उनकी स्वतन्त्रता और सभ्यता पर हमला किया गया और अब पुनर्निर्माण की आड़ में इराक की सम्पदा और संसाधनों को लूटा जा रहा है।

इस तरह इराकी नागरिकों का यह संघर्ष बढ़ता जाएगा। अगर अमरीका को आनेवाले समय में व्यापक स्तर पर नागरिक प्रतिरोध का भय नहीं होता, तो वह भारत और पाकिस्तान सहित पन्द्रह देशों की सेनाएँ वहाँ बुलाकर तैनात करने की मुहिम नहीं चलाता। 'महाबली' अमरीका जो ठान लेता है उसे कर गुजरता है। लिहाजा, आनेवाले समय में लम्बे समय तक इराक में बाहरी देशों की सेनाएँ डटी रहेंगी। लगता यही है कि इराकियों को लम्बे समय तक अपनी स्वतन्त्रता और संसाधनों की लूट के त्रासद अनुभव से गुजरना पड़ेगा। हो सकता है कि देर-सवेर वहाँ कोई आन्तरिक सरकार बन जाए, लेकिन होगा वह साम्राज्यवादी सैनिक शासन ही। साम्राज्यवादी नेतृत्व में इराकियों को साम्राज्यवादी सभ्यता के साँचे में ढाला जाएगा। जो ढलने को तैयार नहीं होंगे उन्हें मरना होगा--सामान्य नागरिक के रूप में या आतंकवादी बनकर। पहले विनाश फिर पुनर्निर्माण की अमरीकी प्रक्रिया को गहराई से समझने की जरूरत है। उसका लक्ष्य तमाम मौजूद सभ्यताओं को नष्ट करके एकमात्र साम्राज्यवादी सभ्यता का वर्चस्व कायम करना है। औपनिवेशिक दौर से ही यह प्रक्रिया कई रूपों में कई रास्तों से चल रही है। वैश्वीकरण के मौजूदा दौर में उसमें अभूतपूर्व तेजी आई है : बाजार नहीं तो हथियार के बल पर समस्त अस्मिताओं को साम्राज्यवादी सभ्यता का सबक सिखाना है। गांधी ने ठीक ही इसे शैतानी सभ्यता कहा था।

गांधी पर चर्चा कुछ देर बाद करेंगे, पहले साम्राज्यवादी सभ्यता पर थोड़ी चर्चा

की जा सकती है। अमरीका और उसके पिट्ठूओं की टेक है कि वैश्वीकरण के दौर में साम्राज्यवाद ही सभ्यता है और साम्राज्यवादी ही सभ्य होता है। यह अकारण नहीं है कि कोई भी संस्था, सरकार या राजनैतिक-बौद्धिक नेतृत्व इस साम्राज्यवादी सभ्यता के बढ़ते प्रसार को रोकने में सक्षम नजर नहीं आते : दुनिया के ज्यादातर नेता, बुद्धिजीवी, मीडियाकर्मी, मध्य और उच्च-वर्ग इस सभ्यता के मोहपाश में बँधे हैं। दुनिया की विशाल आबादी के हिस्से की लूट पर छोटी-सी आबादी की अनन्त मौजमस्ती और अनन्त स्वेच्छाचार इस सभ्यता का पहला और आखिरी पाठ है। सभी जानते हैं कि अनन्त मौजमस्ती और स्वेच्छाचार बाजार और हथियार के बल पर हासिल और कायम किए जाते हैं। यह बाजारी और हथियारी सभ्यता मानवता के इतिहास से समस्त मूल्यों, नैतिकता और विवेक को मिटा देने पर आमादा है। कह सकते हैं कि यह मानव सभ्यता की प्रतिसभ्यता है, जो खुद ही अपने बौने निर्मित करके उनसे संघर्ष और समझौते का खेल खेलती है। अमरीकी और अमरीकावादी बुद्धिजीवी जिसे सभ्यताओं का संघर्ष कहकर प्रचारित कर रहे हैं, वह असलियत में बाजारी और हथियारी सभ्यता का आत्म-संघर्ष है। गौर किया जा सकता है कि अफगानिस्तान के तालिबानों से अमरीकी अधिकारियों ने सुलह-सफाई के लिए बाकायदा बातचीत शुरू कर दी है। दुनिया के कई हिस्सों में सक्रिय आतंकवादी-पुनरुत्थानवादी गुट और कई देशों की सत्ता पर काबिज तानाशाह अमरीका अर्थात् साम्राज्यवाद के ही वामन रूप हैं। साम्राज्यवादी सभ्यता ने वास्तविक मानव सभ्यता को फिलहाल दुनिया-निकाला दे दिया है। नोम चोम्स्की जैसे विद्वान लम्बे समय से यह कह रहे हैं कि अमरीका दुनिया का सबसे बड़ा आतंकवादी-साम्राज्यवादी देश है। लेकिन भारत सहित दुनिया के ज्यादातर बुद्धिजीवी उसे लोकतन्त्र और स्वतन्त्रता का अभयारण्य प्रचारित करते हैं और उसमें प्रवेश पाने के लिए अँगूठा काटकर देने को तैयार रहते हैं।

भारतीय उपमहाद्वीप की सभ्यता काफी पुरानी है। बहुत से विदेशी विद्वानों ने प्राचीन भारतीय सभ्यता का वर्णन और सराहना की है। प्राचीन सभ्यता की बात जाने भी दें, आधुनिक काल में गांधी ने अपने विचारों और आचरण के जरिए दुनिया के सामने एक ऐसी मानव सभ्यता की रूपरेखा प्रस्तुत की, जिसमें कमजोर-से-कमजोर मनुष्य, समुदाय, राष्ट्र, समाज और संस्कृति अपनी सम्पूर्ण पहचान, गरिमा और बराबरी के साथ रह सकें। शैतानी सभ्यता द्वारा व्यापक मानव समुदाय पर ढाए जानेवाले अत्याचारों का प्रतिरोध करने के लिए गांधी ने सिविल नाफरमानी की क्रान्तिकारी कार्यप्रणाली विकसित और स्थापित की। गांधी ने अपनी विचारधारा और प्रतिरोध की कार्यप्रणाली उस दौर में विकसित की जब दुनिया की मानवता शैतानी सभ्यता की साम्राज्यवादी लूट और युद्धवादी विध्वंस से आक्रान्त थी। उन्होंने शैतानी सभ्यता के तात्कालिक और भावी आपदायी स्वरूप को गहरी दृष्टि से देखा और समझा था। उसके हिस्सेदारों और ताबेदारों को भी। लेकिन उन्हें भाववादी, आदर्शवादी, यहाँ तक कि

प्रतिक्रियावादी कहकर खारिज कर दिया गया। उनके वारिस और विरोधी हर रंग के विद्वानों और नेताओं ने यह किया। साम्प्रदायिक ताकतों ने तो उनकी शारीरिक हत्या की, अपने को लोकतान्त्रिक, धर्मनिरपेक्ष और प्रगतिशील कहनेवाली जमातों ने अपनी ताकत उनकी वैचारिक ज्योति को बुझा देने में लगा दी। नतीजा सबके सामने है : देश में धनपशुओं ने पाँच सितारा पार्टियों के दरवाजे पर गांधी को भिखमंगे का प्रतीक बनाकर खड़ा कर दिया है और दुनिया में नेताओं ने देश को अमरीका के दरवाजे पर खड़ा भिखमंगा बना दिया है। गरीब गांधी को लात लगानेवाले बौद्धिकों की भी एक बड़ी जमात देश में खड़ी है। गांधी को गिराकर जो उठे हैं, वे दरअसल किसी-न-किसी रूप में साम्राज्यवाद के ताबेदार हैं। साम्राज्यवाद की ताबेदारी उन्हें साम्राज्यवादी लूट में हिस्सेदार बनाती है।

इराक पर जब अमरीका ने हमला किया था तो गांधी के देश की संसद की जबान उस हमले की निन्दा तक करने में लड़खड़ा गई थी। इराक पर अमरीकी हमले के वक्त और बाद में वहाँ भारत की सेना भेजने के सवाल पर भी जो सर्वाधिक प्रचलित तर्क सामने आया है, उस पर गौर करना चाहिए। उस तर्क का लुब्बोलुआब है कि अमरीका दुनिया का महाबली है और व्यवहारकुशलता इसी में है कि उसे किसी भी सूरत में नाराज न किया जाए। अमरीका खुश रहेगा तो डॉलर देगा, हथियार देगा, टेक्नॉलॉजी देगा, कश्मीर में चल रहे सीमापार के आतंकवाद से निजात दिलाएगा और कश्मीर-समस्या हल कर देगा आदि-आदि। व्यावहारिकता के नाम पर चलाए जानेवाले इस तर्क की जड़ को अगर देखा जाए तो वहाँ परावलम्बन, असमानता और गुलामी की मानसिकता गड़ी मिलती है। इस तर्क को गढ़ने और बढ़ाने में पुराने ब्राह्मणवाद और नए पूँजीवाद की मुकम्मल जुगलबन्दी है, जिसमें सरकार और विपक्ष से लेकर सम्पन्न-सवर्ण तबके शामिल हैं। गांधी ने अपना संघर्ष देश के लिए स्वावलम्बन, समानता और आजादी हासिल करने के लिए किया था। उनका संघर्ष केवल भारत के लिए न होकर, साम्राज्यवाद के चंगुल में फँसे दुनिया के सभी देशों के लिए था। यह भी ध्यान दिया जा सकता है कि गांधी के संघर्ष के समय साम्राज्यवाद का सूरज कभी डूबता नहीं था। एक गुलाम देश का वासी होते हुए भी उन्होंने सम्पूर्ण आत्मविश्वास और विनम्रता के साथ खुद साम्राज्यवादियों के सामने यह पेशकश की थी कि वे सभी के स्वावलम्बन, समानता और आजादी की उपयोगिता समझें; मानव सभ्यता का हिस्सा बनें।

व्यावहारिकता का तर्क देनेवाले लोग देश में तब भी थे। उस समय करोड़ों वंचितों के स्वर से जुड़ी गांधी की बुलन्द आवाज के नीचे व्यावहारिकतावादियों की आवाज दब गई थी। या वे दुबक गए थे कि आजादी मिल जाने पर ज्यादा मजबूती और स्वच्छन्दता से अपना स्वार्थ-साधन करेंगे। उन्होंने किया भी। स्वतन्त्रता संघर्ष के तमाम मूल्यों और मन्सूबों को नष्ट करते हुए, उन्होंने देश के भीतर ही उपनिवेश कायम कर डाले। नतीजे में आज उनकी आवाज बुलन्द है और गांधी की आवाज दब चुकी है। लेकिन

अभी भी देश में कुछ लोग हैं, जो गांधी के सपनों के भारत और विश्व में यकीन रखते हैं। इराक के संकट पर उनकी महत्त्वपूर्ण भूमिका बनती है। इराक से साम्राज्यवादी सेनाओं को तुरन्त बाहर करने के पक्ष में तो उन्हें आन्दोलन चलाना ही चाहिए, साम्राज्यवादी सभ्यता के बढ़ते विस्तार को रोकने और उसके बरक्स मानव सभ्यता के लिए जगह बनाने की दिशा में गम्भीर और दूरगामी आन्दोलन देश और दुनिया में खड़ा करना चाहिए। इराक की पराजय ने एक बार फिर सिद्ध कर दिया है कि साम्राज्यवादी युद्ध के खिलाफ उन्हीं हथियारों से नहीं जीता जा सकता, जो साम्राज्यवादियों से ही खरीदे जाते हैं। वैसा करना साम्राज्यवादी खेल में ही शामिल होना है। अगर इराक के पास परमाणु बम होता, तो अमरीका उस पर हमला नहीं करता, करता तो पराजित होता-- यह तर्क साम्राज्यवादी खेल को ही स्वीकृति प्रदान करता है। लोहिया ने कहा था कि बीसवीं सदी के अन्त तक गांधी और परमाणु बम में से एक की विजय होगी। लोहिया गांधी की जीत देखना चाहते थे। लेकिन जीत गांधी अर्थात् मानव सभ्यता के ऊपर परमाणु बम अर्थात् शैतानी सभ्यता की हुई है। यह जीत और मजबूत तथा दीर्घजीवी होगी अगर सभ्यता के गांधीवादी विचार में आस्था रखनेवाले लोग भी दुनिया में परमाणु बम बनाने की होड़ का समर्थन करेंगे। तब शैतानी सभ्यता का कोई विकल्प नहीं बचेगा और उसकी निर्णायक जीत सुनिश्चित हो जाएगी।

सवाल उठाया जाता है कि फिर शैतानी सभ्यता के दमन और अत्याचारों का मुकाबला कैसे होगा। ऊपर गांधी की सिविल नाफरमानी की कार्यप्रणाली का जिक्र किया गया है। लोहिया ने गांधी के सिविल नाफरमानी के तरीके को उनके "कार्यों और जीवन का महानतम गुण" माना है जो "अकेले व्यक्ति को खुद बिना किसी समर्थन के दमन का प्रतिकार करने की शक्ति देता है।" लोहिया ने लिखा है : "हमारे युग की सबसे बड़ी क्रान्ति कार्यप्रणाली की क्रान्ति है, एक ऐसी कार्यपद्धति के द्वारा अन्याय का विरोध जिसका चरित्र न्याय के अनुरूप है। यहाँ सवाल न्याय के स्वरूप का उतना नहीं है जितना उसे प्राप्त करने के उपाय का। वैधानिक और व्यवस्थित प्रक्रियाएँ अक्सर काफी नहीं होतीं। तब हथियारों का इस्तेमाल उनका अतिक्रमण करता है। ऐसा न हो, और मनुष्य हमेशा वोट और गोली के बीच ही भटकता न रहे, इसलिए सिविल नाफरमानी की कार्यप्रणाली सम्बन्धी क्रान्ति सामने आई है। हमारे युग की क्रान्तियों में सर्व प्रमुख है हथियारों के विरुद्ध सिविल नाफरमानी की क्रान्ति, यद्यपि वास्तविक रूप में यह क्रान्ति अभी तक कमजोर ही रही है।" ('मार्क्स गांधी ऐंड सोशलिज्म')

अभी तक कमजोर रही कार्यप्रणाली की इस क्रान्ति को मजबूत किया जाना चाहिए। जैसा कि अक्सर होता है, साम्राज्यवादी आधिपत्य के विरुद्ध इराकी जनता का संघर्ष आतंकवाद के रास्ते जा सकता है। वैसी स्थिति साम्राज्यवाद के लिए अत्यन्त अनुकूल होती है। गांधीवादी विचारधारा को माननेवालों की इराक के संकट में एक महत्त्वपूर्ण भूमिका यह बनती है कि वे नागरिक अवज्ञा के तरीके का प्रचार-प्रसार वहाँ

के संघर्षरत नागरिकों के बीच करें। वह सन्देश दुनिया के अन्य हथियारबन्द लड़ाकों तक भी जाएगा। इसमें कामयाबी जल्दी और आसानी से मिलनेवाली नहीं है। लेकिन हथियारों की होड़ के चलते विनाश के कगार पर पहुँची दुनिया के सामने और कोई विकल्प भी नहीं है।

दूसरी दुनिया के दावेदार कितने गाफिल कितने खबरदार

इस साल जनवरी में भारत के नए उभरते हाइटैक सिटी हैदराबाद में एशियन सोशल फोरम का सम्मेलन हुआ था। एशियन सोशल फोरम को मात्र तीन वर्ष पहले बने वर्ल्ड सोशल फोरम की एशियाई इकाई बताया गया। देश के लगभग सभी एनजीओ चलानेवाले उस सम्मेलन में मौजूद थे। दूसरे देशों के एनजीओ संचालक भी वहाँ पहुँचे। बल्कि एनजीओ चलानेवाले ही उसके आयोजक और संचालक थे। दूसरी दुनिया की दावेदारी का आकर्षक नारा देकर देश के कई महत्त्वपूर्ण बुद्धिजीवियों, राजनैतिक नेताओं और कार्यकर्ताओं को उसमें खींचा गया था। माहौल ऐसा बना दिया गया था कि जो हैदराबाद नहीं पहुँचेगा, उसका वैश्वीकरण के खिलाफ चल रहे आन्दोलन की धारा से नाम कट जाएगा। आश्चर्यजनक रूप से हर रंग के मार्क्सवादी, समाजवादी, गांधीवादी, यहाँ तक कि अम्बेडकरवादी भी सम्मेलन में शामिल हुए। मानवाधिकारवादी, स्त्रीवादी, पर्यावरणवादी, सूचनाधिकारवादी आदि तो वहाँ थे ही। यानी देश में किसी भी रूप में वैकल्पिक विचारधारा और राजनीति की बात करनेवाले सभी व्यक्ति, संगठन और पार्टियाँ वहाँ मौजूद थे। इन सभी का देश की परिवर्तनकारी संघर्षशील राजनैतिक धारा से लम्बा जुड़ाव और अनुभव रहा है। लेकिन किसी ने भी पलटकर यह सवाल नहीं उठाया कि एक सद्य-गठित फोरम भला किस तरह दूसरी दुनिया को सम्भव बनाने का पुरोधा बन गया है।

देश में जन-विरोधी राजनीति का विरोध करनेवाले संगठन और पार्टियाँ अक्सर आपसी मतभेदों का शिकार बनी रहती हैं। उनके अन्तर्विरोध और मतभेद एक संगठन और पार्टी के भीतर भी रहते हैं और दूसरे संगठनों और पार्टियों के साथ भी। वैसी स्थिति का फायदा वैश्वीकरण की समर्थक मुख्यधारा राजनीति को मिलता रहा है। लेकिन इन सभी को दूर का ढोल इस कदर सुहावना लगा कि उसकी लय पर समूहगान के लिए तैयार हो गए। किसी ने यह नहीं सोचा कि वर्ल्ड सोशल फोरम नाम में ही, वैकल्पिक विचारधारा तो छोड़िए, सामान्य परिवर्तनकारी उन्मुखता तक का कोई राजनैतिक अथवा विचारधारात्मक संकेत नहीं है। उसमें प्रयुक्त 'समाज' शब्द एक तटस्थ अभिव्यक्ति है। आगे देखेंगे कि यह तटस्थता वैश्वीकरण के पक्ष में झुकी हुई

है। खुद फोरम की स्पष्ट घोषणा है कि वह कोई संगठन न होकर एक ढीला-ढाला मंच भर है, जहाँ केवल खुला विचार-विमर्श होगा। किसी के खिलाफ कोई भी निर्णय या कार्रवाई फोरम नहीं करेगा। विचार-विमर्श के मुद्दों की अलबत्ता विस्तृत सूची दी गई है : सामाजिक न्याय, बराबरी, मानवाधिकार, नागरिक अधिकार, पर्यावरण, सहभागी लोकतन्त्र, वैश्विक भाईचारा, लिंग भेद, नस्ल भेद, आम जन की प्रतिष्ठा आदि। ये सारे मुद्दे वही हैं, जो पूँजीवादी वैश्वीकरण और उस पर सवार साम्राज्यवाद की मुहिम के दुष्परिणामों से पैदा होते हैं और जिन्हें लेकर एनजीओ अपना 'सिविल सोसायटी एक्टिविज्म' करते हैं। एनजीओ को यह सब करने की नसीहत और धन वैश्वीकरण की मुहिम चलानेवाली वैश्विक वित्तीय संस्थाएँ ही मुहैया कराती हैं, ताकि वैश्वीकरण की मार से बदहाल जनता को मुक्ति का स्वप्न दिखाकर विद्रोह से विरत किया जाए।

इस कवायद का सारा खर्च फोरम उठाता है। हैदराबाद सम्मेलन में सहभागियों के आने-जाने, ठहरने और खाने-पीने की व्यवस्था 'जिसका जितना वजन' की तर्ज पर फोरम द्वारा की गई थी। फोरम के धन का स्रोत वे एनजीओ हैं, जिनसे मिलकर वह बना है और जो खुद वैश्वीकरण और साम्राज्यवाद की पोषक संस्थाओं से मिलनेवाले धन पर चलते हैं। ऐसे में फोरम की इस घोषणा का कोई राजनैतिक अर्थ नहीं है कि वह मौजूदा दौर में नव-उदारवाद, साम्राज्यवाद और पूँजी के प्रभुत्व के विरोधी और मानव केन्द्रित विश्व-व्यवस्था के समर्थक एनजीओ और नागर समाज के व्यक्तियों के बीच तालमेल बिठाने का काम करेगा। फोरम लोकतन्त्र की बढ़-चढ़कर बात करता है, लेकिन यह बिना राजनीति का लोकतन्त्र है।

हैदराबाद के सम्मेलन की सफलता से उत्साहित होकर आयोजकों ने वहीं घोषणा कर दी थी कि वर्ल्ड सोशल फोरम का अगला विश्व स्तरीय सम्मेलन भारत में होगा। तभी से सम्मेलन के स्थल को लेकर कशमकश शुरू हो गई थी। मार्क्सवादी नेताओं की कोशिश थी कि सम्मेलन उनकी पार्टियों के प्रभाववाले राज्य केरल में हो। मार्क्सवादियों की रणनीति है कि वर्ल्ड सोशल फोरम से किसी तरह यह घोषणा हो जाए कि पूँजीवादी वैश्वीकरण का विकल्प मार्क्सवादी वैश्वीकरण अर्थात् अन्तर्राष्ट्रीय समाजवाद है, तो उन्हें राजनैतिक जीवनदान मिल जाएगा। वैसी घोषणा का कोई सकारात्मक नतीजा भले ही न हो, उनका सोचना है कि उससे बाकी के विकल्पवादी राजनैतिक समूहों पर वे बढ़त हासिल कर लेंगे। परिवर्तनकारी राजनीति का इसे दुर्दिन ही कहा जाएगा कि एक समय की क्रान्तिकारी राजनीति आज वर्ल्ड सोशल फोरम जैसे बेपैंदी के लोटे से क्रान्ति की धारा निकालने की आशा कर रही है। भारतीय समाजवादियों और गांधीवादियों की स्थिति तो और भी खराब है। वे इसी से गद्‌गद् हैं कि उन्हें उनकी विचारधारा के प्रतिनिधि होने का सर्टिफिकेट मिला है, जिसे लेकर वे दिन-रात सम्मेलन को सफल बनाने की मेहनत में कारिन्दों की तरह जुटे हैं। बहरहाल, सम्मेलन का स्थल भारत में वैश्वीकरण के मानकों के उपयुक्त एकमात्र महानगर मुम्बई तय हुआ है। होना भी यही था। जादू-नगरी के आकर्षण से भला कौन बच पाएगा ! सम्मेलन 16 जनवरी को शुरू

होगा, जिसकी तैयारियाँ पिछले एक साल से जारी हैं। मीटिंगों के दौर-पर-दौर चल रहे हैं। देश के हर उस नागरिक को पत्र, फोन और ईमेल के जरिए सम्पर्क किया जा रहा है, जो राजनीति, मीडिया अथवा अकादमिक क्षेत्र में कुछ हैसियत रखता हो। सबको मुम्बई आने का निमन्त्रण है। आयोजक शहर-शहर घूमकर जुटान का काम कर रहे हैं। जिनकी कोई हैसियत नहीं है, ऐसे सामान्य लोगों/कार्यकर्ताओं को भी आने के लिए प्रेरित किया जा रहा है, ताकि मेला भर सके। उन्हें सामान्य श्रेणी का किराया देने का वायदा किया गया है। गरीब आदिवासी तो दूसरी दुनिया के दावेदारों के मनोरंजन के लिए वहाँ लाए ही जाएँगे। कहने का आशय यह है कि प्रयास और पैसा पानी की तरह बहाया जा रहा है। इस सारी कवायद पर रुककर थोड़ा सोचने की जरूरत है।

अब यह छिपा नहीं है कि वर्ल्ड सोशल फोरम के ब्राजील के शहर पोर्ट अलेग्रे में हुए सम्मेलनों का लाखों डॉलर का खर्च फोर्ड फाउंडेशन और उस सरीखी साम्राज्यवाद पोषक संस्थाओं ने उठाया था। एक अनुमान के मुताबिक तीसरे सम्मेलन में 35 लाख डॉलर खर्च हुए। यह भी किसी से छिपा नहीं है कि वर्ल्ड सोशल फोरम में शामिल एनजीओ अन्तर्राष्ट्रीय वित्तीय संस्थाओं–विश्व बैंक, अन्तर्राष्ट्रीय मुद्राकोष, संयुक्त राष्ट्रसंघ आदि, यूरोप के धनी देशों, अमरीका तथा जापान की सरकारों और फोर्ड फाउंडेशन जैसी संस्थाओं के धन से चलते हैं। बताया जाता है कि इस समय दुनिया में पचास हजार से ज्यादा एनजीओ काम करते हैं, जिन्हें उपरोक्त संस्थाओं से दस अरब डॉलर से ज्यादा धन मिलता है। कई एनजीओ बहुराष्ट्रीय स्तर के हैं, जिनके स्वामियों का खर्च और रहन-सहन बहुराष्ट्रीय कम्पनियों के अधिकारियों की टक्कर का होता है। यह भी छिपी सच्चाई नहीं है कि ज्यादातर सभी बड़े एनजीओ चलानेवाले वामपंथी हैं। छिपा यह भी नहीं है कि गरीब देशों में एनजीओ का जाल वहाँ किसी भी तरह की परिवर्तनकारी राजनैतिक कार्रवाई को खत्म करने के लिए बिछाया गया है।

जो प्रयास और पैसा वर्ल्ड सोशल फोरम के सम्मेलन को सफल बनाने के लिए खर्च किया जा रहा है, वह अगर देश में वैश्वीकरण के खिलाफ सीधी राजनैतिक कार्रवाई में किया जाता, तो एक अभूतपूर्व आन्दोलन खड़ा हो सकता था। इतने पैसे, प्रयास और विभिन्न विचारधारात्मक समूहों की एकजुटता से देश में जगह-जगह किसान-मजदूर पंचायतें, छात्र पंचायतें, महिला पंचायतें, युवा पंचायतें आयोजित की जा सकती थीं। किसानों के साथ ही देश के उद्यमियों में भी वैश्वीकरण के नुकसान और खतरों के प्रति जागरूकता पैदा की जा सकती थी। देश की सभी भाषाओं में वैश्वीकरण विरोधी साहित्य प्रकाशित और वितरित किया जा सकता था। गम्भीर और सतत शोध करके नई आर्थिक नीतियों के बरक्स वैकल्पिक आर्थिक नीति की रूपरेखा तैयार की जा सकती थी। उससे वैश्वीकरण के विरोध की एक मुकम्मल तस्वीर बन सकती थी और वैश्वीकरण का भूत जल्दी ही भगाया जा सकता था। लेकिन वर्ल्ड सोशल फोरम जैसी संस्थाएँ भूत भगाने के लिए नहीं, भूत का डर सताने पर गाना गाने के लिए हैं : 'डर लगे तो गाना गा'।

कहना न होगा कि वैश्वीकरण की मार से गरीब देशों की आबादी का एक बड़ा हिस्सा बदहाल और तबाह हो रहा है और एक छोटा-सा हिस्सा खुशहाल। एनजीओ बदहाल और तबाह होनेवाली आबादी के स्वाभाविक प्रतिरोध को परिवर्तनकारी राजनीति से न जुड़ने देने की भूमिका निभाते हैं। परिवर्तनकारी राजनीति की विरासत से जुड़नेवाले नए कार्यकर्ताओं को ही नहीं, बाजारवाद और सम्प्रदायवाद की आँधी में जिनके पैर नहीं उखड़े और जो वैकल्पिक विचारधारा और राजनीति की गहरी और प्रतिबद्ध समझ रखते हैं, ऐसे कई वरिष्ठ नेताओं और बुद्धिजीवियों को भी एनजीओ चलानेवाले भ्रष्ट करने की कोशिश में लगे रहते हैं। उसी कोशिश का परिणाम है कि वैकल्पिक राजनीति की बात करनेवाले कई नए-पुराने व्यक्ति और संगठन एनजीओ-केन्द्रित वर्ल्ड सोशल फोरम के पीछे कतारबद्ध होने को तैयार हो गए हैं। शायद उन्हें अब देश में एक समग्र राजनैतिक कार्रवाई की जगह 'सिविल सोसायटी एक्टिविज्म' ज्यादा जरूरी लगता है या केवल वही सम्भव लगता है। अगर ऐसा है तो भारत जैसे देश में जन-राजनीति का वर्तमान और भविष्य और ज्यादा संकट में पड़ने जा रहा है। वैश्वीकरण ने एनजीओ खड़े करके खुद ही अपने प्रतिरोध की माया रची है। दुर्भाग्य से विकल्प के सच्चे खोजी भी उस माया में फँसते नजर आ रहे हैं।

इस समय देश में ऐसे आन्दोलनकारी, बुद्धिजीवी या सामान्य नागरिक गिनती के हैं, जो विदेशी धन स्वीकार नहीं करते। ऐसे लोग भी गिनती के ही हैं जो 'मजबूरन' व्यवहार में तो विदेशी धन स्वीकार करते हैं, लेकिन सिद्धान्ततः उसके विरोधी हैं। बाकी को विदेशी धन की बुरी तरह चाट पड़ गई है। संगठित क्षेत्र में नौकरी करनेवाले बहुत से लोग अपनी कमाई का एक हिस्सा जन-राजनीति के लिए खर्च करते हैं। ऐसे लोगों पर उन गिने-चुने वरिष्ठ नेताओं और बुद्धिजीवियों की साधना का असर है, जो राजनीति और बौद्धिक कर्म को धन और सुविधाएँ जुटाने का नहीं, आम जनता की जरूरतों और आकांक्षाओं की पूर्ती का माध्यम मानते हैं। ऐसे लोग अगर हाई-फाई सिविल सोसायटी एक्टिविज्म की चपेट में आते हैं, तो उनसे प्रभावित लोगों में निराशा फैलेगी। साथ ही एनजीओबाजों द्वारा कार्यकर्ताओं को भ्रष्ट करने का कारोबार और तेजी से फैलेगा। सबसे बुरी बात यह होगी कि धन लेकर 'सेवा' करनेवालों की जनता की नजर में वैधता स्थापित होगी। दरअसल, तपे-तपाए नेताओं और बुद्धिजीवियों को एनजीओ-फोल्ड में लाने के पीछे मकसद उनकी साख की कीमत पर अपनी वैधता सुनिश्चित करने का है। जाहिर है, मतलब निकल जाने के बाद उन नेताओं और बुद्धिजीवियों को बाहर फेंक दिया जाएगा। हो सकता है तब उनसे प्रेरणा लेनेवाले लोगों की नजर में भी उनकी साख गिर जाए। यही वैश्वीकरणवादी-साम्राज्यवादी ताकतों की जीत होगी।

यह संयोग नहीं है कि वर्ल्ड सोशल फोरम के संस्थापकों ने पहले तीन सम्मेलन लैटिन अमरीका के देश ब्राजील में किए, जहाँ वैश्वीकरण विरोधी आन्दोलन मजबूत स्थिति में आ गया है। इसका सीधा कारण है कि वहाँ की जनता वैश्वीकरण के दुष्परिणामों का एक पूरा चक्र भोग चुकी है और वहाँ वैश्वीकरण और उसके

साम्राज्यवादी मन्सूबों के खिलाफ जागरूकता का माहौल बन चुका है। वामपंथी नेता लूला की राष्ट्रपति पद पर जीत इसी का प्रमाण है। लेकिन लूला वर्ल्ड सोशल फोरम के सम्मेलन का उद्घाटन करके वर्ल्ड इकॉनॉमिक फोरम की मीटिंग में हिस्सा लेने चले गए। अब भारत की बारी है, जहाँ प्रतिरोध की काफी राजनैतिक सम्भावनाएँ हैं। यहाँ के नेताओं और बुद्धिजीवियों और राजनैतिक कार्यकर्ताओं को समझना है कि एनजीओ चलानेवाले दूसरी दुनिया बनानेवाले नहीं, बल्कि वैश्वीकरण की मुहिम के तहत बन रही मौजूदा दुनिया के अन्तर्गत ही दूसरी दुनिया का झुनझुना बजानेवाले हैं। साथ ही मुम्बई सम्मेलन के विरोध में मुहिम चलानेवाले समूहों को भी समझना चाहिए कि उनकी वैसी कार्रवाई अन्ततः साम्राज्यवादियों का ही हित-पोषण करेगी। यानी जो भी थोड़ी-बहुत शक्ति मुम्बई सम्मेलन के बाहर बचेगी, वह उसके विरोध में खर्च हो जाएगी।

देश पुलिस का उपनिवेश

पुलिस के भ्रष्टाचार की खबरें रोज ही पढ़ने-सुनने को मिलती हैं। इन खबरों का हिस्सा अपराध जगत की उन खबरों से ज्यादा नहीं, तो कम भी नहीं होता, जिन्हें रोकने के लिए पुलिस प्रशासन की स्थापना की जाती है। दरअसल, अदना से लेकर बड़े अपराधी तक पुलिस को उसका 'हिस्सा' पहुँचाते हैं। दिल्ली पुलिस का एक डीएसपी एक व्यापारी से विदेशी रिवॉल्वर की 'भेंट' स्वीकार करता है, तो प्रीत विहार थाने की पुलिस एक व्यक्ति से, जिसने अपनी पत्नी को जलाकर छत से नीचे धक्का दे दिया, पचास हजार रुपयों की रिश्वत लेकर हत्या के मामले को रफा-दफा करने की कोशिश करती है। ये पुलिस भ्रष्टाचार की एक शहर की एक दिन की प्रमुख खबरें हैं। समझा जा सकता है कि पूरे देश के पैमाने पर पुलिस भ्रष्टाचार की कहानी का कोई अन्त नहीं है।

यह एक जानी-मानी सच्चाई है कि भारत का राजनैतिक-प्रशासनिक जीवन भ्रष्टाचार की समस्या से गम्भीर रूप से ग्रस्त है। भ्रष्टाचार की इस व्याप्ति में पुलिस का भ्रष्टाचार भी आता है। पुलिस के मामले में खास बात यह मानी जा सकती है कि भ्रष्टाचार का कलंक शुरू से ही उसके माथे पर लगा है और उसके चरित्र का स्थायी भाव बन चुका है। 1902 में बने भारतीय पुलिस आयोग ने पुलिस को "भ्रष्ट और दमनकारी" पाया था। आज भी उसके चरित्र में ये दो 'विशिष्टताएँ' ही प्रधान हैं। 1977 में धर्मवीर की अध्यक्षता में बने राष्ट्रीय पुलिस आयोग ने पुलिस व्यवस्था की व्यापक छानबीन के बाद पाया कि "जनता की नजर में पुलिस अपने कर्तव्यों का निर्वाह करने में राजनैतिक पक्षपात, क्रूरता, भ्रष्टाचार और अकुशलता के लिए कुख्यात है...।"

प्राचीन समाजों से लेकर आज तक कानून और व्यवस्था बनाए रखने के लिए नागरिक जीवन में पुलिस की मौजूदगी अनिवार्य रही है, साथ ही पुलिस का भ्रष्टाचार भी और उस भ्रष्टाचार के आगे आम नागरिकों की असहाय और दयनीय स्थिति भी। सामाजिक-राजनैतिक प्रक्रियाओं में बदलाव के साथ मानव जीवन के व्यापार और गतिविधियाँ भी बदलते हैं। पुलिस के भ्रष्टाचारी रूप की विशेषता यह है कि वह मानव जीवन के प्रत्येक व्यापार और गतिविधि में भ्रष्टाचार की गुंजाइश पैदा कर लेती है। पुलिस-भ्रष्टाचार की व्याप्ति आश्चर्यजनक है : ग्रामीण, कस्बाई, नगरीय और महानगरीय जीवन की सभी बस्तियाँ इसकी चपेट में हैं। कोई अकेला व्यक्ति तो शायद ऐसा मिल जाए, जो अपने जीवन में पुलिस-भ्रष्टाचार का शिकार न हुआ हो, लेकिन ऐसी किसी

पारिवारिक इकाई का मिलना असम्भव है। पुलिस के फन्दे में एक-न-एक दिन सभी को फँसना पड़ता है। अन्य मारों की तरह पुलिस की मार भी गरीब भारत पर ही ज्यादा पड़ती है, हालाँकि अमीर भारत को भी कई बार उसके सामने घुटने टेकने पड़ते हैं। राजनैतिक सत्ता पुलिस का अपने पक्ष में इस्तेमाल करती है, लेकिन कई बार सत्ताच्युत नेताओं तक को पुलिस का रगड़ा लग जाता है। पुलिस का भ्रष्टाचार जाति, धर्म, उम्र, लिंग, पेशा आदि कटघरों को नहीं मानता।

भारत की विशाल जनसंख्या में पुलिस की संख्या अत्यल्प है, लेकिन उसके भ्रष्टाचारी हाथ इतने लम्बे हैं कि जीवन में कभी-न-कभी सभी को उसकी मुट्ठी गरम करनी पड़ती है। इक्का-दुक्का ऐसे संस्कारी पुलिसवाले भी होते हैं, जो स्वयं भ्रष्टाचार की पहल नहीं करते, लेकिन 'हिस्सा' उन्हें भी पहुँचता है। पुलिस प्रशासन में थाना इकाई तक का कोई पुलिसकर्मी, ऊपर की कमाई से बच पाता हो, यह सम्भव नहीं लगता। अपराध करके दंड से बचने की मानव-प्रवृत्ति है। अपराध करनेवाला दंड से बचने या कम दंड पाने की जुगत में पुलिस को रिश्वत खिलाता है। इस तरह पुलिस के साथ वह खुद भी आधा भ्रष्टाचारी बनता है। लेकिन जिसने अपराध नहीं किया है या जिसके प्रति अपराध हुआ है, वह भी पुलिस को रिश्वत देने के लिए अभिशप्त है।

यहाँ प्रेमचन्द के उपन्यास 'गोदान' का एक रोचक प्रसंग देखा जा सकता है। होरी का छोटा भाई शोभा उसकी गाय को जहर देकर भाग जाता है। गाय मर जाती है। मामले की तहकीकात के लिए दरोगा बिना किसी रपट के ही गाँव में आता है और आते ही शोभा के घर की तलाशी का ऐलान कर देता है। बिचौलिए दरोगा को बताते हैं कि होरी से पचास रुपयों का डौल बैठना भी मुश्किल है। दरोगा 'पुलिस कार्रवाई' का करिश्मा अच्छी तरह से जानता है। वह तलाशी का ऐलान दुहराता-तिहराता है। होरी को घर की इज्जत की फिक्र पड़ जाती है। उसका किसान मानस उसकी गाय को जहर देने के बावजूद शोभा के घर को अपने से अलग नहीं मानता। वह मदद के लिए सूदखोरों की ओर ताकता है, जो तत्परता से मदद का हाथ बढ़ाते हैं। अन्त में तीस रुपयों पर सौदा तय होता है। दरोगा और बिचौलिए रकम आपस में आधा-आधा बाँटने का निर्णय लेते हैं। होरी जब अँजुरी में रुपए लेकर दरोगा को भेंट करने चलता है, तो उसकी पत्नी धनिया का उग्र हस्तक्षेप पुलिस के रिश्वतखोर चरित्र को सरेआम नंगा कर देता है। दरोगा को खाली हाथ लौटना पड़ता है। रेणु के 'मैला आँचल' में आजाद भारत का दरोगा अधिक छुट्टा है। हँसेरी (समूह में हिंसक हमला करना) कांड में संथालों के खिलाफ मामला बनाने के लिए वह पाँच हजार रुपए रिश्वत लेता है। संथाल तहसीलदार के खेत से बीहन लूटते हैं। तहसीलदार की ओर से सारा गाँव लड़ने जाता है। शिवशक्कर सिंह का बेटा हरगौरी हँसेरी में मारा जाता है। तहसीलदार बिचौलिया बनकर उल्टे उसी से दरोगा को पाँच हजार की रिश्वत दिलवाते हैं। होरी की गाय मारी गई, फिर भी उसके सामने रिश्वत देने की नौबत आई। शिवशक्कर सिंह का बेटा जान से गया, ऊपर से उसे पाँच हजार रुपया भी

भरना पड़ा। ऐसी होती है पुलिस-भ्रष्टाचार की महिमा !

पुलिस प्रशासन की मुख्य फोर्स 'कांस्टेबलरी' है, जो थानों और चौकियों पर रहती है। आम जनता का पुलिस प्रशासन की थाना इकाई से ही साबका पड़ता है। पुलिस-भ्रष्टाचार का अधिकांश यह इकाई ही सम्पन्न करती है। पुलिस थाने में शिकायत या सहायता के लिए जेब को भारी करके जाना होता है। खाली जेब जानेवालों को खाली गालियाँ, धक्के और डंडे ही मिलते हैं। पुलिस सुधार की जब भी बात की जाती है, तो अधिकांश सुझाव 'कांस्टेबलरी' से ही सम्बन्धित होते हैं। भारतीय पुलिस सेवा के तहत बने उच्च पुलिस अधिकारियों का जनता से सीधा सम्बन्ध नहीं होता। आम जनता की नजर में इन बड़े अधिकारियों की छवि बेहतर होती है। कुछ वरिष्ठ पुलिस अधिकारी पुलिस की भ्रष्टाचारी छवि के प्रति चिन्ता भी व्यक्त करते हैं। लेकिन उच्च पुलिस अधिकारियों के भ्रष्टाचार का खुलासा भी यदा-कदा होता रहता है। बड़े शहरों में जमीन पर बड़े पैमाने पर होनेवाले अवैध कब्जों के मामलों में अक्सर बड़े पुलिस अधिकारियों की मिलीभगत होती है, जो अक्सर सामने आती रहती है। पुलिस में उच्च पदों पर भले ही कम भ्रष्टाचार होता हो या वह सामने न आ पाता हो, पुलिस-भ्रष्टाचार की जिम्मेदारी पूरे पुलिस प्रशासन की बनती है।

अन्य महकमों के मुकाबले पुलिस महकमे की 'विशिष्टता' यह है कि यहाँ भ्रष्टाचार के आगे-आगे अत्याचार चलता है। पुलिस एक हाथ से डंडा चलाती है, दूसरे हाथ से रिश्वत खाती है। उसका डंडा केवल थाने में ही नहीं चलता, सरे बाजार भी चलता है। बात से पहले हाथ छोड़ना पुलिस की सहज आदत में शुमार है। औपनिवेशिक काल से लेकर आज तक पुलिस अत्याचार की कहानी फैली है। देशी-विदेशी नागरिक और मानवाधिकार संगठनों की रपटों और सामान्य पत्र-पत्रिकाओं में पुलिस अत्याचार के विस्तृत ब्यौरे मिलते हैं। पुलिस का अत्याचार अक्सर क्रूरता की हद तक पहुँचा होता है। विशेष इलाकों में विशेष कानूनों से लैस पुलिस जो अत्याचार करती है, उसकी अलग श्रेणी बनती है। दैनंदिन कार्रवाई में भी पुलिस की क्रूरता के मामले मिलते रहते हैं। भागलपुर के कैदियों की आँखें फोड़ दी गई थीं। हवालात में बन्दियों की मौत होने और तीसरी डिग्री के तरीकों का इस्तेमाल आम बात है। महिलाओं के साथ असभ्य व्यवहार और बलात्कार पुलिस अत्याचार का अतिरिक्त आयाम है। यहाँ कानून और सदाचार की सारी मर्यादाएँ टूट जाती हैं। अपराधियों को तो मजा चखाया ही जाता है, अपने को संरक्षित श्रेणी में मानकर चलनेवाली पुलिस विरोधी की धुनाई अधिक जमकर करती है। विरोधी यानी कानूनची किस्म का आदमी।

शासितों के आत्मसम्मान और वीर भाव को नष्ट करना औपनिवेशिक पुलिस का लक्ष्य होता था। लिहाजा, बुजुर्गों ने आत्मसम्मान को पुलिस की धुनाई से 'डिटैच' करने का प्रयास किया। उन्होंने कहा कि बारिश में रपटने और पुलिस से पिटने में अपमान नहीं मानना चाहिए। जाहिर है, यह मजबूरी में दी गई व्यवस्था थी। औपनिवेशिक काल में क्रान्तिकारियों और उपनिवेशोत्तर काल में नक्सलवादियों ने मजबूरी की व्यवस्था को

अमान्य करते हुए, पलटकर पुलिसवालों की जानलेवा धुनाई की। प्रेमचन्द के होरी की लाल पगड़ी देखते ही जान सूख जाती थी। नक्सलवाद से प्रभावित क्षेत्रों में होरी की सन्तानें पुलिसवालों की हत्या कर डालती हैं। डाकू-बदमाश भी पुलिस से कभी-कदा अपना हिसाब बराबर कर लेते हैं। लेकिन आम हालत में आम नागरिक आज भी पुलिस अत्याचार के सामने मजबूरी की व्यवस्था को मानकर चलता है। दरअसल, पुलिस के अत्याचारी पंजे से बचने के लिए लोग उसके भ्रष्टाचारी पंजे की शरण लेते हैं। रिश्वत देकर अगर कोई बिना धुनाई के थाने से घर वापस आ जाता है तो शुक्र मनाया जाता है।

आजादी के बाद भारतीय गणतन्त्र में पुलिस की बदली हुई भूमिका अपेक्षित थी। लेकिन औपनिवेशिक भूत ने उसका पीछा नहीं छोड़ा है। संवैधानिक नागरिक अधिकारों के प्रति बढ़ती जनचेतना का साथ पुलिस बल नहीं दे पाए। एक वरिष्ठ पुलिस अधिकारी के ही शब्द लें तो जनता की नजर में पुलिस आज भी "अपराधियों का सर्वाधिक संगठित समूह" है। राष्ट्रीय पुलिस आयोग की रपट में कहा गया है, "ब्रिटिश हुकूमत के दौर में बनी पुलिस व्यवस्था की संस्कृति, जब पुलिस निर्ममतापूर्वक सरकारी सत्ता को बनाए रखनेवाली एजेंसी के रूप में काम करती थी, आज भी जारी है।" एक अन्य वरिष्ठ पुलिस अधिकारी लिखते हैं, "करीब आठ हजार थानेदारों में से भारत में सामान्यतः दो-तिहाई राजनैतिक नियुक्तियाँ हैं, जिनका मुख्य काम पैसा कमाना और उसका एक हिस्सा अपने राजनैतिक गुरुओं को देकर खुश रखना है।"

पुलिस के भ्रष्टाचारी चरित्र के लिए विभिन्न विशेषज्ञ अध्ययनों और रपटों में कम वेतनमान, अपर्याप्त प्रशिक्षण, काम का अत्यधिक दबाव, राजनैतिक हस्तक्षेप, पुलिस अपराधों की दोषपूर्ण जाँच-प्रक्रिया आदि कारण बताए जाते हैं। इन सभी कारणों की अपनी भूमिका है। लेकिन मूलभूत कारण माना जाएगा—वर्तमान पुलिस के ढाँचे और सोपानक्रम का 138 साल पहले औपनिवेशिक शासन के दौरान बने पुलिस अधिनियम, 1861 पर आधारित होना। इस ढाँचे को तोड़कर नवीन उद्भावनाओं से युक्त नया ढाँचा बनाकर ही पुलिस का नया चरित्र निर्मित किया जा सकता है। वैसा करने की इच्छाशक्ति न तो राजनेताओं में नजर आती है, न नौकरशाहों में। वर्तमान ढाँचे में सुधार से भी जनता को कुछ-न-कुछ राहत और पुलिस को अपनी बेहतर छवि बनाने में मदद मिल सकती है। लेकिन सुधार के जो दावे किए जाते हैं उन्हें फलीभूत होते नहीं देखा जाता। पुलिस भ्रष्टाचार और अत्याचार से मुक्ति एक ऐसा आदर्श है, जिसे शायद ही कभी पाया जा सके। लेकिन इसका मतलब यह नहीं है कि पुलिस-तन्त्र को जिस हद तक मानवीय बनाना सम्भव है, वह भी न किया जाए।

आधुनिकता के बर्बर आतंक

लोग जिस तरह मारे गए, घायल हुए, भयाक्रान्त हुए—वह सब देखने के लिए वे लोग जिन्दा नहीं बचे हैं, जिन्होंने अमरीका के न्यूयार्क और वाशिंगटन शहरों में पिछले मंगलवार की आतंकवादी कार्रवाई को अंजाम दिया। उन्होंने अपने साम्प्रदायिक जुनून और आत्यंतिक दुस्साहस में खुद को भी मौत के मुँह में झोंक दिया। लेकिन जिन्होंने अभी तक की इस भीषणतम और क्रूरतम आतंकवादी कार्रवाई की योजना बनाई, उन्हें जरूर एकबारगी मानवीय करुणा और पश्चाताप की भावना ने छुआ होगा ! हालाँकि ज्यादा सम्भावना इसी की है कि बदले की कार्रवाई में वे भी जल्दी ही मार दिए जाएँगे। आतंकवादी हमले में जिस तरह हजारों निर्दोष मारे गए हैं, उसी तरह बदले की कार्रवाई में भी मारे जा सकते हैं। अमरीकी राष्ट्रपति जॉर्ज डब्ल्यू बुश और नेटो की घोषणाओं से यही लगता है कि खूनी खेल जारी रहेगा और अबकी बदले की कार्रवाई में खून-खराबा कुछ ज्यादा ही होगा। भलाई और समझदारी तो इसी में होती कि अमरीका और त्रासदी की इस घड़ी में उसके साथ खड़े होनेवाला विश्व नेतृत्व ठहरकर गम्भीरता से इस खूनी खेल से निजात पाने की दिशा में सोचता। अफसोस कि वैसा नहीं लग रहा है।

यह त्रासद घटना देर तक याद की जाएगी। उस पर शोक प्रकट करने और उसकी निन्दा करने के साथ ही उसके उत्तर-प्रभावों का आकलन किया जाएगा। अमरीका अपने अकूत संसाधनों और हथियारों के बल पर अपनी सुरक्षा कड़ी करने के प्रयास तेज करेगा। इस प्रक्रिया में यह आशा की जानी चाहिए कि आतंकवाद की समस्या को केवल अपने राष्ट्रीय हित के परिप्रेक्ष्य में देखने का आदी रहा अमरीका अपने नजरिए में बदलाव लाएगा और अपना प्राधिकार (हेजेमनी) जमाने के लिए इस समस्या से ग्रस्त दूसरे देशों के मामले में फटकारने और पुचकारने की रणनीति से बाज आएगा। लेकिन मामला इतने भर तक ही सीमित नहीं रह जाना चाहिए। आधुनिक सभ्यता की संरचना में परिघटना की तरह व्याप्त हिंसा की प्रवृत्ति पर गहराई से विचार करने की जरूरत है। जैसा कि कहा जा रहा है, आतंकवादी हिंसा कोई स्वायत्त 'शैतानी' घटना नहीं है। वह आधुनिक सभ्यता से पैदा होनेवाले संकट की ही एक अभिव्यक्ति है।

इस गुत्थी के विस्तार में जाने से पहले यह देख लें कि जो हथियार 'मध्ययुगीन बर्बरता' के वाहक आतंकवादी चलाते हैं, उन्हें आधुनिक सभ्यता के वाहक बनाते और बेचते हैं। तो पहले बुरा कौन हुआ ? हथियार बनाने और बेचनेवाला या उन्हें

चलानेवाला ! जबकि बनाने और बेचनेवाला उन्हें चलाता तो है ही। फिर, क्या आधुनिक समझ से एक व्यक्ति या समूह को पूर्णतः शैतानी और दूसरे को साधु कहा जा सकता है ? इतने अध्ययन-मनन, विशेषकर मनोवैज्ञानिक विश्लेषणों के बाद क्या बाइबल युग की टाइप धारणाओं से काम चलाया जा सकता है ? अगर ऐसा किया जाता है, तो कह सकते हैं कि आधुनिक दिमाग के भीतर भी मध्ययुगीन दिमाग घात लगाए बैठा रहता है। इसका फैसला फिर कैसे होगा कि कौन शैतान है और कौन साधु ! क्या मानव सभ्यता के मूल्यगत प्रश्नों का फैसला आर्थिक और सामरिक ताकत के बल पर होगा ? आधुनिक सभ्यता का प्रतीक अमरीका मानव-मूल्यों के निर्धारण का निर्णय आर्थिक और सामरिक ताकत के बल पर करता है। ज्ञान की ताकत को आर्थिक और सामरिक ताकत का सेवक बना दिया गया है। मूल्य-रचना में मानवीय करुणा और संवेदना की भी कोई भूमिका होती है, आधुनिक सभ्यता में इसे सिरे से नकार दिया है। अगर ताकत ही निर्णायक तर्क है, तो आधुनिक सभ्यता मध्ययुगीन सभ्यता से श्रेष्ठ होने का दावा कैसे कर सकती है ? हम देख सकते हैं कि आधुनिक सभ्यता में भी कतिपय ताकतवादी-महामानववादी आधुनिक चिन्तकों की विचारधारा ही केन्द्रीय बनी हुई है। कमजोर और साधारण का मध्ययुग में भी मरण था और आधुनिक युग में भी। कमजोर और साधारण जन के हितार्थ बड़े लोगों के हृदय को सत्य और अहिंसा के पक्ष में बदलने के गांधी के विचार पर सभी आधुनिकतावादी बिदक खड़े होते हैं। लेकिन बड़े लोगों की असत्य और हिंसा के पक्ष में गोलबन्दी पर उन्हें कोई गुरेज नहीं होता। ऐसे में आधुनिक युग के बीचों-बीच मध्ययुग की उपस्थिति बने रहना रोका नहीं जा सकता और सभ्यता की बात करना ही बेमानी हो जाता है।

भारत के गृहमन्त्री ने अमरीका में हुई आतंकवादी घटना की प्रतिक्रिया में मस्जिद-ध्वंस के बाद हुए मुम्बई के दंगों की भयावहता की याद की है। लेकिन यह याद करना वे 'भूल' गए कि उन दंगों के लिए जमीन तैयार करने में उनकी अपनी भूमिका अग्रणी थी। साम्प्रदायिकता के रथ पर सवार होकर राजनैतिक ताकत हासिल करने की अपनी प्रतिमानवीय भूमिका पर वे ध्यान देते, तो मुम्बई दंगों की विभीषिका की याद उन्हें आत्मालोचन के लिए प्रेरित करती और उनमें अपनी भूमिका पर पश्चाताप की मानवीय अनुभूति पैदा होती। राष्ट्र के नाम अपने सन्देश में प्रधानमन्त्री ने भी यह चिन्ता जताई है कि मुम्बई दंगों के आरोपियों को सजा मिलने में होनेवाली देरी उनके लिए आतंकवादी कार्रवाइयाँ जारी रखने का खुला निमन्त्रण है। वे भी 'भूल' गए कि मुम्बई दंगों पर तैयार की गई कृष्णा आयोग की रपट को उनकी पार्टी की साझा सरकार ने स्वीकार करने से ही इनकार कर दिया था। इस गहन शोक की घड़ी में अमरीकी नेतृत्व को भी आत्मालोचन करना चाहिए कि 'महान अमरीका' की जिस 'मजबूत बुनियाद' पर वह गर्व करता है, उसमें रेड इंडियनों से लेकर 'पिछड़ी' दुनिया के अनगिनत जीवन और जीवनाधिकार दफन हैं। तब शायद उसे भी पश्चाताप की अनुभूति हो और वह बदला लेने के बजाय बदलने और सबक सिखाने के बजाय सबक सीखने पर अपना ध्यान लगाए !

आधुनिक सभ्यता के स्वरूप और संकट पर थोड़ी चर्चा की जा सकती है। अक्सर इस तरह के वैज्ञानिक अध्ययन प्रकाशित होते रहते हैं कि धरती का तापमान बढ़ता जा रहा है, जिसके नतीजे में तरह-तरह की आपदाएँ आती हैं, जो आगे और भी भयंकर और विध्वंसक होती जाएँगी। यह भी स्वीकार किया जाता है कि इसका कारण संसाधनों का अन्धाधुन्ध दोहन है। संसाधनों के इस्तेमाल में भी एक अन्धापन निहित रहता है। उनका इस्तेमाल सबके लिए सामान्य सुविधापरक जीवनयापन की वस्तुओं के उत्पादन के बजाय विशिष्ट भोगवादी साजो-सामान से लेकर तरह-तरह के विध्वंसकारी हथियारों के उत्पादन में किया जाता है। (दुनिया में फैली भूख, बीमारी और अशिक्षा के बरक्स हथियार उद्योग से जुड़े आँकड़े चौंकानेवाले हैं।) आधुनिक बुद्धि ने अपने कौशल का अधिकांश इसी दिशा में लगाया हुआ है और इस रूप में वह निश्चित ही अभी तक की सर्वाधिक कुशाग्र बुद्धि सिद्ध हुई है। बुद्धि की यह कुशाग्रता प्रतिस्पर्धावाद के सिद्धान्त से परवान चढ़ती है और अपनी प्रगति और विकास को ही मानव सभ्यता की प्रगति और विकास का नाम देती है। आधुनिक प्रगति और विकास ने धरती की तरह आदमी के दिमाग का तापमान भी बढ़ाया हुआ है। जो इस प्रगति और विकास के भोक्ता की हैसियत में है, वह भी ताव खाता नजर आता है, जो उसकी दौड़ में शामिल है वह भी और जो वंचित है वह भी। आज का आदमी गुस्से और हिंसा का पुतला बना हुआ है, यह सच्चाई दैनंदिन पारिवारिक व सार्वजनिक कलहों और झड़पों से लेकर जातियों, नस्लों और सभ्यताओं-अस्मिताओं की खूनी टकराहटों में दिखाई देती है। अगर आज धरती और उस पर रहनेवाले आदमी का मिजाज इस कदर गरम है, तो उसका उपचार और ज्यादा गरमी पैदा करके नहीं किया जा सकता। उसके लिए आत्मालोचन और दूसरे के साथ बराबरी का संवाद ही एकमात्र रास्ता है, जिसे आधुनिक बुद्धि पकड़ना नहीं चाहती।

कुछ लोगों के लिए संक्रमण काल कभी खत्म नहीं होता, भले ही पीढ़ियाँ खत्म हो जाएँ। ऐसे लोगों का विश्वास है कि आधुनिक सभ्यता ने अभी अपना आदर्श स्तर हासिल नहीं किया है। हासिल कर लेने पर वह अभी तक की सबसे श्रेष्ठ सभ्यता होगी। ऐसा वे इसके बावजूद मानते हैं कि आधुनिक सभ्यता की एक उपचारक अभिव्यक्ति समाजवाद के विचार का पराभव हो चुका है और अब अकेली उच्च-पूँजीवादी-उपभोक्तावादी विचारधारा उसकी नियामक बनी हुई है। ऐसे लोग तो बहुतायत में हैं ही, जो आधुनिक सभ्यता के मौजूदा रूप को ही अभी तक की सर्वश्रेष्ठ सभ्यता कहते हैं। यह सही है कि बतौर सभ्यता आधुनिक सभ्यता की उम्र अभी छोटी है। लेकिन उसमें बद्धमूल हिंसा की दृष्टि से देखें, तो आँकड़े बताते हैं कि इस छोटी उम्र में ही करोड़ों-करोड़ लोग हिंसा की भेंट चढ़ चुके हैं और अनगिनत संख्या में लोगों ने भयानक नारकीय यातनाएँ झेली हैं। खुली हिंसा के अलावा अनेक रूपों में होनेवाली छिपी हिंसा की कहानी भी वैसी छिपी नहीं है। देखा जा सकता है कि एक बड़ी दुनिया आधुनिक सभ्यता के पुरोधा अमरीका और उसके सम्पन्न सहयोगी देशों के वर्चस्व के नीचे अपनी भौतिक जरूरतों

से लेकर धार्मिक-सांस्कृतिक-भाषिक आदि अस्मिताओं की रक्षा के लिए छटपटा रही है। दुनिया का साहित्य भी इस दृष्टि से देखा जा सकता है। आधुनिक काल में, विशेषकर लैटिन अमरीका, अफ्रीका और एशिया के साहित्य को उन पर होनेवाली हिंसा के महाख्यान के रूप में पढ़ा जा सकता है। जरूरी नहीं है कि हमेशा आधुनिक सभ्यता के पुरोधा देश सीधे हिंसा करते हों, उनके देशी एजेंट कई बार ज्यादा हिंसक होते हैं। समता की बात करना तो अब दुत्कार खाना है। अलबत्ता लोकतन्त्र और स्वतन्त्रता की बात बढ़-चढ़कर की जाती है और अमरीका को उनका संशय-रहित साक्ष्य माना जाता है। लेकिन क्या लोकतन्त्र और स्वतन्त्रता की अवधारणाओं को सच्चाई में ग्रहण कर कोई एक (या एकाधिक) देश महाशक्ति हो सकता है ? महाशक्ति होना तब तक सम्भव ही नहीं है, जब तक हिंसा के बल पर दूसरों के अधिकारों और अस्मिताओं को दबाकर नहीं रखा जाए।

यहाँ आधुनिक सभ्यता की आलोचना करने के पीछे मध्ययुगीन या किसी प्राचीन सभ्यता की वकालत का आग्रह नहीं है। पैदा होने के बाद कोई वापस गर्भ में नहीं घुस सकता। लेकिन बगैर समुचित 'स्पेस' के भी इंसान जिन्दा नहीं रह सकता। और आधुनिक सभ्यता अपने 'नेटवर्क' से अलग किसी भी विचार और व्यवहार को 'स्पेस' देने के लिए तैयार नहीं है। वह बहुलता की बात तो करती है, लेकिन अपने भौतिक-वैचारिक 'नेटवर्क' के भीतर ही। वह भिन्न स्वर रखने की इजाजत देती है, लेकिन साथ ही आदेश स्पष्ट है कि प्रतिरोधी स्वर बर्दाश्त नहीं किया जाएगा। सारी बहुलताएँ और भिन्नताएँ उसके राजनैतिक-आर्थिक-सांस्कृतिक-सामरिक प्राधिकार के मातहत ही दुनिया में रह सकती हैं। वैसे में वह उनके ऊपर कुछ खर्चापानी भी कर सकती है। लेकिन उसकी टेक एक ही है कि सभी अस्मिताओं को आधुनिक सभ्यता पर न्यौछावर हो जाना चाहिए। दुनिया में जहाँ तक जितनी बुद्धि है, उसे एकरूपता में ढलकर इस सभ्यता के उन्नयन का उद्यम करना चाहिए। कहना न होगा कि सभ्यताओं के इतिहास में आधुनिक सभ्यता अभी तक की सर्वाधिक प्राधिकारवादी सभ्यता है। उसका अपनी मान्यताओं में धार्मिक कट्टरतावादियों की तरह ही अन्धा विश्वास है और आदेश न माननेवालों के प्रति वह धार्मिक कट्टरतावादियों की तरह ही हिंसक हो उठती है। यह अलग बात है कि उसके आदेश और हिंसा धार्मिक रूढ़िवादियों के मुकाबले बारीकी लिए होते हैं। इसी बारीकी के कौशल से वह अपने सभ्य होने का दावा बरकरार रखती है। आधुनिकतावादियों का अपनी सभ्यता के प्रति कट्टरतावादी आग्रह धार्मिक कट्टरतावाद को उकसाने में प्रमुख भूमिका अदा करता है।

आधुनिक सभ्यता का पर्याय बने अमरीका के लोकतन्त्र और स्वतन्त्रता के दावे को प्रश्नांकित करने की जरूरत है। सबसे पहले आतंकवादी कार्रवाई का शिकार हुए अमरीकी लोगों को यह सवाल पूछना चाहिए कि लोकतन्त्र और स्वतन्त्रता की यह कैसी अवधारणा है, जिसके तहत दुनिया के समस्त बौद्धिक-भौतिक संसाधनों को अमरीका की भूमि पर एकत्र किया जाता है। सवाल यह भी पूछना चाहिए कि क्या सभ्यता का

अर्थ केवल अर्थतन्त्र, भोगतन्त्र और सामरिक तन्त्र की उत्तरोत्तर मजबूती है। ये सवाल अमरीकी पहली बार नहीं उठाएँगे। नोम चोम्स्की जैसे विद्वान पहले भी उन्हें उठाते रहे हैं। वहीं के विदेश विभाग में काम कर चुके विलियम ब्लुम ने 'रोग स्टेट' पुस्तक में अमरीका की दूसरे महायुद्ध से अब तक की कारस्तानियों का सप्रमाण विवरण दिया है। सवाल उठाने के साथ अमरीकी लोगों को इस पर भी गम्भीरतापूर्वक सोचना चाहिए कि उनके मारे जाने पर दुनिया की आबादी का एक हिस्सा खुशियाँ क्यों मना रहा है। ध्यान रहे खुशियाँ मनाने का मामला केवल फिलिस्तीन और पाकिस्तान तक सीमित नहीं है, न ही बाकी मुस्लिम देशों तक। यह सही है कि आतंकवादियों द्वारा निर्दोष लोगों की जघन्य हत्या का दृश्य देखने या उसके बारे में सुननेवाले समस्त लोगों को एकबारगी गहरा सदमा लगा है और उनके हृदय मारे गए लोगों और उनके प्रियजनों के प्रति करुणा से भरे हैं। लेकिन इस सच्चाई से इनकार नहीं किया जा सकता, चाहे रुक-रुककर ही, प्रत्येक देश के आदमी के मन में एक हलकी-सी लहर खुशी की भी उठती है। यह खुशी अमरीका की दादागीरी को सशक्त चुनौती मिलने के सन्तोष से जुड़ी है। इस खुशी का कोई मायना नहीं है। इसलिए नहीं कि इस हमले के बावजूद अमरीका की दादागीरी बरकरार रह सकती है, बल्कि इसलिए कि इस तरह की खुशी के पीछे आधुनिक सभ्यता की प्राधिकारवादी संरचना में बदलाव की प्रेरणा नहीं है। वह एक पराभूत और कहीं न कहीं ईर्ष्यालु मानस की अभिव्यक्ति है कि हम वैसे प्रभुत्वशाली और वैभवशाली नहीं हुए।

यहाँ गांधी का स्मरण किया जा सकता है, जिनके अमरीका न जाने का फैसला प्रतीकात्मक अर्थ रखता है। गांधी आधुनिक मनुष्य थे और उनकी सभ्यता की परिकल्पना में वर्चस्व, वह भी 'डॉलर' और हथियारों के वर्चस्व के लिए कोई जगह नहीं थी। उन सन्तों, भक्तों और सूफियों का स्मरण भी किया जा सकता है, जिन्हें खोजने पर अपने से बुरा कोई दूसरा नहीं मिल पाया। आधुनिक सभ्यता के नेतृत्व को इस आतंकवादी कार्रवाई से सीख लेनी चाहिए कि वह बुराई को केवल बाहर खोजने के बजाय अपने भीतर भी खोजे। तभी आतंकवादी और जवाबी कार्रवाइयों का यह दुश्चक्र थम पाएगा।

न्याय की आड़ में

अमरीका को 11 सितम्बर की आतंकवादी कार्रवाई का 'प्राइम सस्पेक्ट' ओसामा बिन लादेन चाहिए–जिन्दा या मुर्दा। (कहना न होगा कि इस तरह के फरमान और इश्तहार पुलिस जारी करती है।) उसकी खुली धमकी है कि वह बिन लादेन और उसे पनाह देनेवालों को नेस्तनाबूद करेगा। धमकी यह भी है कि उसके द्वारा घोषित 'नए युद्ध' में जो उसके साथ नहीं हैं, वे आतंकवाद के साथ हैं। छिपी धमकी भी साफ है कि 'ऑपरेशन इनफिनिट जस्टिस' में आगे-पीछे उनका भी 'न्याय' होगा, जो साथ नहीं देंगे और तटस्थ भी बख्शे नहीं जाएँगे। 'आतंक का जवाब आतंक' के अमरीकी न्याय को पूरे विश्व का समर्थन चाहिए। यह सवाल उठाए बगैर कि जिस आतंकवाद के खिलाफ युद्ध में वह पूरे विश्व को बिना शर्त समर्थन के लिए हड़का रहा है, उसका पोषण-सम्वर्द्धन करनेवाला वह खुद है। अमरीका के लिए आतंकवाद बुरा नहीं होता, अगर वह दूसरे देशों और समुदायों के लिए आफत लाता है। वह बुरा तब होता है, जब अमरीका पर उसकी चोट पड़ती है। आतंकवाद ने अभी तक की एकमुश्त भयानकतम चोट अमरीका पर की है। इस चोट से घायल वह केवल आतंकवादियों को ही नहीं, पूरे विश्व को ललकार रहा है। अपने आर्थिक और सामरिक प्रतीकों के ध्वंस के बावजूद वह विश्व पर अपने एकाधिकार को बरकरार सिद्ध करना चाहता है। अमरीका सहित कई देशों के हजारों नागरिकों की मौत ने अमरीकावासियों को निश्चित ही गहरे शोक में डुबो दिया है। लेकिन नेतृत्व की प्राथमिक चिन्ता दुनिया पर अमरीका के एकाधिकार को बनाए रखने की है। यह है इक्कीसवीं सदी की शुरुआत, जिसमें विश्व एकध्रुवीय तानाशाही का बन्दी बन चुका है।

भारत और पाकिस्तान का नेतृत्व अमरीका का साथ देने की होड़ में सौत की तरह झगड़ रहा है। साथ देने में पाकिस्तान से बाजी मारने के लिए बिछले पड़ रहे भारत के संघी नेतृत्व की आतंकवादी हमले के दिन ही बाँछें खिल गई थीं। वह गद्‌गद् हुआ कि उसके छिहत्तर साला स्वप्न के पूरा होने की घड़ी आ पहुँची है। हालाँकि उसे यह अफसोस है कि अफगानिस्तान की भोगौलिक सीमा भारत के साथ न लगकर पाकिस्तान के साथ लगती है। वरना साथ देने का मजा आ जाता ! अर्थात् पाकिस्तान (मुसलमानों पढ़ा जाए) को मजा चखा दिया जाता। अभी तो महाबली ने उसे अपने कुछ नौसैनिक अड्डे वक्त पड़ने पर इस्तेमाल के लिए खाली रखने का आदेश दिया है, जिसे बजाने में

वह जुट गया है। उधर धमकी से थर्राया तालिबान समर्थक पाकिस्तानी नेतृत्व बचाव में पेट के बल ही लेट गया है। गोया अमरीका ने धमकी नहीं, सीधे मिसाइलें दागी हों। पाकिस्तानी साम्प्रदायिक जमातों का रुख अलबत्ता अलग है। वे अपने ही नेतृत्व के विरोध में सड़कों पर उतर आई हैं। उनका हीरो मुशर्रफ नहीं, बिन लादेन है। लेकिन अमरीका से अपनी जान की मुआफी माँगता सैनिक तानाशाह साम्प्रदायिक जमातों का रुख भारत की ओर मोड़ने की पुरजोर कोशिश कर रहा है।

अमरिकी कोप के आगे इराक और मिस्त्र को छोड़कर सभी महत्त्वपूर्ण देशों के राजनैतिक नेतृत्व की रीढ़ झुक गई है। ब्रिटेन का नेतृत्व तो अमरीका का दुमछल्ला बना ही हुआ है, रूस और फ्रांस जैसे देश भी न्याय के अमरीकी अन्दाज को चुनौती नहीं दे रहे हैं। एशिया की आर्थिक महाशक्ति जापान ने अमरीका का साथ देने के लिए अपने संविधान में परिवर्तन तक कर डाला है। एशिया की सामरिक महाशक्ति चीन को भी अमरिकी न्याय से कोई विरोध नहीं है। वह न्याय संयुक्त राष्ट्र की मार्फत करने को कहने का साहस उसने जरूर दिखाया है। लेकिन अमरीका को उसकी नसीहत की कोई परवाह नहीं है। उसके लिए अमरिकी कांग्रेस ही सबसे बड़ी विश्व संस्था है और उसने प्रस्ताव पारित कर दिया है। लावलश्कर की पूरी तैनाती के साथ उसने अफगानिस्तान पर हमला करने की ठान ली है। हमला किसी भी क्षण हो सकता है। दुनिया का आधुनिक बौद्धिक नेतृत्व भी अमरीका के पक्ष में लामबन्द है। वह दीक्षित विद्यार्थी की तरह अमरीकी इतिहासकार हटिंगटन की थीसिस के दायरे में सारे संघर्ष को समझ रहा है और अमरीका को लोकतन्त्र व स्वतन्त्रता का कीर्तिस्तम्भ मानकर, उसके प्रति पूजाभाव से विनत है। उसकी नजर में दुनिया की समस्त अच्छाई का स्रोत अमरीका है और समस्त बुराइयों की जड़ इस्लाम और उसके अनुयायी मुसलमान हैं। जो राजनैतिक या बौद्धिक नेतृत्व किंचित अगर-मगर कर भी रहा है, उसे भी न्याय की एकमात्र आशा अमरीका से ही है। दबी जबान में उसकी 'आलोचना' इतनी भर है कि अमरीका ऐसा न करके वैसा करे, तो सब ठीक हो जाएगा। लेकिन करना सब अमरीका को ही है। एक भी नेता या बौद्धिक निर्णायक ढंग से यह कहने को तैयार नहीं है कि तालिबान नेतृत्व खुद अपने में और बिन लादेन को पनाह देने के चलते बुरा है, तो दुनिया पर अपनी धौंस जमाने और अपसंस्कृति फैलाने के चलते अमरीका भी उतना ही बुरा है।

अगर इस्लाम के नाम पर कट्टरतावाद फैलाया जाता है, तो ईसाइयत और हिन्दुत्व के नाम पर भी। आखिर पहले और दूसरे महायुद्धों में जिन फासिस्ट और साम्राज्यवादी ताकतों की भिड़न्त हुई थी, चीन और जापान को छोड़कर, वे सभी ईसाइयत की अनुयायी थीं। तो क्या यह मान लिया जाए कि ईसाई धर्म में फासीवाद और साम्राज्यवाद के बीज निहित हैं ? कहने को कुछ विद्वान ऐसा कहते भी हैं। कुछ विद्वानों का यह भी मानना है कि सभी धर्म आपस में प्रेम नहीं, घृणा करना सिखाते हैं। उनके अपने तर्क और प्रमाण हैं। लेकिन गांधी के जीवन और विचारों से सीख ली जा सकती

है। उन्होंने अपने धर्म में स्थित रहते हुए, दुनिया के सभी प्रमुख धर्मों का पारायण किया था। विशेषकर ईसा मसीह और बाइबल का उनके ऊपर काफी प्रभाव था। हम सभी जानते हैं कि कम-से-कम आधुनिक युग में वे प्रेम और अहिंसा के सबसे बड़े सन्देशवाहक बने। ईसाइयत के प्रभाव ने उन्हें फासीवादी या साम्राज्यवादी नहीं बनाया। इस्लाम को माननेवाले करोड़ों लोग शान्ति और सहअस्तित्व में भरोसा रखकर अपना जीवनयापन करते हैं। अपनी महत्ता जताने या राजनैतिक सत्ता हथियाने के लिए इस्लाम का कोई इस्तेमाल करता है, तो इससे यह सिद्ध नहीं हो जाता कि इस्लाम धर्म अपने में हिंसा और आतंक का स्रोत है। यही बात हिन्दू धर्म के बारे में भी कही जा सकती है। आधुनिक सभ्यता की बागडोर राजनैतिक और बौद्धिक नेतृत्व के हाथों में है, लिहाजा, हिंसा और आतंक के लिए धर्मों को कोसना कोई खास अर्थ नहीं रखता। वे राजनैतिक नेतृत्व के लिए इस्तेमाल और बौद्धिक नेतृत्व के लिए दुत्कार भर की चीज बनकर रह गए हैं।

पहले साम्राज्यवादी और अब नवसाम्राज्यवादी दौर में शामिल यूरोपीय देशों और अमरीका ने ईसा मसीह की शिक्षा और कुर्बानी के साथ गहरी दगा की है। उन्हें किसी भी हालत में गरीबों के त्राता ईसा मसीह का सच्चा अनुयायी नहीं कहा जा सकता। ध्यान दिया जा सकता है कि आधुनिक युग के जिस दौर में समता, स्वतन्त्रता और भाईचारे जैसे मूल्यों की बात की जा रही थी, वही दौर साम्राज्यवादी विस्तार का भी है। साम्राज्यवादी विस्तार की पूरी कहानी को यहाँ दोहराने की जरूरत नहीं है। उसके तहत पराधीन बनाए गए देशों का मुसलसल आर्थिक शोषण किया गया, राजनैतिक-सांस्कृतिक दमन किया गया और सबसे बढ़कर मानवीय गरिमा का हनन किया गया। साम्राज्यवाद की बहुआयामी मार से ये देश और समाज स्वाधीन होने के बाद भी उबर नहीं पाए और अब नए सिरे से नवसाम्राज्यवाद के शिकंजे में जकड़ लिए गए हैं। कहने का आशय यह है कि अगर यूरोप और अमरीका की इन करतूतों को ईसाइयत के मत्थे मढ़ दिया जाए, तो तथाकथित इस्लामी आतंकवाद उसके सामने दूध पीता बच्चा नजर आएगा।

बहरहाल, मुख्य चर्चा यह थी कि विश्व का अधिकांश राजनैतिक और बौद्धिक नेतृत्व न्याय का नाम देकर की जा रही अमरिकी बदले की कार्रवाई को मंजूर कर रहा है। यह प्रवृत्ति खुद आधुनिक सभ्यता के न्याय-विधान को तोड़नेवाली है। आधुनिक सभ्यता में राजनैतिक-आर्थिक मामलों या विवादों के साथ ही विभिन्न आपराधिक या आतंकवादी विवादों को निपटाने के लिए भी कतिपय अन्तर्राष्ट्रीय कानूनों और संस्थाओं का गठन किया गया है। 11 सितम्बर की आतंकवादी कार्रवाई के लिए अगर बिन लादेन ही 'प्राइम सस्पेक्ट' है, तो उसका अपराध सुनिश्चित करने के लिए प्रदत्त प्रक्रिया का अनिवार्यतः निर्वाह किया जाना चाहिए। अमरीका द्वारा अपनी जाँच को ही प्रमाण मानना अन्तर्राष्ट्रीय कानूनों का उल्लंघन है, जिसकी इजाजत किसी भी देश को नहीं दी जा सकती। फिर अमरीका इतना विवेक भी दिखाने को तैयार नहीं है कि सूचना

के अधिकार के तहत बाकी दुनिया को अपनी जाँच के तथ्य उपलब्ध कराए। वह सारे प्रक्रियागत पचड़ों को झटककर सीधे दंड देने पर उतारू है। उसके पास किसी भी तरह के कूटनीतिक संवाद या तर्क के लिए धैर्य नहीं है। अगर अमरीका अफगानिस्तान पर अन्धा हमला करता है, तो वह भी एक राज्य द्वारा की गई आतंकवादी कार्रवाई ही होगी और लोकतन्त्र, स्वतन्त्रता व मानवाधिकारों का रक्षक होने का उसका ढोंग एक बार फिर उजागर होगा। ऐसा नहीं है कि अमरीका यह सब नहीं जानता है। वह अपने अन्धे अभियान से तभी हतोत्साहित या विरत हो सकता है, जब आधुनिक सभ्यता के ज्ञानी-विज्ञानी अपनी आवाज को ऊँची और एकजुट करके उसे रोकें। अन्यथा आधुनिक सभ्यता के शिखर पर न्याय जैसी मानवीय अवधारणा का अर्थ बदला लेना भर रह जाएगा।

वैकल्पिक मीडिया की जरूरत

जैसा कि हमेशा होता है, मुख्यधारा मीडिया ने बाल ठाकरे के 'सभ्य समाज और संविधान' के प्रति भड़काऊ आह्वान को रातों-रात और हाथों-हाथ लिया। बाल ठाकरे सभी अखबारों के मुखपृष्ठों और टीवी चैनलों की हैडलाइनों में छा गए। सभी अखबारों ने उनके आह्वान पर सम्पादकीय लिखे। टीवी चैनलों ने चर्चाएँ आयोजित कीं। ऐसा ही मंजर गुजरात में तोगड़िया द्वारा श्रीमती सोनिया गांधी के प्रति इस्तेमाल किए गए अपशब्दों के मामले में देखने को मिला। तरह-तरह की मुद्रा में पेश की गईं तस्वीरों और बॉक्स बनाकर छापे गए वक्तव्यों के साथ वे पूरे मीडिया में छा गए। संघ सम्प्रदाय के नेताओं के भड़काऊ और अभद्र भाषण मीडिया की प्रिय खुराक बने हुए हैं। इलैक्ट्रॉनिक मीडिया तो अपने महत्त्वपूर्ण कार्यक्रमों में उन्हें बाकायदा बुलाकर लोगों को दिखाते और सुनवाते हैं। यह उतनी शिकायत की बात नहीं है कि नागरिक और संवैधानिक मर्यादाओं के अन्तर्गत सामाजिक-राजनैतिक काम करनेवाले लोगों या समूहों को मीडिया वैसी तत्परता से सामने नहीं लाता। लेकिन समाज में मीडिया की महत्त्वपूर्ण भूमिका होने के नाते यह शिकायत तो बनती ही है कि उन्मादी तत्त्वों की आवाज को वह जिस तरह ऊँचे उठाता है, उससे रचनात्मक काम में लगे लोगों की आवाज और नीचे दब जाती है और सारा मैदान उन्मादी तत्त्व मार लेते हैं। इसे एक पुराने मुहावरे की मार्फत समझा जा सकता है। नंग, यानी मर्यादा का आवरण पूरी तरह त्याग देनेवाले, पहले भी भगवान से बड़े होते थे, तभी 'नंग बड़े भगवान से' मुहावरा लोक-प्रचलित हुआ। लेकिन पहले मर्यादावान लोग भगवान से बड़े नंगों को उनके मर्यादाविहीन आचरण में अकेला छोड़ मर्यादित आचरण को बचाने की फिक्र करते थे। यह सही है कि इधर कई कारणों से नंग भगवान से कुछ ज्यादा ही बड़े हो गए हैं। (इस बार उनकी सीधी होड़ मर्यादा पुरुषोत्तम राम से है !) उनमें एक बड़ा कारण मुख्यधारा मीडिया का रुख भी है। कई बार तो लगता है कि वह मुख्यधारा है ही इसलिए कि सब तरह की नंगई को, वह बाजारवाद की हो या सम्प्रदायवाद की, आगे परोसकर चलता है। सरसरी तौर पर देखने से ही यह पता चल जाता है कि इलैक्ट्रॉनिक मीडिया में जो विज्ञापनों, फिल्मों, नाच-गाने के एलबमों और सीरियलों की दुनिया पसरी रहती है, उसका बाजारवादी-सम्प्रदायवादी संकीर्णता से गहरा रिश्ता बैठता है।

ऐसा नहीं है कि मुख्यधारा मीडिया, विशेषकर प्रिंट मीडिया में बाल ठाकरे या उन

जैसों के विध्वंसक बयानों की आलोचना या विरोध नहीं छपता। सम्पादकियों के साथ ही कई विद्वानों और नेताओं के लेख वहाँ छपते हैं, जिनमें भारी-भरकम शब्दों में वैसी बयानबाजी की भर्त्सना की जाती है। यह भर्त्सना कानून और संविधान के उल्लंघन, सामाजिक ताने-बाने को होनेवाले नुकसान और आ रहे या आ चुके फासीवादी खतरे आदि के मद्देनजर की जाती है। लेकिन आमतौर पर कोई सम्यक विकल्प नहीं सुझाया जाता। गोया साम्प्रदायिक ताकतों के सामने हम विकल्पहीन हो गए हैं। दरअसल, वैकल्पिक राजनीति के निर्माण की दिशा में मुख्यधारा मीडिया अपना कोई कर्तव्य नहीं देखता। यह अकेले मुख्यधारा मीडिया की ही प्रवृत्ति नहीं है। साम्प्रदायिक राजनीति का विरोध करनेवाली धर्मनिरपेक्ष राजनीति भी उससे ग्रस्त है। समाजवादी चिन्तक किशन पटनायक एक अन्य सन्दर्भ में लिखते हैं : "कभी भी भारतीय जनता ने साम्प्रदायिकतावादी नेतृत्व के तहत अंगरेजों के विरुद्ध संघर्ष नहीं किया।...चिन्ता की बात यह है कि धर्मनिरपेक्षता की राजनीति करनेवाले ही इस भारतीय मानस की इज्जत नहीं कर रहे हैं। धर्म और जाति को छोड़कर उनको कोई मुद्दा सूझता नहीं है। अगर रास्वसं मन्दिर को पहला मुद्दा बनाना चाहता है, तो कांग्रेस और कम्युनिस्ट भी मन्दिर को सर्वप्रथम मुद्दा बनाना चाहते हैं। राजनीति से रोटी गायब हो गई है।...अयोध्या ने आर्थिक प्रश्नों को ढँक दिया...'राष्ट्रीय' समाचारपत्रों में अयोध्या के प्रश्न पर प्रगतिशील लोगों की राजनैतिक टिप्पणियाँ पढ़कर मन में हँसी और निराशा आती है कि वे बस भाजपा को कोसते जा रहे हैं, कोसते जा रहे हैं। उनके लेखों का कोई प्रभाव तो भाजपा पर पड़नेवाला नहीं है। प्रभाव होगा तो भाजपा विरोधियों पर ही होगा। भाजपा विरोधी राजनीति में सुधार और परिवर्तन की गम्भीर जरूरत कैसे उनको दिखाई नहीं पड़ती है ? कांचा इलाया से लेकर कुलदीप नैयर और अशोक मित्र तक को यह क्यों नहीं दिखाई देता कि जनसाधारण के मन को लेकर ही भाजपा से लड़ा जा सकता है और जनसाधारण के जीवन का सबसे बड़ा प्रश्न इस वक्त आर्थिक सुरक्षा का है। क्या वे आर्थिक समस्याओं को लाइलाज समझ चुके हैं और विश्व-अर्थव्यवस्था को दिमागी तौर पर अपना चुके हैं ?" किशन जी का आकलन है कि "अगर प्रचलित अर्थव्यवस्था को जारी रखने का मानस हमारे धर्मनिरपेक्षतावादी दलों और राजनैतिक समूहों का बन चुका है, तो कुछ ही सालों में वे सारी आर्थिक परिस्थितियाँ बनने लगेंगी जिनमें फासीवादी शक्तियाँ पुष्ट होती हैं।"

मीडिया पूरी दुनिया में आज बड़ी ताकत है। परस्पर-पोषित बाजारवाद और सम्प्रदायवाद इस ताकत को अपने पक्ष में रखते हैं। मुख्यधारा मीडिया में वैकल्पिक विचारों में आस्था रखनेवाले पत्रकार भी कार्यरत हैं। लेकिन सारे प्रयासों के बावजूद उनकी भूमिका हमेशा सीमित ही बनी रहती है। मौजूदा मुख्यधारा मीडिया का वैकल्पिक राजनीति के निर्माण और विकास की दिशा में सीमित उपयोग ही किया जा सकता है। देश की विभिन्न भाषाओं में वैकल्पिक विचारों के पत्र-पत्रिकाएँ बड़ी संख्या में छपते हैं। उन सभी की भूमिका भी मुख्यधारा मीडिया के प्रचार-प्रसार के सामने सीमित ही

रहती है। प्रिंट मीडिया में विदेशी निवेश की छूट मिल जाने के निर्णय के बाद, उसमें वैकल्पिक विचारों के लिए जगह और कम हो जाएगी। लिहाजा, दुनिया में वैकल्पिक विचारधारा और व्यवस्था की दिशा में काम करनेवाले आन्दोलनकारियों को देश में वैकल्पिक मीडिया का ढाँचा खड़ा करने की बाबत गम्भीरता से सोचना होगा। जरूरत वैकल्पिक विचारों की वाहक लघु पत्र-पत्रिकाओं का प्रचार-प्रसार बढ़ाने की है। यह उद्यम जनसाधारण की हिस्सेदारी से जनसाधारण के लिए हो। यानी जनसाधारण के मानस और आकांक्षाओं की संगति में हो। ऐसा तभी हो पाएगा, जब विकल्पवादी विद्वान अपना लेखन मुख्यधारा मीडिया या उच्च अकादमिक संस्थाओं के बजाय प्राथमिक रूप से लघु पत्र-पत्रिकाओं के लिए करें और जनसाधारण के समझ आनेवाली भाषा और शैली में करें। निस्सन्देह यह कठिन चुनौती है। नाम और इनाम का लालच लेखकों को तेजी से अपनी ओर खींचता है। उस आकर्षण से बचने के लिए विकल्पवादियों में अपने उद्देश्य के प्रति गहरी निष्ठा की जरूरत है। जैसा हम किशन पटनायक और सच्चिदानन्द सिन्हा जैसे विचारकों में देखते हैं। किशन पटनायक ने मुख्यधारा मीडिया के बाहर वैकल्पिक विचारों की लघु पत्रिका 'सामयिक वार्ता' में ही अपना सर्वश्रेष्ठ लेखन किया है। 'सामयिक वार्ता' में छपे उनके लेखों का संग्रह 'विकल्पहीन नहीं है दुनिया' शीर्षक से पुस्तकाकार छपा है। सच्चिदानन्द सिन्हा ने लघु पत्रिकाओं और ज्यादातर खुद धन जुटाकर छापी गईं पुस्तकों व पुस्तिकाओं में अपने लेखन के द्वारा आधुनिक सभ्यता का गम्भीर विमर्श प्रस्तुत किया है। नई पीढ़ी में कई ऐसे लोग हैं, जो उद्देश्य के प्रति निष्ठा के चलते ही अपना लेखन करते हैं। समाजवादी आन्दोलन के अलावा कम्युनिस्ट आन्दोलन, दलित आन्दोलन, स्त्री आन्दोलन, पर्यावरण आन्दोलन, आजादी बचाओ आन्दोलन आदि से जुड़े बहुत-से कार्यकर्ता अपने लेखन में उद्देश्य के प्रति गहरी निष्ठा से परिचालित हैं। कुछ प्रकाशकों ने भी वैकल्पिक विचारों के लेखन को छापने का प्रशंसनीय काम किया है। वैकल्पिक मीडिया के आन्दोलन को मजबूत बनाने के लिए ऐसे सभी प्रयासों की एकजुटता जरूरी है। साथ ही किसानों, मजदूरों, छात्रों, शिक्षकों को भी अपने-अपने क्षेत्रों में वैकल्पिक मीडिया का निर्माण और विकास करना चाहिए। विकल्पवादियों को यह भी समझना होगा कि साम्प्रदायिक संघ सम्प्रदाय ने समाज में अपनी विचारधारा को फैलाने के लिए लम्बे समय से अपना खुद का मीडिया तन्त्र चलाया हुआ है। उसी के बल पर उसने आज मुख्यधारा मीडिया और शैक्षिक और अकादमिक संस्थाओं में अपनी घुसपैठ बनाई है। संघ का यह कौशल विकल्पवादियों को भी अपने ढंग से अपनाना चाहिए। यानी उसे लड़ाई को ऊपर से नीचे की ओर नहीं, नीचे से ऊपर की ओर लड़ना चाहिए। वैसे में, जाहिर है, जरूरत होगी निचले तबकों की आवाज और विचारधारा को मजबूत बनाने की।

राष्ट्रीय सुरक्षा का सवाल

कश्मीर समस्या के चलते करीब पिछले दो दशकों से देश में आतंकवादी वारदातों का सिलसिला चल रहा है। सभी राजनैतिक पार्टियों के नेता, बुद्धिजीवी और आम नागरिक बार-बार यह सच्चाई दोहराते हैं। इस पर भी सभी एकमत होते हैं कि भारत में फैला आतंकवाद सीमा-पार पाकिस्तान की धरती से प्रायोजित है। सभी नेता, बुद्धिजीवी और विशेषज्ञ आतंकवाद के समूल सफाए पर भी एकमत होते हैं। आम नागरिक तो आतंकवाद से निजात चाहते ही हैं। लेकिन आतंकवाद है कि घटने के बजाय बढ़ता ही जा रहा है। बार-बार सेना, पुलिस और निहत्थे नागरिकों पर जानलेवा हमले होते हैं। कारगिल घुसपैठ के समय युद्ध जैसी स्थिति पैदा हो गई थी। सेना के शिविरों में घुसकर आत्मघाती आतंकवादी कई बार तबाही मचा चुके हैं। जम्मू-कश्मीर विधानसभा पर भी आत्मघाती आतंकवादियों ने हमला किया। आतंकवादी वारदातों का क्षेत्र केवल जम्मू-कश्मीर राज्य तक सीमित नहीं रहा है। आतंकवादियों ने लाल किले में घुसकर बम विस्फोट किया। और अब उन्होंने देश की संसद को अपना निशाना बनाया है। आगे भी देश के महत्त्वपूर्ण ठिकानों और नेतृत्व पर आतंकवादियों की हमले की योजनाओं का पता चलता है। उधर पाकिस्तान का मानना अलग है। भारत जिसे आतंकवाद कहता है, वह उसे कश्मीरियों का आजादी के लिए संघर्ष बताता है और उसके नैतिक- राजनैतिक समर्थन भर की बात स्वीकार करता है। वह उल्टे भारतीय सुरक्षा बलों पर कश्मीरी जनता के खिलाफ आतंकवादी वारदातों में संलिप्त रहने का आरोप लगाता है। भारत सरकार बार-बार पाकिस्तान के खिलाफ सबूत होने की बात करती है। लेकिन आज के एकध्रुवीय विश्व में सबूत वही है, जिसे अमरीका माने। अब जबकि अमरीका ने पाकिस्तान स्थित जैशे मोहम्मद और लश्करे तोयबा जैसे संगठनों को आतंकवादी करार देकर उन पर प्रतिबन्ध लगा दिया है और पाकिस्तान को भी वैसा करने को कहा है, पाकिस्तान खासी दिक्कत में पड़ गया है। इस बदली हुई स्थिति में भारत से सबूत माँगने के बजाय पाकिस्तान को अपने पाक-साफ होने का सबूत विश्व समुदाय को देना पड़ सकता है। लेकिन ऐसा तभी सम्भव है जब अमरीका आतंकवाद की समस्या पर अपनी दोगली चालों से बाज आए। दुनिया की सभी राजशाहियों, फौजी तानाशाहों और बिन लादेन जैसे आतंकवादियों को पालने-पोसनेवाले अमरीका से ऐसी आशा करना व्यर्थ है। दुर्भाग्य यह है कि अमरीका की पिछलग्गू बनी भारत सरकार से

भी स्वतन्त्र पहल की आशा नहीं की जा सकती।

बहरहाल, कश्मीर समस्या से जुड़े आतंकवाद के अलावा पूर्वोत्तर के अलगाववादी गुटों की हिंसा और देश के कई राज्यों में नक्सलवाद से जुड़ी हिंसा को भी जोड़कर देखें, तो स्थिति भयावह बनती है। (इसके अलावा पंजाब पर भी फिर से ध्यान देने की जरूरत है, जो दस साल तक आतंकवाद की आग में झुलसता रहा था। आतंकवादी दौर में सक्रिय रहे विदेशों में बसे 'खालिस्तानी नेता' एक-एक कर पंजाब आ रहे हैं और फिर से खालिस्तान का नारा दे रहे हैं। चुनावी गणित को ही राजनीति का पर्याय माननेवाला भाजपा नेतृत्व और राष्ट्रीय स्वयंसेवक संघ की सिख संगत की मार्फत सिख धर्म में घुसपैठ की कोशिश इन नेताओं के मन्सूबों को एक बार फिर खाद-पानी दे सकते हैं।) ध्यान दिया जा सकता है कि यह भयावह स्थिति दस साल तक प्रभावी रहे टाडा, महाशक्ति बनने की फिराक में किए गए परमाणु बम के विस्फोट, पुलिस और सेना की प्रतिरोधक और आक्रामक कार्रवाइयों और अब पोटा के बावजूद है। यह स्थिति अपने में यह बताती है कि आतंकवाद की समस्या पर भावनाओं के उद्वेग में बहने के बजाय गम्भीरता से सोचने-विचारने की जरूरत है। यह सोच-विचार बहुत पहले शुरू हो जाना चाहिए था। लेकिन अब और देर करना देश के लोकतन्त्र और नागरिक समाज को स्थायी संकट में डालना होगा।

देश में जब भी कोई बड़ी आतंकवादी वारदात होती है, तो सबसे पहले जोर-शोर से सुरक्षा-व्यवस्था की खामियों और नाकामियों की बात की जाती है। सुरक्षा-व्यवस्था में भी विशेषकर खुफिया एजेंसियों की खामी और नाकामी रेखांकित की जाती है। सुरक्षा-व्यवस्था को अंजाम देनेवाले सुरक्षा बल और खुफिया एजेंसियाँ सरकार के तहत काम करती हैं, लिहाजा, सरकार सुरक्षा सम्बन्धी किसी तरह की खामी या नाकामी की बात आसानी से स्वीकार नहीं करती। क्योंकि वैसा करना अपनी नीतियों और चौकसी की असफलता स्वीकार करना होगा। हर समस्या और संकट को राजनैतिक इस्तेमाल का अवसर बना लेने में माहिर सत्तासीन नेतृत्व तो सरकार की किसी खामी या नाकामी की बात स्वीकार कर ही नहीं सकता। मौजूदा भाजपा नेतृत्व इस मामले में दूसरी पार्टियों से काफी आगे है। दूसरी ओर विपक्ष राष्ट्र की आन्तरिक सुरक्षा बनाए रखने में सरकार की नाकामी को उद्घाटित करने की पुरजोर कोशिश करता है और सुरक्षा-व्यवस्था की नाकामी को सरकार की नाकामी से जोड़ता है। पूर्व में भाजपा इस मामले में भी बाकी पार्टियों से काफी आगे रही है। 13 दिसम्बर को संसद पर हुई आतंकवादी वारदात (उसे सीधे हमला कहना अतिशयोक्ति है) के बाद भी सुरक्षा-व्यवस्था की नाकामी का सवाल उठाया गया। हालाँकि सरकार और ज्यादातर मीडिया की कोशिश यही थी कि 'लोकतन्त्र और देश के दिल पर हमले' के नाम पर सुरक्षा-व्यवस्था की नाकामी जैसा सामान्य सवाल उठाना नितान्त गैर-वाजिब और गैर-जिम्मेदार रवैया है। भाजपा नेताओं ने तो सुरक्षा-व्यवस्था का सवाल उठानेवाले विपक्षी नेताओं को आड़े हाथों लिया ही, टीवी चैनलों के वाचक-वीरों और अखबारों के कई प्रतिष्ठित पत्रकारों ने भी वैसा सवाल

उठानेवाले नेताओं और बुद्धिजीवियों को कड़ी लताड़ लगाई है। उन सभी ने सुरक्षा-व्यवस्था के बारे में कोई सवाल न करके, अमरीकी तर्ज पर पाकिस्तान के खिलाफ कड़ी कार्रवाई करने की दलील पेश की है। घुमा-फिराकर कड़ी कार्रवाई से उनका आशय पाकिस्तान के खिलाफ युद्ध छेड़ देने से है। यह देखा जा सकता है कि ये पत्रकार युद्ध की पुकार में पूरी तरह से 'जनभावनाओं' के साथ होते हैं, लेकिन जनता की गरीबी, अशिक्षा, बेरोजगारी, विस्थापन जैसी समस्याओं के मामले में सत्ता-प्रतिष्ठान के साथ खड़े नजर आते हैं। यहाँ तक कि नेताओं के भ्रष्टाचार के मामलों में भी। अलबत्ता जनरल मलिक और कुछ दूसरे पूर्व सैन्य अधिकारियों ने अपने वक्तव्यों और टिप्पणियों से युद्धोन्मादियों के उद्वेग पर कुछ हद तक रोक लगाई।

अब यह स्पष्ट हो चुका है कि संसद पर हुई आतंकवादी वारदात को, मारे गए पाँच आतंकवादियों और वारदात के बाद पकड़े गए उनके चार सहयोगियों ने अन्जाम दिया। यानी पूरे ऑपरेशन में कुल जमा नौ लोग शामिल थे, जिन्होंने देश की राजधानी में सौ करोड़ से ज्यादा आबादीवाले देश की संसद पर यह वारदात की। सरकार और सुरक्षा एजेंसियों को पहले से ही पता था कि संसद पर आतंकवादी वारदात हो सकती है। खुद प्रधानमन्त्री ने कुछ ही दिन पहले इस तरह की वारदात की आशंका व्यक्त की थी। लिहाजा 13 दिसम्बर की घटना के बारे में सरकार और सुरक्षा-व्यवस्था की नाकामी स्वयंसिद्ध है और छद्म देशभक्ति के उद्वेग में उसे छिपाया नहीं जा सकता। छिपाया जाना भी नहीं चाहिए, बल्कि उससे आगे के लिए पक्का सबक सीखना चाहिए। आतंकवादियों के इरादों को नाकाम करनेवाले संसद की सुरक्षा में तैनात सुरक्षाकर्मियों की मुस्तैदी और बलिदान को ढाल बनाकर सुरक्षा-व्यवस्था की नाकामी को ढाँपने का प्रयास करना भी अनुचित है। शहीद हुए सुरक्षाकर्मियों का बलिदान सरकार और सुरक्षा एजेंसियों के शीर्ष नेतृत्व की नाकामी की कीमत ही कहा जाएगा। कारगिल में हुई घुसपैठ के वक्त शहीद हुए सैनिकों के बारे में भी यही सच है। इसके अलावा देश के गृहमन्त्री बार-बार अपनी यह निर्भ्रान्त राय दोहराते हैं कि अपनी जान देने पर आमादा आतंकवादियों द्वारा अन्जाम दी जाने वारदातों को रोका नहीं जा सकता। क्या इस तरह की राय व्यक्त करके गृहमन्त्री खुद आतंकवाद के सामने सुरक्षा-व्यवस्था की नाकामी को प्रमाणित नहीं करते ? साथ ही जनता में असुरक्षा की भावना को और गहरा नहीं बनाते ? ऐसा कह कर क्या वे राज्य की देश की सुरक्षा की जिम्मेदारी से ही नहीं मुकर जाते ?

राष्ट्रीय सुरक्षा के सवाल को महज पुलिस और सैन्य बलों द्वारा परिचालित सुरक्षा-तन्त्र तक ही सीमित मानकर चला जाता है और उसकी चूकों व कमजोरियों की चर्चा करके पूरे मामले की इतिश्री समझ ली जाती है। ज्यादा हुआ तो कुछ लोग आतंकवाद के चलते राष्ट्रीय सुरक्षा पर आए संकट से निपटने के लिए कतिपय राजनयिक प्रयासों को तेज करने की अतिरिक्त चर्चा करके मामले को निपटा हुआ मान लेते हैं। लेकिन इस सबके बावजूद, जैसा कि ऊपर कहा गया है, स्थिति की भयावहता में कमी नहीं आती। राष्ट्रीय सुरक्षा का सवाल अपनी जगह खड़ा रहता है। जाहिर है,

प्रचलित नजरिया सम्यक नहीं कहा जा सकता। राष्ट्रीय सुरक्षा का सवाल हमारे राष्ट्रीय जीवन से जुड़ा है। भारतीय लोकतन्त्र के प्रतीक संसद को ही लें–लोकतन्त्र के इस प्रतीक में कितना अर्थ शेष बच गया है ! जहाँ एक समय सार्थक संसदीय बहसें होती थीं, वहाँ ज्यादातर समय हुड़दंग मचा रहता है। संसद से लेकर राज्यों की विधानसभाओं तक अपराधी और भ्रष्ट लोगों की अच्छी-खासी मौजूदगी है। मौजूदा उत्तर प्रदेश विधानसभा इसका 'सर्वश्रेष्ठ' उदाहरण है। जहाँ एक समय देश की नियति अपने आप गढ़ने की इच्छाशक्ति से परिचालित अच्छे-बुरे फैसले लिए जाते थे, वहाँ एक के बाद एक सरकार बाहरी निर्देशों पर, बिना बहस के, ज्यादातर अध्यादेशों के जरिए देश के नियम-कानून बनाती है। इन कानूनों से जो 'नया राष्ट्र' बन रहा है, वह सम्पन्न तबकों का राष्ट्र है। वंचित तबके उस राष्ट्र का हिस्सा नहीं हैं। उनकी आर्थिक नाकेबन्दी कर दी गई है। वे सम्पन्नों के उच्छिष्ट पर जिन्दा रह सकते हैं। ऐसी ही नाकेबन्दी शैक्षिक क्षेत्र में की गई है। साथ ही शिक्षा में सामाजिक अलगाव के पुराने पाठ भी तैयार किए जा रहे हैं। धार्मिक अल्पसंख्यकों को अलगाव में डाल देनेवाले संघ सम्प्रदाय के हिन्दुत्ववादी आन्दोलन को उसके नेताओं ने संसद में खड़े होकर स्वतन्त्रता आन्दोलन के समकक्ष घोषित कर दिया है। देश की करीब तीन-चौथाई गरीब, दलित, पिछड़ी, आदिवासी, अल्पसंख्यक स्त्री-पुरुष आबादी को एक बार फिर भारतीय राष्ट्र की संकल्पना से बाहर किया जा रहा है। यह लोकतन्त्र की खूबी और खुशी की बात है कि इन तबकों के अपने नेता सक्रिय हैं। लेकिन उनमें ज्यादातर सम्पन्नों-सवर्णों की नकल में ही अपनी ऐतिहासिक भूमिका को जाया कर रहे हैं। कहने का आशय यह है कि विशाल आबादी का यह अलगाव राष्ट्र की कमजोरी का प्रधान कारण है। इसी के चलते देश विदेशी आक्रान्ताओं का शिकार होता रहा और लम्बे समय तक गुलाम बना रहा। यह कमजोरी और बढ़ जाती है, जब राष्ट्र का पर्याय बनी एक-चौथाई आबादी के शिखर संचालक, सैन्य प्रशासन से लेकर नागरिक प्रशासन तक, भ्रष्टाचार का कोई मौका नहीं चूकते। जिस देश के रक्षामन्त्री के घर में उसकी पार्टी की अध्यक्ष ने रक्षा-सौदों के फर्जी दलालों से रिश्वत ली हो, उसके नेतृत्व में राष्ट्रीय सुरक्षा कैसे बनी रह सकती है ? इस पर भी ध्यान दिया जाना चाहिए कि जहाँ फिलहाल आतंकवाद है, यानी कश्मीर और पूर्वोत्तर में, वहाँ के लोगों के प्रति बाकी भारत के लोगों में एक पराएपन की भावना बद्धमूल है। राष्ट्र की वास्तविक और मुकम्मल संरचना और संकल्पना से काट दी गई वृहत्तर आबादी से अपने स्वार्थ में जुटी रहनेवाली छोटी-सी आबादी के मनोनुकूल राष्ट्रीय आचरण की अपेक्षा कैसे की जा सकती है !

अमीरों की तानाशाही का दौर

भारत सौ करोड़ से ज्यादा आबादीवाला देश है। इस आबादी का ज्यादातर हिस्सा दिन-रात की मेहनत-मशक्कत के बावजूद बदहाली का जीवन जीने के लिए मजबूर है। दूर-दराज गाँवों, कस्बों, शहरों से लेकर महानगरों की बस्तियों तक लोगों के लिए मूलभूत सुविधाएँ तक उपलब्ध नहीं हैं। लोगों को पीने का साफ पानी तक नहीं मिल पाता है। निजीकरण के चलते, पहले से ही अपर्याप्त स्वास्थ्य और शिक्षा की सुविधाएँ गरीब लोगों की पहुँच से बाहर हो गई हैं। जिन बच्चे-बच्चियों की उम्र खेलने-खाने और तालीम पाने की है, वे करोड़ों की संख्या में मजदूरी करते हैं। मन्दिरों के सामने और सड़कों के चौराहों पर अनेक स्त्री, पुरुष, बच्चे और अपाहिज भीख माँगते हैं। किसानों की मेहनत से भले ही गोदाम भरे हैं, आज भी देश में भूख से मौतें होती हैं। राष्ट्रीय ऊर्जा की बरबादी का यह हाल है कि करोड़ों शिक्षित और अशिक्षित युवक-युवतियाँ काम की तलाश में मारे-मारे फिरते हैं। आर्थिक तंगी के चलते कितनी ही युवतियाँ या तो शादी से पहले आत्महत्या कर लेती हैं या दहेज के लिए शादी के बाद जलाकर मार दी जाती हैं। नाबालिग बच्चियों समेत करोड़ों स्त्रियाँ वेश्यावृत्ति के जाल में फँसी है। गौरतलब है कि देह व्यापार का यूरोप-अमरीका का तरीका वैश्वीकरण के साथ-साथ भारत में भी तेजी से पैर फैला रहा है। विश्व व्यापार संगठन की एकतरफा थोपी गई शर्तों से पहले से ही उपेक्षित भारतीय कृषि पर भारी संकट आ गया है। सरकार समर्थन मूल्य पर खरीदी न करने और खेती को बड़े कारपोरेटों के हवाले कर देने के प्रयोग कर रही है। नतीजे में किसान बड़ी संख्या में आत्महत्या कर रहे हैं। लेकिन न ही सरकार के लिए और न ही व्यापार, उद्योग और सेवा क्षेत्रों से जुड़े लोगों के लिए वह चिन्ता का विषय है। अक्सर कहा जाता है कि जबसे उदारीकरण की शुरुआत हुई है, देश में छोटा-मोटा व्यापार करनेवाले लोग किसी तरह पुरानी जमा पर गुजर कर रहे हैं। भूमंडलीकरण की मार से लघु और कुटीर उद्योग बरबादी के कगार पर पहुँच गए हैं। लिहाजा, कई बार छोटे व्यापारी भी परिवार समेत आत्महत्या करने को मजबूर होते हैं।

कारखानों से मजदूरों और दफ्तरों से छोटे कर्मचारियों की बड़े पैमाने पर छँटनी जारी है। ऐसे में असंगठित क्षेत्र में काम करनेवाली विशाल आबादी की बदहाली का कोई ओर-छोर ही नहीं है। जिस आईटी क्षेत्र का इतना गुणगान किया जाता है, उसमें पिछले पाँच साल के आर्थिक सर्वेक्षण के मुताबिक ढाई लाख रोजगार कम हुए हैं। इससे

बाकी क्षेत्रों की स्थिति का अन्दाजा लगाया जा सकता है। आरक्षण के तहत किसी तरह सरकारी नौकरी पा जानेवाले थोड़े-से दलितों को छोड़कर समूचा दलित समाज घोर गरीबी में जीवन बसर कर रहा है। सरकारी नौकरियाँ बन्द हो जाने के कारण उनकी हालत अब और ज्यादा खराब होगी। देश के आदिवासियों का हाल सबसे बुरा है। विकास के नाम पर उन्हें लगातार उनके घरों से उजाड़ा जाता रहा है। अनेक आदिवासियों की नियति यही है कि वे जीवन भर ठेकेदारों के अधीन खदानों, सड़कों, पुलों, इमारतों पर कठोर श्रम करते हुए मर-खप जाते हैं। देश की अर्थव्यवस्था की यह जमीनी सच्चाई है।

दूसरी ओर देश में मुट्ठी भर अमीर ऊँची शानोशौकत और मौजमस्ती की जिन्दगी बिता रहे हैं। नई आर्थिक नीतियाँ लागू होने के बाद से अमीरों की अमीरी में और चमक आई है। अमीरों की टोली में बड़े उद्योगपति, नेता, आला अफसर, दलाल, माफिया, फिल्मी सितारे और साम्राज्यवादपरस्त बुद्धिजीवी शामिल हैं। उनके पास धन-सम्पत्ति का कोई हिसाब नहीं। लेकिन साथ ही उनकी भूख का भी कोई अन्त नहीं है। वे देश की बेशकीमती सम्पत्तियों को बेचने, घोटाले-दर-घोटाले करने और देशी-विदेशी कर्ज हजम करने में लगे हैं। सरकार की वफादारी का आलम यह है कि वह जनता की गाढ़ी कमाई का करोड़ों रुपया फूँककर मुट्ठी भर अमीरों को ही भारत का पर्याय और भाग्यविधाता प्रचारित कर रही है। सरकार, मीडिया और बाजारवादी बुद्धिजीवी मिलकर भारत के इतिहास के इस सबसे बड़े झूठ को फैलाने में जुटे हैं। 'फील गुड' और 'भारत उदय' का यही सन्देश है कि यह देश अमीरों का है और उसमें अब अमीरों की तानाशाही चलेगी। गौर करें कि देश में उदारीकरण की शुरुआत के पहले की राजनीति गरीबों की गरीबी घटाने का नारा लेकर चलती थी। उसमें गरीबों को कम-से-कम देश का हिस्सा माना जाता था। इधर राजनीति की चाल उलट गई है। अब अमीरों की अमीरी बढ़ाने की राजनीति चलाई जा रही है। अगले कुछ वर्षों में महाशक्ति और विकसित राष्ट्र बनने के दावे इसी अमीर भारत को लेकर किए जा रहे हैं। गरीब भारत अगर ज़ुबां खोले या उसके हक में कोई व्यक्ति या संगठन बोले तो देशद्रोही करार दिए जाते हैं।

अमीरों की तानाशाही लादनेवाली इस राजनीति का चेहरा-मोहरा ही बता देता है कि उसका भीतरी 'सारतत्त्व' क्या है। यह राजनीति धन्नासेठों, दलालों, अपराधियों और धार्मिक कट्टरपंथियों के बल पर चलती है। उसके ज्यादातर नेता साम्प्रदायिकता, जातिवाद, क्षेत्रवाद, व्यक्तिवाद, वंशवाद और अवसरवाद की राजनीति करने में मशगूल हैं। न उन्हें नैतिकता की परवाह है, न इसकी कि उनकी राजनीति से भारतीय राष्ट्र और समाज कमजोर होता है। कहने की जरूरत नहीं कि इस राजनीति का संचालन काले धन की ताकत पर होता है। यह इस राजनीति के चरित्रानुकूल ही है कि उसमें सच्चाई, अच्छाई और परिवर्तन की प्रेरणा नहीं है। देश के उपप्रधानमन्त्री पद पर बैठा नेता बिना किसी नैतिक हिचक के कह सकता है कि उसकी पार्टी माहौल के मुताबिक अपने को ढाल लेती है। यानी अवसरवाद उनके लिए राजनैतिक सिद्धान्त है।

विसंगति (एबसर्डिटी) का आलम यह है कि प्रधानमन्त्री के सर्वोच्च पद पर बैठा नेता सारी गन्दगी को पोसते हुए उसमें फँसे होने की 'पीड़ा' व्यक्त करता है। यहाँ तक तो गनीमत थी, क्योंकि यह सब अन्दरूनी मामला है और राजनैतिक स्तर पर परिवर्तनकारी ताकतें उसे सुलटेंगी। गरीबी और अमीरी का यह तीखा विभाजन गरीबों को विभेदकारी प्रवृत्तियों के चंगुल से निकालकर संघर्ष के लिए एकजुट करेगा। इसलिए वह चिन्ता का उतना विषय नहीं है। ज्यादा बड़ी चिन्ता यह है कि अमरिकी साम्राज्यवाद के अग्रदूत भूमंडलीकरण के आगे घुटने टेककर अमीर भारत की सरकार ने अमीरों की अमीरी की खातिर देश की आजादी को संकट में डाल दिया है। अर्थात् इस राजनीति से स्वतन्त्रता की प्रेरणा भी नदारद है।

स्वतन्त्रता की प्रेरणा से रहित राजनीति जयचन्द और मीर जाफर के उत्तराधिकारी ही पैदा कर सकती है और वही कर रही है। एक के बाद एक क्षेत्रों को भूमंडलीकरण की भेंट चढ़ाया जा रहा है। दुर्भाग्य यह है कि संगठित क्षेत्रों में काम करनेवाले कर्मचारी और उनकी यूनियनें इसका मुकम्मल प्रतिरोध नहीं कर पा रही हैं। अभी तक यही देखने में आया है कि लोग तभी चिन्तित होते हैं, जब उनके क्षेत्र पर हमला होता है। बाकी समय वे चुप रहते हैं। साम्राज्यवाद देर-सवेर सभी की बलि लेता है, इस सच्चाई को भारत के लोग नहीं समझेंगे तो और कौन समझेगा ? पढ़े-लिखे लोग अगर आधुनिक भारत का इतिहास ही उठाकर देख लें तो उन्हें पता चलेगा कि 1757 के बाद किन सन्धियों की मार्फत गुलामी लाई जाती रही और कैसे एक के बाद एक इलाके साम्राज्यवादियों द्वारा जीते गए। जो लोग समझते हैं कि आर्थिक सम्प्रभुता को खोकर राजनैतिक और सांस्कृतिक सम्प्रभुता को बचा लेंगे, वे गफलत में है।

सरकार ने अन्तर्राष्ट्रीय मुद्राकोष, विश्व बैंक, बहुराष्ट्रीय कम्पनियों और सीधे अमरिकी साम्राज्यवाद के हाथों देश को बेचने की दिशा में एक से बढ़कर एक ऐसे कारनामे किए हैं कि खुद आरएसएस प्रधानमन्त्री और सरकार पर देश बेचने का आरोप लगा चुका है। हालाँकि आरोप लगाने के बावजूद आरएसएस सरकार के समर्थन में डटा रहा है और अब चुनावों में उसे जिताने के लिए पूरी ताकत झोंकने का ऐलान कर चुका है। जाहिर है, आरएसएस में स्वतन्त्रता की सच्ची प्रेरणा का अभाव है। असलियत में वह खुद देश बेचनेवालों की टोली में शामिल है। वह समाज में विभाजन पैदा करके साम्राज्यवाद और उसके देशी एजेन्टों का मुकाबला कर सकनेवाली अन्दरूनी ताकत को तोड़ देता है। देश की सामाजिकता में और भी कई तरह के विभाजन मौजूद हैं, जिनका फायदा साम्राज्यवादी और साम्प्रदायिक फासीवादी ताकतें उठाती हैं। बौद्धिक वर्ग और आम भारतीय के बीच संवाद की स्थिति न बन पाने के चलते भी सामाजिकता विभाजित होती है। गाँव, कस्बों और छोटे शहरों का युवा भी अलगावग्रस्त है। दोहरी शिक्षा प्रणाली देश के बच्चों के बीच बचपन से ही स्थायी विभाजक रेखा खींच देती है। देश की राजनीति को जिस तरह से केवल अमीरों के लिए चलाया जा रहा है, उससे विशाल गरीब भारत अलग-थलग पड़ गया है। भूमंडलीकरण इस अलगाव को और तेज करके देश

की सामाजिक ताकत और ताने-बाने को तोड़ रहा है। यह ठीक है कि आजादी के दौर से ही आदिवासियों, दलितों, स्त्रियों आदि वंचित समूहों के लिए चिन्ता की जाती रही है। लेकिन आज तक वे समाज में सहज अनुभव नहीं कर पाते हैं। वैसी ही स्थिति अल्पसंख्यकों की है। गुजरात कांड के बाद अल्पसंख्यक मुसलमानों का सामाजिक अलगाव ही नहीं, भारतीय राज्य से भी दूरी बढ़ी है। इस राजनीति के चलते एक बार फिर द्विराष्ट्रवाद की मानसिकता जड़ें जमा रही है।

अमीर भारत की सरकार की अलग चुनाव शैली पर भी गौर करें। चुनावों की अधिसूचना जारी होने से पहले भाजपा ने जनता का धन खर्च करके 'भारत उदय' का विज्ञापन किया। चुनाव आयोग ने जब 'भारत उदय' के विज्ञापनों पर रोक लगा दी तो उसने अन्य अनेक तरीकों से विज्ञापनों की बमबारी करके मतदाता की स्वतन्त्रता को छीनने का लोकतन्त्र विरोधी अभियान छेड़ा हुआ है। खुद प्रधानमन्त्री सैल फोनों और लैंड लाइनों पर मतदाताओं से वोट माँग रहे हैं। अपने मुँह मियाँ मिट्ठू बने उपप्रधानमन्त्री 'भारत उदय यात्रा' की मार्फत मतदाताओं को गुमराह करने की मुहिम में जुटे हैं। चुनाव को जनता की अदालत से बाहर निकालकर, पूँजीपतियों और चुनाव मैनेजरों के हवाले कर दिया गया है। रही-सही कसर चुनाव पूर्व सर्वेक्षण पूरी कर रहे हैं। सरकार के पक्ष में मतदाता की घेरेबन्दी करने का यह अभियान अभूतपूर्व है। भाजपा और उसके जवाब में कांग्रेस ने फिल्मी कलाकारों की ताबड़तोड़ भर्ती करके और उन्हें चुनावी मैदान में उतारकर राजनीति जैसे निर्णायक और गम्भीर विषय को 'शो बिजनेस' में तब्दील कर दिया है। ऐसे में न तो स्वतन्त्र और निष्पक्ष चुनाव का कोई अर्थ रह जाता है, न ही परिवर्तन की राजनीति और देश की आजादी की रक्षा का संघर्ष करनेवाले छोटे दलों की भूमिका के लिए जगह।

इस माहौल में, देश की आजादी का सौदा करनेवालों का मुकाबला करने की जिम्मेदारी आजादी की कीमत समझनेवाले हर भारतीय पर आ पड़ी है। मुकाबला आसान नहीं है। देश बेचनेवालों की पीठ पर अमरीका जैसे महाबली का हाथ है। हर भारतीय को खुद लड़ाई का साधन बनकर मुकाबला करना होगा। मुकाबला अभी नहीं किया गया तो आगे की पीढ़ियों को एक बार फिर भारी बलिदान देना पड़ेगा।

शिक्षा के बाजारीकरण की अम्बानी-बिड़ला रपट

"अगर अम्बानी-बिड़ला की यह रपट स्वीकार कर ली जाती है, तो भारत की भावी शिक्षा का रूप स्पष्ट हो जाता है। सन् 2015 में देश के श्रमिक-वर्ग के बच्चे (लगभग 63 प्रतिशत) कक्षा आठ तक ही शिक्षित हो पाएँगे और इनके पास मात्र साक्षरता का कौशल होगा। ये गरीब बच्चे वैश्वीकरण द्वारा पैदा की गई सूचना प्रौद्योगिकी व अन्य तकनीक का उपयोग करनेवाले वैश्वीकृत श्रमिक बनेंगे। इन्हें बहुराष्ट्रीय कम्पनियाँ खरीदकर एक देश से दूसरे देश ले जाकर अपने कारखानों में जोत सकेंगी—ठीक उसी प्रकार जैसे 18वीं और 19वीं शताब्दी में यूरोप और अमरीका ने अफ्रीकी और एशियाई मजदूरों को गुलाम बनाकर खरीदा था। लगभग 31 प्रतिशत जो मध्यम-वर्ग के होंगे, दसवीं या बारहवीं तक पढ़कर वैश्वीकृत बाजार में तकनीशियन बनेंगे और देश के मात्र 6 प्रतिशत बच्चे उच्च शिक्षा पाएँगे। वे ही नई प्रौद्योगिकी का सृजन करेंगे और वैश्वीकृत बाजार में इस इंसानी पूँजी की कीमत बढ़-चढ़कर लगाई जाएगी। अन्ततः वैश्वीकृत अर्थव्यवस्था पर विश्वपूँजी की मालिक बहुराष्ट्रीय कम्पनियों का वर्चस्व बरकरार रखने में यह शिक्षा-व्यवस्था मददगार होगी। तो यह है अम्बानी-बिड़ला द्वारा प्रस्तावित शिक्षा-व्यवस्था में छिपे वैश्वीकरण, नवब्राह्मणवाद और नवमैकालेवाद का स्वरूप और यही है इसका लुब्बोलुआब।" (अनिल सदगोपाल)

आगामी वर्षों में शिक्षा के स्वरूप और उसकी व्यवस्था के सवाल पर अम्बानी-बिड़ला समिति ने 'ए पॉलिसी फ्रेमवर्क फॉर रिफॉर्म्स इन एजुकेशन' शीर्षक से तैयार की अपनी रपट 20 अप्रैल 2000 को प्रधानमन्त्री को सौंप दी थी। रपट में प्राथमिक स्तर से लेकर उच्च स्तर तक की शिक्षा के बारे में कई सिफारिशें की गई हैं। इनमें कुछ चालू किस्म की हैं, जो हर रपट में मिल जाती हैं, कुछ विरोधाभासी और ज्यादातर देश की बहुसंख्यक आबादी की जरूरतों और समस्याओं के मद्देनजर नकारात्मक। सिफारिशों का हिन्दी में अनूदित सार-संक्षेप यहाँ 'राष्ट्रीय सहारा' अखबार के शनिवारीय परिशिष्ट 'हस्तक्षेप' की सहायता से दिया जा रहा है :

- शैक्षिक कार्यक्रमों में प्राथमिक शिक्षा को सर्वोच्च प्राथमिकता मिलनी चाहिए और इसे सभी के लिए अनिवार्य और मुफ्त किया जाना चाहिए। प्राथमिक शिक्षा का लक्ष्य हासिल करने के बाद माध्यमिक शिक्षा को भी 15 वर्ष तक के सभी बच्चों के लिए आवश्यक बनाया जाना चहिए।

- शिक्षकों के सतत प्रशिक्षण एवं गुणवत्ता-विकास के लिए कानून बनाया जाना चाहिए।
- सूचना प्रौद्योगिकी तथा कम्प्यूटर नेटवर्क से युक्त स्मार्ट स्कूलों की स्थापना की जानी चाहिए। इस कार्य को राष्ट्रीय मिशन मानकर अन्जाम दिया जाना चाहिए और भारत के प्रत्येक जिले में एक स्मार्ट स्कूल की स्थापना की जानी चाहिए। इस मिशन को पूरा करने की दिशा में कर लाभ देकर निजी क्षेत्र को भारी निवेश के लिए प्रोत्साहित किया जाना चाहिए।
- शिक्षकों की भूमिका को प्रोत्साहक एवं उत्प्रेरक के रूप में तब्दील किया जाना चाहिए तथा बच्चों को किताबों से पढ़ाने और लिखाई कराने के बदले अभ्यास एवं अनुभवों के जरिए शिक्षित करने पर जोर दिया जाना चाहिए। पढ़ाए जाने के बदले बच्चों को आज के सूचना युग में सूचना के बहुविध माध्यमों से सीखने देना चाहिए और शिक्षकों को इसमें मददगार की भूमिका निभानी चाहिए।
- माध्यमिक और उससे ऊपर के विद्यार्थियों को आवश्यक व्यावसायिक शिक्षा देने की व्यवस्था की जानी चाहिए।
- औपचारिक शिक्षा के विकल्प के रूप में दूरस्थ शिक्षा को महज पत्राचार की सीमा से बाहर निकालकर तकनीक के जरिए बढ़ावा दिया जाना चाहिए और इसके लिए विदेशों से सीख लेनी चाहिए।
- अन्तर्राष्ट्रीय स्तर पर यह स्वीकृत है कि बच्चों के अच्छे नागरिक बनाने के लिए शिक्षा में मूल्यों का समावेश होना चाहिए। मूल्यों की शिक्षा ही शिक्षा की सही परिभाषा है। दुर्भाग्य से भौतिक सुखों के पीछे भागने की प्रवृत्ति के चलते भारतीय समाज में युवा दिमाग मूल्यों की ओर से विमुख हो गया है। साथ ही सार्वजनिक जीवन में आदर्श व्यक्तित्वों का अभाव है और भारतीय समाज में चरित्र का संकट दरपेश है। लिहाजा, अच्छे चरित्र और नागरिकता से युक्त समाज बनाने के लिए यह जरूरी है कि पूर्व-प्राथमिक शिक्षा में नैतिक शिक्षा पर जोर दिया जाना चाहिए और प्राथमिक, माध्यमिक तथा उच्च शिक्षा में भी इसे मजबूती से लागू किया जाना चाहिए। लेकिन इसके साथ यह सावधानी बरतनी होगी कि जाने या अनजाने विभिन्न 'वाद' (छात्रों के दिमाग में) अपनी घुसपैठ न बना लें।
- स्कूल स्तर पर समान शिक्षा-पद्धति लागू की जानी चाहिए लेकिन उसमें क्षेत्रीय एवं स्थानीय स्तर पर खासकर भाषा, इतिहास एवं सांस्कृतिक विविधता की गुंजाइश रखी जानी चाहिए।
- शिक्षा के प्रबन्धन को विकेन्द्रित किया जाना चाहिए। प्राथमिक और माध्यमिक शिक्षा तथा साक्षरता कार्यक्रमों में वित्तीय एवं प्रबन्धन की जिम्मेदारी पंचायत और नगरपालिका स्तर पर होनी चाहिए।
- व्यावसायिक पाठ्यक्रमों में प्रवेश के लिए सैट, जीआरआई एवं जीमैट की तर्ज

पर राष्ट्रीय प्रवेश परीक्षाएँ आयोजित की जानी चाहिए। साथ ही एक स्थान से दूसरे स्थान पर स्थानान्तरण का आधार प्राप्तांकों को बनाया जाना चाहिए तथा इसके लिए माइग्रेशन सर्टिफिकेट (स्थानान्तरण प्रमाणपत्र) की आवश्यकता को खत्म किया जाना चाहिए।

- भारतीय शिक्षा व्यवस्था बाजारोन्मुख नहीं है। लिहाजा, शिक्षा को बाजारोन्मुख यानी सूचना प्रौद्योगिकी केन्द्रित बनाया जाना चाहिए। आज के भारत की यही जरूरत है। शिक्षण संस्थानों में पाठ्यक्रम एवं सुविधाओं को निरन्तर नवीनतम बनाए रखना चाहिए।
- सरकारी स्कूलों में भवन, टेलीफोन एवं कम्प्यूटर के लिए प्राथमिकता के आधार पर राशि मुहैया कराई जानी चाहिए। इसके साथ विश्वविद्यालयों को दी जानेवाली वित्तीय सहायता कम की जानी चाहिए तथा उन्हें आत्मनिर्भरता की ओर बढ़ाया जाना चाहिए। इन संस्थानों के पाठ्यक्रमों को भी समयानुकूल बनाया जाना चाहिए।
- सरकार की भूमिका को प्राथमिक शिक्षा के लिए राशि प्रदानकर उसे अनिवार्य तथा मुफ्त बनाने, माध्यमिक शिक्षा के लिए राशि प्रदानकर अनिवार्य बनाने, शत-प्रतिशत साक्षरता लाने, गैर-बाजारोन्मुखी शिक्षा, जैसे उदार और परफॉरमिंग कलाओं की मदद करने, चुने गए उच्च शिक्षण संस्थानों की मदद करने व कोष प्रदान करने, छात्रों को कर्ज दिलाने में वित्तीय गारंटी देने, पाठ्यक्रम तथा उसकी गुणवत्ता में एकरूपता लाने तथा शैक्षिक विकास योजना बनाने तक सीमित किया जाना चाहिए। कोष मुहैया करानेवाली संस्था के रूप में यूजीसी की भूमिका समाप्त हो जानी चाहिए।
- कम सरकारी सहायता पाने या नहीं पानेवाले संस्थानों को संचालन तथा पाठ्यक्रम चयन में कल्पनाशीलता की स्वतन्त्रता दी जानी चाहिए।
- विज्ञान, तकनीक, प्रबन्धन तथा वित्तीय क्षेत्रों में पढ़ाई के लिए निजी विश्वविद्यालय खोलने के लिए निजी विश्वविद्यालय अधिनियम बनाया जाना चाहिए।
- वित्तीय उपक्रमों में स्तर निर्धारण के लिए स्टैंडर्ड ऐंड पूअर्स या क्राइसिल जैसी संस्थाओं की तरह स्कूल, कॉलेजों, विश्वविद्यालयों या संस्थानों के स्तर को निर्धारित करने के लिए स्वतन्त्र एजेंसियों द्वारा समय-समय पर उनकी रेटिंग कराई जानी चाहिए और उनका स्तर तय किया जाना चाहिए।
- शिक्षा में प्रत्यक्ष विदेशी निवेश की अनुमति दी जानी चाहिए। शुरू में इसे विज्ञान एवं तकनीकी शिक्षा तक सीमित किया जाना चाहिए।
- प्राथमिक शिक्षा एवं साक्षरता के लिए शिक्षा विकास कोष की स्थापना कर उसमें दिए गए धन को आयकर से मुक्त किया जाना चाहिए।
- विदेशी छात्रों को आकर्षित करने के लिए भारतीय विश्वविद्यालयों तथा

संस्थानों को प्रोत्साहित किया जाना चाहिए।

- विश्वविद्यालय राजनीति के अखाड़े बन गए हैं, लिहाजा, सभी राजनैतिक पार्टियों में यह सहमति बनाई जानी चाहिए कि वे शिक्षा संस्थानों से दूर रहेंगे। कानून बनाकर शिक्षा संस्थानों में राजनैतिक गतिविधियों पर पूरी पाबन्दी लगा देनी चाहिए।
- ज्ञानी समाज की रचना अकेले शिक्षा के 'इनपुट' से नहीं हो सकती। आर्थिक अवसरों का होना भी उतना ही महत्त्वपूर्ण है। शिक्षा जरूरी है लेकिन वही पर्याप्त नहीं है। शिक्षा और ज्ञान को दिशा देने के अवसरों का सृजन भी जरूरी है। नए अवसरों का पोषण करने के लिए अर्थव्यवस्था को नियंत्रण से मुक्त करने की जरूरत है। ये नए अवसर, बदले में, नई तरह की शिक्षा को सम्भव बनाएँगे। नए अवसर प्रतिभाओं के देश से बाहर जाने की प्रक्रिया को भी उलट देंगे। इस अर्थ में, शैक्षिक और आर्थिक सुधार एक-दूसरे को मजबूत बनाएँगे।
- भारत में शोध बहुत हद तक एक अभिजात्यवादी अवधारणा है। आगामी वर्षों में अनुमानित औद्योगिक वृद्धि के मद्देनजर स्नातक स्तर से ही विज्ञान और प्रौद्योगिकी के क्षेत्रों में शोध को प्रोत्साहित किया जाना चाहिए।
- शारीरिक शिक्षा, खेल और सांस्कृतिक गतिविधियों को भी बढ़ावा दिया जाना चाहिए।
- कामगार तथा वंचित तबके के बच्चों को वैकल्पिक शिक्षा देने के लिए विविध कार्यक्रम चलाए जाने चाहिए।

इन सिफारिशों को अगर एक सूत्र में पिरोया जाए तो कह सकते हैं कि समिति ने प्राथमिक शिक्षा के पूर्ण सरकारीकरण (जो कि कम-से-कम सरकारी स्कूलों में पहले से ही है) और उच्च शिक्षा के पूर्ण निजीकरण की पेशकश की है। यानी समिति की सर्वप्रमुख सिफारिश उच्च शिक्षा के निजीकरण की है, ताकि शिक्षा के क्षेत्र में बाजार का विकास हो सके। रपट में की गई इस सिफारिश से उत्साहित होकर सरकार ने उच्च शिक्षा के क्षेत्र में बढ़ते खर्च का राग और जोर से अलापना शुरू कर दिया है। जनवरी 2001 में हुई भारतीय विज्ञान कांग्रेस में प्रधानमन्त्री ने अपने भाषण में उच्च शिक्षा पर बढ़ते खर्च पर गम्भीर चिन्ता जताई। उनके भाषण का स्वर स्पष्ट था कि देश में उच्च शिक्षा का निजीकरण होना चाहिए। यानी रपट में की गई उच्च शिक्षा के निजीकरण की सिफारिश को प्रधानमन्त्री की सहमति है। दरअसल, यह सहमति रपट तैयार करने का आदेश देने से पहले ही बन चुकी थी। समिति ने कहने को 'सुधार' शब्द का प्रयोग किया है, लेकिन उसकी सिफारिशें 'क्रान्तिकारी' हैं ! यह क्रान्ति बाजारी ताकतों के हक में की गई है। समिति की परेशानी का सबसे बड़ा बायस यह है कि "भारतीय शिक्षा-व्यवस्था बाजारोन्मुख नहीं है।" यानी वह बाजारोन्मुख शिक्षा को ही असली शिक्षा मानती है और उसे सीधे बाजार के हवाले कर देने की पुरजोर सिफारिश करती है। भारत

में ही नहीं, दुनिया में शिक्षा का जो अभी तक अर्थ लिया जाता रहा है, उसे यह समिति उलट देती है। कहना न होगा कि यह क्रान्तिकारी कवायद आनेवाले समय में यथास्थिति–गरीब और कमजोर तबके अपनी गरीबी और कमजोरी में जीवनयापन करें और अमीर और ताकतवर लोग अपनी अमीरी और ताकत को बढ़ाते जाएँ–को बनाए और सँभाले रखने की 'दूरदृष्टि' से की गई है।

समिति के सदस्य मुकेश अम्बानी और कुमारमंगलम बिड़ला देश के जाने-माने पूँजीपति हैं। ये दोनों व्यापार एवं उद्योग पर गठित प्रधानमन्त्री की सलाहकार परिषद् के सदस्य हैं और उसी हैसियत से उन्हें शिक्षा पर रपट तैयार करने की जिम्मेदारी प्रधानमन्त्री ने सौंपी थी। मतलब साफ है कि सरकार ने शिक्षा जैसे सामाजिक-सांस्कृतिक उपयोगिता के विषय को व्यापार एवं उद्योग का विषय मान लिया है। अन्यथा वह शिक्षा पर अलग से सलाहकार परिषद् गठित करती और रपट तैयार करने की जिम्मेदारी शिक्षाविदों को देती। या कम-से-कम इन दो पूँजीपति महानुभावों के साथ समिति में कुछ शिक्षाविदों को भी जगह देती। रपट में की गई सिफारिशों और उस पर अब तक आई आलोचनाओं से यह स्पष्ट हो चुका है कि अम्बानी और बिड़ला ने यह रपट विश्व बैंक और अन्तर्राष्ट्रीय मुद्राकोष के आदेशों का अनुपालन करते हुए तैयार की है। अस्सी के दशक में राजीव गांधी सरकार ने जो 'नई शिक्षा-नीति' तैयार की थी, उसके पीछे भी विश्व बैंक और अन्तर्राष्ट्रीय मुद्राकोष के आदेश काम कर रहे थे। लेकिन उस सरकार ने इतनी गनीमत जरूर बरती कि देश के कुछ शिक्षाविदों को ही यह काम सौंपा। उसी का नतीजा यह रहा कि उसमें उच्च शिक्षा के निजीकरण का झंडा इस कदर बुलन्द नहीं किया गया। मौजूदा रपट तैयार करनेवाले दोनों पूँजीपतियों का शिक्षा के क्षेत्र में रुचि का कोई पूर्व रिकॉर्ड नहीं है। स्वतन्त्र रूप से अध्ययन-मनन में उनकी रुचि का भी कोई साक्ष्य नहीं मिलता। उन्होंने अगर यह जिम्मेदारी ली, तो केवल इसीलिए कि उन्हें शिक्षा के क्षेत्र में मुनाफे की सघन सम्भावनाएँ नजर आ रही हैं। यहाँ यह उल्लेख करना जरूरी है कि अम्बानी-बिड़ला की नजर में बाजारोन्मुख शिक्षा का अर्थ महज सूचना व संचार तकनीक का ज्ञान हासिल करानेवाली शिक्षा से है। इसमें ज्यादा-से-ज्यादा फैशन डिजाइनिंग, विज्ञापन और मॉडलिंग जैसे विषयों का और इजाफा किया जा सकता है। बाकी विज्ञान, समाजशास्त्र, मानविकी और कला जैसे विषयों को सरकार के जिम्मे और हाशिए पर रखा गया है, क्योंकि उनसे तुरन्त धन कमाने के अवसर नहीं बनते। यह भी उल्लेखनीय है कि अम्बानियों ने इस दिशा में व्यावहारिक पहल भी कर दी है। रिलायंस समूह गुजरात के गांधीनगर में 100 करोड़ रुपये का निवेश कर 'धीरूभाई अम्बानी इंस्टीच्यूट ऑफ इनफॉरमेशन ऐंड कम्युनिकेशन टेक्नॉलॉजी' नाम से एक निजी विश्वविद्यालय खोलने जा रहा है। इस निजी विश्वविद्यालय पर सरकारी मुहर लगवाने के लिए एक ड्राफ्ट बिल गुजरात सरकार के विचाराधीन है, जिसे जल्दी ही विधानसभा की स्वीकृति मिल जाने की खबर है। इसके अलावा रिलायंस समूह 'धीरूभाई अम्बानी फाउंडेशन' नाम से एक और निजी विश्वविद्यालय गुजरात के ही

जामनगर शहर में खोलने की योजना पर काम कर रहा है। ये विश्वविद्यालय अमरीका के इस क्षेत्र के अग्रणी विश्वविद्यालयों के साथ सहयोग में संचालित होंगे। अम्बानियों ने शिक्षा के क्षेत्र में मुनाफा कमाने की नीयत को बड़े ही व्यवस्थित ढंग से अंजाम दिया है। पहले उन्होंने व्यापार एवं उद्योग पर प्रधानमन्त्री की सलाहकार परिषद् में अपनी घुसपैठ बनाई। फिर शिक्षा में सुधारों की सिफारिश करनेवाली दो सदस्यीय समिति में एक सदस्य की जगह हथिया ली। फिर शिक्षा-सुधारों के नाम पर प्राथमिक और माध्यमिक शिक्षा को राज्य या सरकार के मत्थे डालकर उच्च शिक्षा यानी सूचना और संचार तकनीक की शिक्षा को प्रत्यक्ष विदेशी निवेश सहित निजी निवेश के लिए खोलने की सिफारिश कर डाली।

इस मुनाफाखोर वणिक बुद्धि ने यह पहचान लिया है कि "कार, फ्रिज, टीवी और वाशिंग मशीन अथवा साबुन, डिटरजेन्ट, टीवी कार्यक्रमों व चैनलों के जरिए मुनाफाखोरी को अक्षय बनाना सम्भव नहीं है। न ही सड़कों, पुलों, बिजली संयत्रों आदि ढाँचागत उद्यमों से ऐसा कर पाना सम्भव है। उत्पादन व ढाँचागत दोनों ही प्रकार के उद्योगों की अपनी सीमाएँ हैं। इन दोनों से ही एक सीमा से अधिक मुनाफा नहीं निचोड़ा जा सकता। अतः बाजारी ताकतों के लिए जरूरी है कि वे मानव जीवन की उन मौलिक आवश्यकताओं को मुनाफाखोरी का निशाना बनाएँ जो शाश्वत हैं, जैसे कि खाद्यान्न, पानी, स्वास्थ्य और शिक्षा। मुनाफाखोरों की इस मुहिम का रास्ता अस्सी के दशक में अमरीकी राष्ट्रपति रीगन और बरतानवी नायिका थैचर ने प्रशस्त कर दिया था। अरबों डालर के खाद्यान्न बाजार पर चन्द कम्पनियों का एकाधिकार स्थापित हुआ। इसके बाद सामाजिक क्षेत्र के अन्दर मुनाफाखोरी की सेंध लगाने में संयुक्त राष्ट्र संस्थान व विश्व बैंक आदि 200 अरब डालर के शिक्षा बाजार व 80 अरब डालर के पानी के बाजार में निजी पूँजी के निवेश के लिए रास्ता साफ करने की कारगुजारी में ओवरटाइम कर रहे हैं।" (अनिल चौधरी)

अम्बानी-बिड़ला के साथ न्याय करते हुए यह कहना पड़ेगा कि रपट में की गई सिफारिशें उनकी अकेली नीयत का प्रतिफल नहीं हैं। जैसा कि ऊपर कहा गया है, इसमें प्रधानमन्त्री और उनके नेतृत्ववाली राजग सरकार की पूरी सहमति है, जो सीधे विश्व बैंक और अन्तर्राष्ट्रीय मुद्राकोष का हुक्म बजाने में लगी है। लेकिन साथ ही यह भी जान लेना जरूरी है कि अमरीका की सरपरस्ती में चलनेवाली इन वित्तीय संस्थाओं का हुक्म वाजपेयी सरकार उनकी जोर-जबरदस्ती के चलते नहीं, अपनी विचारधारात्मक प्रतिबद्धता के चलते बजा रही है। उसे भारत के राजनैतिक-सामाजिक-सांस्कृतिक परिदृश्य से समता के विचार का बीजनाश कर देना है। यह लोकविश्वास कि भाजपा पूँजीपतियों की पार्टी है, वह भी मुनाफे पर गिद्ध-दृष्टि रखनेवाले पूँजीपतियों की, इस रपट से सही सिद्ध होता है। ध्यान किया जा सकता है कि वाजपेयी के नेतृत्व में दोबारा राजग सरकार बनने पर पूँजीपतियों ने यशवंत सिन्हा को ही फिर से वित्तमन्त्री बनाने की गुहार की थी। उदारीकरण से पहले का राजनैतिक दौर होता तो किसी नेता के लिए

यह शर्म से डूब मरने की बात होती। लेकिन यशवंत सिन्हा ने न केवल इसमें अपना गौरव माना, वाजपेयी ने भी गर्वोन्नत मुद्रा में पूँजीपतियों की इच्छा का तत्परता से पालन किया। रामबहादुर राय जैसे संघ से जुड़े कुछ पत्रकार अक्सर यह दुख प्रकट करते पाए जाते हैं कि वाजपेयी के नेतृत्व में भाजपा अपनी विचारधारा से हट गई है। यह उनका भोलापन ही कहा जाएगा। मामला चाहे निजीकरण का हो या साम्प्रदायीकरण का, वाजपेयी बखूबी संघ सम्प्रदाय की विचारधारा को परवान चढ़ा रहे हैं। यह एक अलग विषय है कि शिक्षा का बाजारीकरण उसके और समाज के साम्प्रदायीकरण की जमीन तैयार करता है, जिसका सीधा अनुभव सबके सामने है।

बहरहाल, वैश्विक अर्थव्यवस्था या भूमंडलीकरण का उद्देश्य मानव जीवन और समाज के सभी पक्षों व आयामों को बहुराष्ट्रीय कम्पनियों की मुनाफाखोरी की गिरफ्त में लाना है। अम्बानी-बिड़ला समिति की रपट उसी उद्देश्य की पूर्ति करती है। समाज के वंचित और कमजोर तबकों से मुनाफा नहीं खींचा जा सकता, इसलिए उनकी कोई परवाह इस भूमंडलीकृत अर्थव्यवस्था में नहीं की जाती। उनकी शिक्षा की भी नहीं। उच्च शिक्षा की तो कतई नहीं। तभी रपट के मुताबिक 2015 में जाकर केवल 2.2 करोड़ यानी देश के सिर्फ 6 प्रतिशत बच्चे ही उच्च शिक्षा हासिल कर पाएँगे। रपट में उच्च शिक्षा का जो अर्थशास्त्र प्रस्तावित किया गया है, उसके मुताबिक वैसी शिक्षा प्राप्त करनेवाले छात्रों को सालाना करीब एक लाख रुपये फीस की मद में देने होंगे। किताब-कापी, उपकरण, कपड़ा-लत्ता, दैनिंदिन खर्च और अगर छात्रावास में रहना पड़े, तो उसका खर्च अलग से होगा। यह सारा खर्च अभिभावकों को ही उठाना होगा। पूँजीपति उनसे यह खर्च वसूलेंगे। कहने की जरूरत नहीं कि 6 प्रतिशत की संख्या में सरकारी स्कूलों में पढ़नेवाले गरीबों के बच्चों को तो छोड़िए, छुटभैये पब्लिक स्कूलों में पढ़नेवाले मध्य-वर्ग के बच्चे भी शामिल नहीं होंगे। इनमें शामिल होंगे केवल अत्यधिक महँगे पब्लिक स्कूलों में पढ़नेवाले अमीरों के बच्चे। अंग्रेजी और अंग्रेजियत जिनकी घुट्टी में होगी। रपट में इस उच्च शिक्षा के भाषिक माध्यम की कोई चर्चा नहीं है। वह सीधे अंग्रेजी ही मानकर चला गया है। अगर मध्य-वर्ग के बच्चों को उच्च शिक्षा की दौड़ में शामिल रहना है, तो समिति ने उनके लिए कर्ज लेकर उच्च शिक्षा हासिल करने की सिफारिश पेश की है। दरअसल, इस सिफारिश का मकसद यही है कि प्रस्तावित उच्च शिक्षा का आर्थिक भार वहन कर पाने में असमर्थ किन्तु कुशाग्र बुद्धि के छात्रों का लाभ भी बाजार और पूँजीपतियों को मिल सके। यानी समाज में जो भी कुशाग्र बुद्धि उपलब्ध है, वह अनिवार्यतः बाजार की भेंट चढ़नी चाहिए। कर्ज लेकर पढ़नेवाले छात्रों से जहाँ एक तरफ ऋण-बाजार मजबूत होगा, वहीं दूसरी तरफ छात्रों के जीवन में स्वतन्त्र चुनाव की सम्भावनाएँ एकबारगी और हमेशा के लिए समाप्त हो जाएँगी। जिस बाजार से वे ऋण उठाएँगे, उसी की सेवा में उन्हें अपना जीवन समर्पित कर देना होगा। यह भी ध्यान देने की बात है कि बाजारोन्मुख उच्च शिक्षा में दक्षता हासिल करनेवाले इन छात्र-नागरिकों के जीवन में सूचना तकनीक के बाहर के विषयों, मसलन प्राकृतिक

विज्ञान, इतिहास, दर्शन, साहित्य, संस्कृति आदि की जानकारी की कोई जरूरत या अहमियत नहीं समझी गई है। आदिवासियों, दलितों, स्त्रियों, पिछड़ों, अल्पसंख्यकों और अगड़ी जातियों के गरीबों के जीवन से जुड़ी समस्याओं से वे बेखबर होंगे। वे बाजार के भीतर बाजार के लिए ही जिएँगे और मरेंगे। अलगाव की जो पीड़ा समाज के कमजोर समूह झेलते हैं, वह तो और तीव्र होगी ही, उच्च शिक्षा प्राप्त नागरिकों का जीवन भी अलगावग्रस्त होगा। इसके सामाजिक-सांस्कृतिक दुष्परिणामों की चिन्ता अगर की जाए तो काफी भयावह स्थिति बनती है। कुल मिलाकर यही है उच्च शिक्षा के निजीकरण की सच्चाई।

समिति की रपट की कुछ सिफारिशों पर अलग से गौर करना मुनासिब होगा। रपट में प्राथमिक शिक्षा को मुफ्त और अनिवार्य बनाने पर भाषणबाजी की हद तक जोर दिया गया है। संवैधानिक प्रतिबद्धता, कि उसके अनुच्छेद 45 में 14 साल की आयु तक अनिवार्य शिक्षा का प्रावधान है, और सर्वोच्च न्यायालय के ऐतिहासिक निर्णय, कि शिक्षा एक बुनियादी हक है, का हवाला देते हुए लिखा गया है कि ''हमारी शिक्षा के एजेंडे में अनिवार्य और मुफ्त प्राथमिक शिक्षा को शीर्षस्थ स्थान दिया जाना चाहिए।'' अनिवार्य और मुफ्त प्राथमिक शिक्षा पर आनेवाले भारी खर्च की जिम्मेदारी सरकार से उठाने को कहा गया है, यह उपदेश देते हुए कि वैसा खर्च भारत के भविष्य के लिए निवेश होगा। खर्च की पूर्ती के लिए घाटेवाले सार्वजनिक उद्योगों के विनिवेशीकरण और लोगों से कर-मुक्त दान प्राप्त करने की सलाह दी गई है। यानी भारत के भविष्य के लिए निवेश सरकार देश की मेहनतकश जनता की कमाई से खड़ी की गईं सार्वजनिक सम्पत्तियों को बेचकर करे और भारत के वर्तमान में निवेश व्यापारी घराने निजी सम्पत्ति खड़ी करने के लिए करें। यही है नई (मुक्त) अर्थव्यवस्था और रपट में प्रस्तावित नई शिक्षा व्यवस्था के एक-दूसरे को मजबूत बनाने का सत्य। जाहिर है, जब कल्याणकारी राज्य की सरकार ने पचास वर्षों में संवैधानिक प्रतिबद्धता और सर्वोच्च न्यायालय के ऐतिहासिक निर्णय का पालन नहीं किया, तो जनकल्याण के सभी कामों से पिंड छुड़ाने में लगे आज के 'स्वयंसेवी' राज्य की सरकार भला क्यों करेगी ! वह तो 'ड्राफ्ट फ्री ऐंड कम्पलसरी एजुकेशन बिल' तैयार करने में जुटी है। यह बिल जब कानून बनेगा तो सरकार को सबके लिए मुफ्त शिक्षा (सर्व शिक्षा अभियान) की असलियत का पता चलेगा। सरकार विश्व बैंक को उसकी ऊँट के मुँह में जीरा जितनी आर्थिक सहायता के बदले शिक्षा का वित्तीय और पाठ्यचर्या का पूरा नियंत्रण सौंपने जा रही है। गरीब बच्चों को दिन में चलनेवाले नियमित औपचारिक स्कूलों से वंचित करके, उनके लिए तरह-तरह के निम्न गुणवत्तावाले स्कूल, अध्यापक और अध्यापन के तरीके बनाने जा रही है।

बहरहाल, अम्बानी-बिड़ला समिति की रपट पर ध्यान केन्द्रित करें। रपट में चलते तौर पर यह तो कहा गया है कि ''स्कूल स्तर पर समान शिक्षा-पद्धति लागू की जाए'' लेकिन रपट में प्रतिष्ठित और दूरदराज देहातों तक में कुकुरमुत्तों की तरह फैल रहे

पब्लिक स्कूलों पर कोई टिप्पणी नहीं है। न ही उपरोक्त 'ड्राफ्ट' में गरीब बच्चों के लिए तजवीज किए गए तरह-तरह के स्कूलों पर। प्राथमिक शिक्षा के पक्ष में सारी भाषणबाजी के बावजूद समिति को स्कूली शिक्षा में चल रहा सरकारी और पब्लिक स्कूलों का विभेद स्वीकार्य है। उसकी चिन्ता है तो बस यही कि आबादी का ज्यादा-से-ज्यादा हिस्सा अर्थव्यवस्था के वैश्वीकरण से जुड़कर उसे स्थायी बनाने में मददगार हो। यहाँ फिर अनिल सदगोपाल के शब्द देखे जा सकते हैं : ''भारतीय संविधान को लागू हुए पचास वर्ष हो गए और देश के आधे बच्चे (दो-तिहाई लड़कियाँ) स्कूली शिक्षा से वंचित हैं। लेकिन कभी भी राजसत्ता और पूँजीपति-वर्ग ने इन बच्चों के पक्ष में देश की प्राथमिकता बदलने और अनुच्छेद 45 को लागू करने की वकालत नहीं की। अब अचानक क्या हुआ है कि विश्व बैंक और यूरोपीय आर्थिक समुदाय से लेकर भारतीय पूँजीपति-वर्ग सभी को गरीब बच्चों को प्राथमिक (कक्षा 1 से 5) और उत्तर-प्राथमिक (कक्षा 6 से 8) शिक्षा सुलभ करने का महत्त्व दिखने लगा है ? इस सवाल का उत्तर वैश्वीकृत अर्थव्यवस्था में न्यूनतम शैक्षिक स्तरवाले श्रमिक-वर्ग की भूमिका से जुड़ा हुआ है। अब इन सभी ताकतों को समझ आ गया है कि यदि श्रमिक-वर्ग को न्यूनतम स्कूली शिक्षा नहीं मिली, तो सूचना प्रौद्योगिकी और अन्य नई तकनीक को फैलाने का काम रुक जाएगा और वैश्वीकरण और बाजारीकरण की रफ्तार धीमी पड़ जाएगी।'' ऐसे में रपट में की मूल्य आधारित शिक्षा, युवाओं के भौतिक सुखों के पीछे भागने की प्रवृत्ति और समाज के चारित्रिक विघटन पर जताई गई चिन्ता बेमानी है। अपसंस्कृति के वाहक भूमंडलीकरण का समर्थन करनेवाले नेता और भारतीय संस्कृति के 'स्वयंसेवक' समवेत स्वर में अक्सर इस तरह की चिन्ता जताते रहते हैं।

रपट में एक जोरदार सिफारिश विश्वविद्यालयों से राजनैतिक गतिविधियाँ समाप्त करने की है। सिफारिश पठनीय है : ''हमारे विश्वविद्यालय राजनीति के अखाड़े (हॉटबेड्स ऑफ पॉलिटिक्स) बन गए हैं। विश्वविद्यालयों में नेतागीरी करनेवाले शिक्षक ही मुख्य रूप से उच्च शिक्षा में स्तर और प्रतिबद्धता की गिरावट के लिए जिम्मेदार हैं। विश्वविद्यालय यूनियनें राजनैतिक कैरियर बनाने की पौधशाला बनी हुई हैं। इस गम्भीर मर्ज के इलाज के लिए जरूरी है कि सभी राजनैतिक पार्टियों के बीच यह समझदारी बने कि वे विश्वविद्यालयों और शैक्षणिक संस्थाओं से दूर रहेंगी। यह विचार एक यूटोपिया लग सकता है। लेकिन इस दिशा में काफी पहले पहल हो जानी चाहिए थी। यह भी आवश्यक है कि विश्वविद्यालय परिसरों और शैक्षणिक संस्थाओं में किसी भी तरह की राजनैतिक गतिविधियों पर प्रतिबन्ध लगाने के लिए कानून बनाया जाए।'' विश्वविद्यालयों से राजनीति की सफाई का सुझाव नया नहीं है। इस दिशा में प्रत्यक्ष-अप्रत्यक्ष कोशिशें पहले भी हुई हैं और अभी की जा रही हैं। लेकिन रपट में जो निजी विश्वविद्यालय स्थापित करने की सिफारिश की गई है, वह अगर लागू होती है तो यह 'मर्ज' अपने-आप ही हमेशा के लिए मिट जाएगा। सिफारिश इस प्रकार है : ''भारत में विश्वविद्यालय शिक्षा-प्रणाली का बड़े पैमाने पर निजीकरण करने के लिए,

उच्च शिक्षा के मामले में सरकार की भूमिका को फिर से परिभाषित करना होगा। विज्ञान और प्रौद्योगिकी, प्रबन्धन, अर्थशास्त्र, वित्तीय प्रबन्धन और वाणिज्यिक उपयोग के दूसरे महत्त्वपूर्ण विषयों के क्षेत्र में नए निजी विश्वविद्यालयों की स्थापना को प्रोत्साहित करने के लिए एक निजी विश्वविद्यालय अधिनियम बनाया जाना चाहिए।...व्यापार और उद्योग घरानों की उच्च अध्ययन के विश्वस्तरीय संस्थान स्थापित करने में जानदार भूमिका बनती है। अग्रणी व्यापार घरानों को ऐसे संस्थान और विश्वविद्यालय स्थापित करने के लिए जरूरी तौर पर प्रोत्साहित किया जाना चाहिए।" जाहिर है, वैश्वीकृत बाजार व्यवस्था के साथ और उसके उन्नयन के लिए चलाए जानेवाले इन निजी विश्वविद्यालयों और संस्थानों में बाजारवाद की राजनीति के अलावा अन्य किसी प्रकार की राजनीति की कोई गुंजाइश नहीं होगी। मुक्त-चिन्तन की जो वकालत रपट में की गई है, वह दरअसल मुक्त-बाजार के एकमात्र चिन्तन की वकालत है। यह रपट और इसमें की गई राजनीति के निषेध की खास सिफारिश उच्च-पूँजीवादी-उपभोक्तावादी विचारधारा की राजनीति को मजबूती प्रदान करने की मुहिम का हिस्सा है। यह 'सिद्ध' करने के बाद कि पूँजी से जुड़ी शिक्षा ही 'सच्ची' शिक्षा है, रपट में इस शिक्षा को परवान चढ़ाने के लिए उच्च-पूँजीवादी-उपभोक्तावादी देशों से नवीनतम पाठ्यक्रम, शिक्षक संकाय, विशेषज्ञता, प्रत्यक्ष निवेश आदि की जमकर वकालत की गई है। लेकिन मनुष्य के दिमाग में सवाल उठानेवाले और उसकी ज्ञान व शोध की प्रतिभा को प्रेरित करनेवाले विषयों की अहमियत और बेहतरी के लिए कोई सिफारिश रपट में ढूँढ़े नहीं मिलती। यहाँ यह भी कहना होगा कि सन् 2015 तक देश के 6 प्रतिशत छात्रों को मिलनेवाली रपट में परिभाषित उच्च शिक्षा उनमें नई प्रौद्योगिकी के सृजन की योग्यता विकसित नहीं करेगी। जिस तरह प्राथमिक और माध्यमिक शिक्षा प्राप्त छात्र भारतीय बाजार के मजदूर होंगे, उसी तरह उच्च शिक्षा प्राप्त छात्र अमरीका और यूरोप के बाजार के मजदूर होंगे। गुलाम दिमाग नई प्रौद्योगिकी का सृजन नहीं कर सकता। बल्कि वह ज्ञान के किसी भी विषय में मौलिक सृजन की क्षमता खो बैठता है। वह केवल नकल का कौशल हासिल कर सकता है। अपने देश और समाज की परिस्थितियों और समस्याओं की पूरी तरह अनदेखी कर तैयार की गई यह रपट खुद अपने में नकल का एक नायाब नमूना है।

अम्बानी-बिड़ला समिति की रपट न केवल जन-विरोधी है, वह जनतन्त्र विरोधी भी है। प्राथमिक स्कूल के एक सामान्य शिक्षक से लेकर विश्वविद्यालय के कुलपति तक, पूरे शिक्षा-जगत को इसका जमकर विरोध करना चाहिए। शिक्षण संस्थाओं को राजनैतिक गाली देनेवाले पूँजीपतियों और उनकी सरकार को यह याद दिलाना जरूरी है कि देश की आजादी और उसके बाद होनेवाले जनान्दोलनों में शिक्षकों और छात्रों की महत्त्वपूर्ण रचनात्मक भूमिका रही है और आज भी है। अलबत्ता संघर्ष को मजबूत और दूरगामी बनाने के लिए शिक्षा-जगत को इस पर गम्भीरतापूर्वक विचार करना होगा कि बाजारवाद और भ्रष्ट राजनीति की हवा में उसकी अपनी पगड़ी भी ढीली हो गई है। अपनी पगड़ी

सँभाले बगैर उसे समाज के बाकी तबकों की सहानुभूति और समर्थन नहीं मिल सकते। शिक्षक और छात्र अपने अधिकारों के लिए निश्चित ही संघर्ष करें, राजनीति भी करें, क्योंकि जहाँ ज्ञान होगा, वहाँ राजनीति होगी। लेकिन साथ ही उन्हें अपनी यह विशिष्टता बनाए रखनी होगी कि वे शिक्षा को राज्य और सरकारों की राजनीति का गुलाम नहीं बनने देंगे। बाजार का तो कतई नहीं।

●●●